r 54023

Paris
1844
WIELAND
Pensées sur la liberté de philosopher

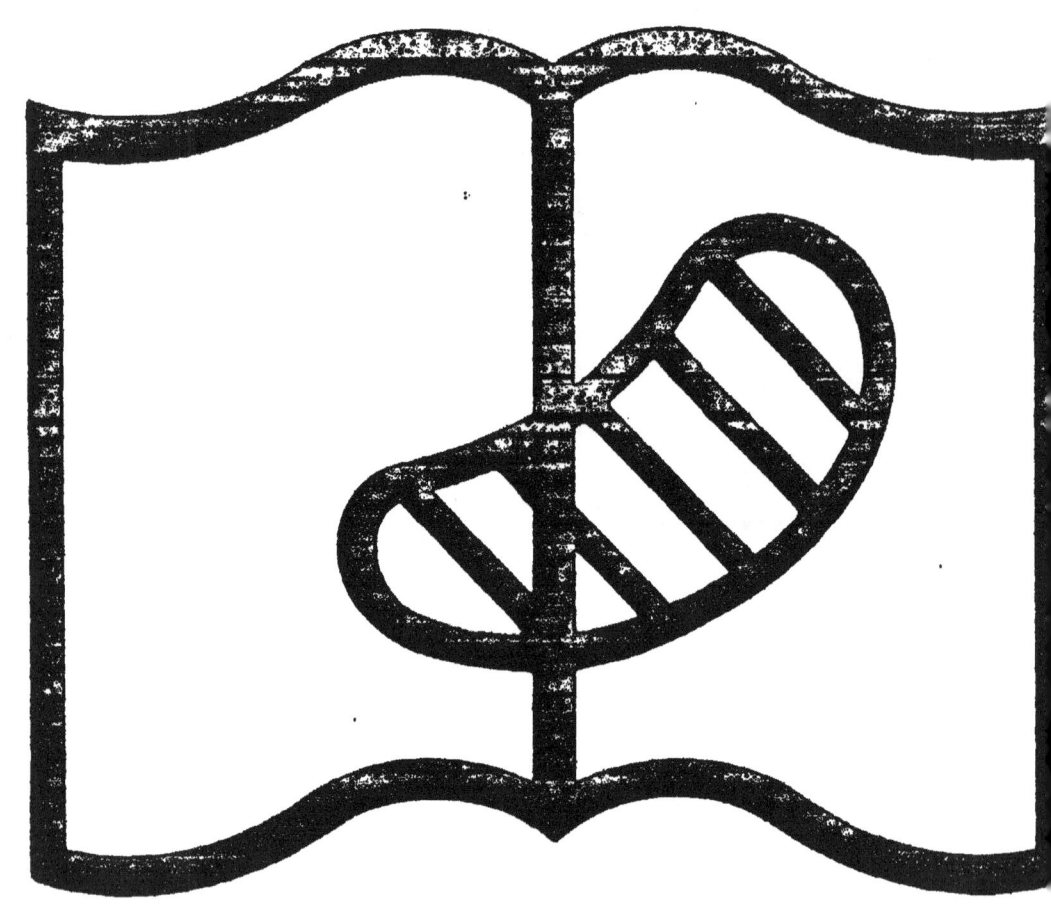

Symbole applicable
pour tout, ou partie
des documents microfilmés

Original illisible

NF Z 43-120-10

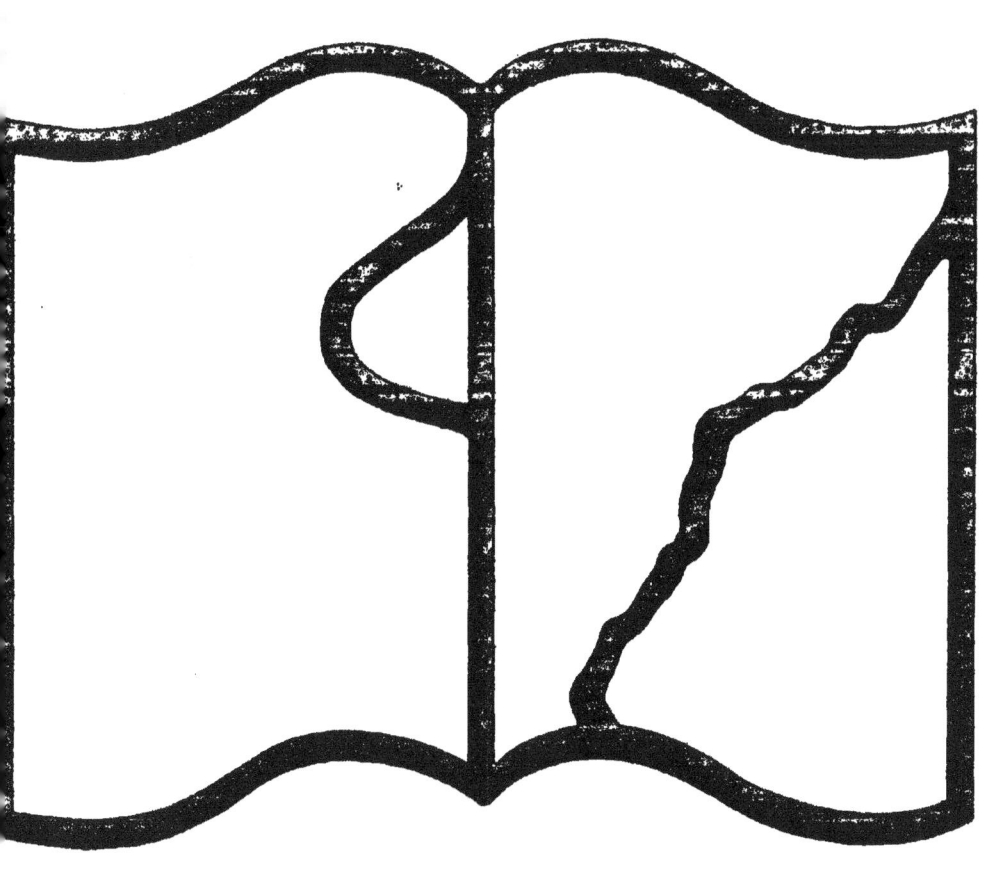

**Symbole applicable
pour tout, ou partie
des documents microfilmés**

Texte détérioré — reliure défectueuse

NF Z 43-120-11

PENSÉES
SUR LA
LIBERTÉ DE PHILOSOPHER
EN
MATIÈRE DE FOI.

PENSÉES

SUR LA

LIBERTÉ DE PHILOSOPHER

EN

MATIÈRE DE FOI

PAR

Christ.-Martin WIELAND

SUIVIES DES RÉFLEXIONS DU TRADUCTEUR SUR LE RAPPORT DE LA LIBERTÉ DE
CONSCIENCE AVEC LA LIBERTÉ D'ENSEIGNEMENT
ET SUR LA NÉCESSITÉ DE CONFIER A DES CORPORATIONS DISTINCTES
L'ENSEIGNEMENT RELIGIEUX ET L'ENSEIGNEMENT PROFANE.

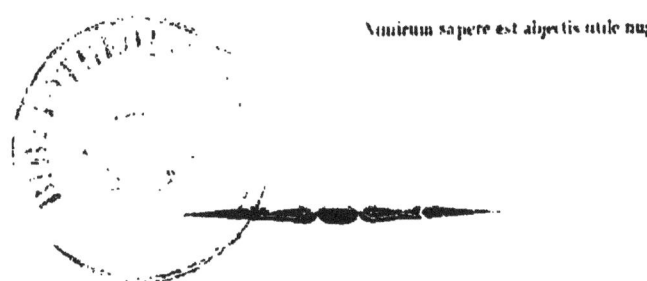

Nimirum sapere est abjectis utile nugis.

PARIS,
LIBRAIRIE PHILOSOPHIQUE DE LADRANGE,
QUAI DES AUGUSTINS, N. 19.

—

1844

ERRATA.

Pages,	lignes,	au lieu de	lisez
24.	1,	géométrie,	géomancie.
—	20,	confiance,	conscience.
—	28,	Hermès, Trismégiste,	Hermès Trismégiste.
47,	9,	Sainte-Marie, la Rotonde,	Sainte-Marie de la Rotonde.
59,	7,	intelligents,	inintelligents
68,	3,	quelle,	avec quelle.
—	5,	commun, et,	commun. Et.
74,	3,	seulement. En	seulement ; en.
75,	23,	assure,	rassure.
141,	20,	qui,	ce qui.
142,	5,	conviendrait si,	conviendra, si
156,	13,	bourreau d'une,	bourreau dans l'intérêt d'une
175,	1 et 2,	les croyances, les maximes,	des croyances, des maximes.

AVERTISSEMENT DU TRADUCTEUR.

Les vrais principes en matière de liberté de conscience sont loin d'être universellement reconnus. Beaucoup de gens ne respectent la liberté de penser et d'agir de ceux qu'ils appellent dissidents ou déistes, qu'à cause de l'impuissance où ils sont de les opprimer. Beaucoup d'autres, tout en reconnaissant en principe la liberté religieuse, la restreignent si fort qu'il est difficile de les croire conséquents ou sincères.

Les adversaires naturels de cette liberté, l'une des plus précieuses et des plus sacrées, sont de deux sortes : les uns composent à tous les degrés le sacerdoce de toutes les religions : les autres sont les croyants ou fidèles qui n'ont pas assez d'instruction ou de bon sens pour comprendre qu'on puisse ne pas penser comme eux.

C'est principalement dans cette dernière classe que se rencontre le fanatisme. L'hypocrisie, qui n'est guère moins dangereuse que le fanatisme, quoiqu'elle soit moins violente, exige plutôt un certain degré de lumière ou de libre réflexion. Il y a, du reste, deux sortes d'hypocrites en religion : ceux qui professent des croyances qu'ils n'ont pas, et ceux qui sans être incrédules, pratiquent cependant moins par conviction que par respect humain ou par intérêt.

Nous n'avons pas besoin de dire qu'il y a dans tout sacerdoce, surtout dans le sacerdoce chrétien, des exceptions plus ou moins nombreuses. Si les Chrétiens ont été de tous les sectaires les plus intolérants, à l'exception peut-être des Mahométans, leur religion est cependant celle dont l'esprit d'amour, de charité, et par conséquent de tolérance, est porté au plus haut degré. Ce n'est donc pas le christianisme, vu dans son essence ou dans son esprit, qui est intolérant : mais seulement le christianisme mal compris, et défiguré par l'ignorance, les préjugés et les passions.

On ne peut pas nier non plus qu'il n'y ait parmi les simples fidèles peu instruits beaucoup d'âmes droites, débonnaires et bienveillantes, beaucoup d'*hommes de bonne volonté*, qui sont profondément amis de cette paix qui leur a été promise. Ce sont des consciences simples, naïves et bonnes.

pour lesquelles on ne peut avoir trop de respect. Mais il faut en convenir, ce ne sont là, de part et d'autre, que des exceptions.

Et comme le mal est le même partout et dans tous les temps ; comme il s'agit toujours de comprimer le légitime essor de nos facultés, de troubler, d'affaiblir et d'opprimer le bon sens ; il est naturel que les mêmes remèdes puissent aussi s'administrer en différents temps et en différents lieux.

Aussi avons-nous pensé que le petit livre de Wieland, offert aujourd'hui au public français pour la première fois, était une œuvre bonne à faire connaître en tout temps à nos compatriotes, mais particulièrement à une époque où la recrudescence de certaines passions religieuses, et je ne sais quel sensualisme mystique, ont déclaré une guerre si violente et si déraisonnable à la liberté d'examen et à la sincérité de ses résultats.

Ce travail de Wieland, de l'un des premiers écrivains de l'Allemagne (1), est rempli de sens et de vérité ; mais la fin ne nous a pas semblé digne du reste ; l'auteur, après avoir donné libéralement d'une main, retire trop de l'autre. Ses conclusions ne sont d'ailleurs ni parfaitement conséquentes, ni suffisamment larges. Il n'a pas non plus envisagé

---

(1) Wieland naquit près de Biberach en Bavière, à Golzheim, en 1733, et mourut à Weimar en 1813. Il avait professé la philosophie et les belles-lettres à Erfurth. L'édition complète de ses œuvres (1824-27) se compose de 51 vol. in-8°. Il y en a une in-18 en 36 vol.

la question sous toutes ses grandes faces, ni peut-être assez approfondi celle qu'il examine plus particulièrement. Ces considérations, jointes à la nécessité de traiter la question d'une manière encore plus appropriée à notre position politique et religieuse, nous ont déterminé à faire suivre ces pensées de Wieland de réflexions étendues sur la liberté de l'enseignement considérée dans ses rapports avec la liberté religieuse.

Nous chercherons à établir le droit d'examen en matière religieuse, sous le triple rapport du for intérieur ou de la morale, du for extérieur, ecclésiastique et civil. Beaucoup d'esprits ne doutent nullement de ce triple droit, je le sais; mais il en est aussi qui n'accordent aucune de ces trois libertés. C'est pour ceux-là et pour les indécis que nous avons cru devoir écrire; leur nombre, leur caractère et leur influence m'ont semblé mériter cette attention. Enfin, nous avons pensé que parmi ceux-là même qui partagent nos opinions, un assez grand nombre n'ont pas une pleine conscience de leurs droits, et que notre travail ne leur serait peut-être pas inutile pour les confirmer dans une manière de voir que nous regardons comme vraie, qu'il faut oser adopter entièrement, avec toutes ses conséquences. Combien d'hommes qui reculent devant certaines idées parce qu'ils en ont peur, tout en chérissant celles qui y en sont les principes! s'ils étaient plus frappés du lien étroit qui rattache ce qu'ils rejettent à ce qu'ils adoptent; si leur opinion était à l'état de conviction plutôt qu'à celui d'instinct et de sentiment : ils seraient tout à la fois plus hardis et plus fermes ; ils pourraient aller jusqu'au bout de leurs idées, sans s'effrayer des conséquences imprévues, sans être exposés à renier ce qu'ils aiment, mais qu'ils ne connaissent pas assez.

Si nous parvenons à démontrer le droit, le devoir *moral* même d'examiner les questions religieuses, nous aurons par là même établi le droit d'examen au *for extérieur*, et tout ce qui nous restera à dire sous ce second point de vue ne fera que corroborer une preuve déjà suffisante. La nécessité de la liberté extérieure est en effet la conséquence de celle de la liberté intérieure.

A la liberté extérieure de parler et d'écrire sur les objets de foi, se rattache la question si importante, et si mal éclaircie jusqu'ici, de la liberté d'enseignement. Nous serons donc conduit à l'examiner, et par conséquent à nous expliquer sur les prétentions du clergé, comme sur le droit des professeurs. Là finira notre tâche, là commencera celle du législateur.

Voici donc en peu de mots comment nous concevons la solution de la grande question du jour, celle de la liberté de l'enseignement :

Le clergé ne dispute à l'université le droit d'enseigner les lettres et les sciences humaines, que parce que la religion lui paraît gravement intéressée à cet enseignement ; parce qu'il voudrait donner à ces sciences, à la philosophie, à l'histoire, aux lettres, la teinte religieuse qui lui convient. Évidemment il n'a pas d'autres raisons plausibles, avouables.

La question de la liberté de l'enseignement est donc une question de liberté religieuse. Il faut donc aussi résoudre celle-ci pour voir clair dans celle-là.

Or, si nous démontrons :

1° Que l'on peut et que l'on doit en conscience soumettre à l'examen tout enseignement religieux ;

2° Que ce droit et ce devoir subsistent à l'égard de ce qu'on appelle l'autorité religieuse ;

3° Qu'ils subsistent à l'égard de l'autorité civile ;

4° Que l'un et l'autre sont déniés par tout corps sacerdotal, particulièrement par le prêtre chrétien, et plus particulièrement encore par le clergé catholique ;

5° Que la dénégation de ce droit et de ce devoir est contraire à la lettre et à l'esprit de nos institutions, contraire au droit naturel, périlleux pour l'ordre public et la liberté, et que nul ne peut réclamer le *prétendu* droit de mettre en péril la juste sécurité et le *véritable* droit des autres ;

Si nous démontrons tout cela, nous en conclurons :

Que les prétentions du clergé sont absolument inadmissibles en droit naturel strict.

Mais, grâce à l'ignorance et au mauvais esprit d'une grande partie de la nation, grâce à la faiblesse ou aux préjugés du pouvoir, nous devrons examiner subsidiairement quelle concession la prudence exigera peut-être de la part du législateur, et à quelles conditions la mesure qu'on sera sans doute obligé de prendre, sera le moins funeste à la liberté.

L'esprit de notre travail est tout entier dans ces pensées si remarquables de Locke, pensées qui sont aussi celles de Leibniz :

« Celui qui n'emploie pas ses facultés à recher-
« cher le vrai en matière religieuse, autant qu'il
« est en sa puissance, a beau voir quelquefois la
« vérité, il n'est dans le bon chemin que par ha-
« sard; et je ne sais si le bonheur de cet accident
« excusera l'irrégularité de sa conduite. »

Locke, Essai sur l'Entend. hum. L. IV, chap. XVII, § 24.

« Si une chose qui est contraire aux principes
« évidents de la raison, et à la connaissance ma-
« nifeste qu'a l'esprit de ses propres idées claires
« et distinctes, passe pour révélation, il faut alors
« écouter la raison sur cela, comme sur une ma-
« tière dont elle a droit de juger; puisqu'un hom-
« me ne peut jamais connaître si certainement
« qu'une proposition, contraire aux principes
« clairs et évidents de ses connaissances naturel-
« les, est révélée, ou qu'il entend bien les mots
« dans lesquels elle lui est proposée, qu'il connaît
« que la proposition contraire est véritable ; et
« par conséquent il est *obligé* de considérer, d'exa-

« miner cette proposition, comme une matière
« qui est du ressort de la raison, et non de la re-
« cevoir sans examen, comme un article de foi. »

Ibid. chap. xviii, § 8.

« Il ne peut point y avoir d'évidence qu'une ré-
« vélation connue par la tradition vient de Dieu,
« aussi claire et aussi certaine que celle des prin-
« cipes de la raison. »

Ibid. § 10.

« C'est à l'habitude d'en appeler à la foi par op-
« position à la raison, qu'on peut, je pense, attri-
« buer en grande partie les absurdités dont la plu-
« part des religions qui divisent le genre humain
« sont remplies. »

Ibid. chap. xviii, § 11.

AU LECTEUR.

La majeure partie de ce petit livre a déjà paru dans le *Mercure allemand*, numéros de janvier et de mars 1788. Je dois avertir ceux qui le voient ici pour la première fois, de ne pas oublier cette circonstance.

On trouvera peut-être qu'en défendant le droit de philosopher en matière de foi, j'ai fait comme Diogène, qui, en marchant, réfutait les sophismes contre l'existence du mouvement dans le monde. Mon but n'était pas seulement de soutenir les droits de la raison dans les choses relatives à la religion, mais encore de faire ressortir la nécessité d'en user réellement. C'est ce que je ne pouvais faire qu'en l'exerçant moi-même.

Celui qui n'est que du parti de la *vérité* aura de la peine à contenter quiconque appartient à quelque autre. J'ose espérer néanmoins qu'on reconnaîtra la droiture de mes intentions, et qu'on voudra bien m'écouter, puisque la cause que je défends n'est pas la *mienne,* mais celle de l'*humanité*.

LETTRE D'ENVOI DE L'AUTEUR

A M. P. X. Y. Z***.

Vous m'annoncez, mon cher ami, que mon mémoire sur la liberté de philosopher en matière de foi, ainsi que l'usage que j'ai fait moi-même de cette liberté, en publiant sans détour ma pensée sur la religion, le démonisme, les artifices des prêtres, le christianisme pur et le christianisme altéré, la tolérance, et autres questions semblables, ont été généralement bien accueillis par notre monde savant. Vous ajoutez qu'on désire que je détache ce travail du recueil mensuel où il a paru d'abord, et que je l'imprime à part, afin de le mettre à la portée d'un grand nombre de lecteurs pour lesquels il n'est jusqu'ici que la lampe sous le boisseau.

Que vous répondre à ce sujet, mon cher Z*** ? J'espère cependant que vous me croirez, quand je vous dirai que j'apprécie comme je le dois l'empressement de mes amis à accueillir mes productions; mais que je ne suis pas moins persuadé de la parfaite inutilité de mes pensées sur de tels sujets, que pourrait l'être le lecteur le plus sévère et le moins bien disposé pour moi. Comment pourrais-je en effet m'attendre à un assentiment universel?

Personne mieux que moi ne sait combien il est difficile de dire quelque chose de *neuf* sur un sujet qui a été de nos jours traité si souvent et d'une manière si complète. Mais il faut dire aussi que le lecteur instruit, tout en n'*attendant* rien de nouveau sur une semblable matière, pourra néanmoins être satisfait de rencontrer ici une nouvelle manière d'*envisager* et d'exposer des idées sur lesquelles *on a de tout temps écrit*, et sur lesquelles *on écrira toujours*; ce qui s'explique par l'*intérêt constant* qu'il est de leur nature d'inspirer. Cette disposition provient du sentiment intérieur qui s'attache à tout ce qui tient à quelqu'un des caractères essentiels de l'humanité, et qui fait comprendre qu'on doit l'étudier sous toutes ses faces. On écoutera toujours volontiers l'homme qui nous entretiendra d'une manière impartiale et franche d'un sujet également important pour lui et pour nous. Quoiqu'il ne puisse rien nous apprendre, il nous dira du moins ce qu'il a pensé ou senti.

Dans tout cela, mon cher ami, on ne peut se défendre d'un sentiment de tristesse, lorsqu'on vient à réfléchir qu'avec la meilleure volonté de faire quelque chose d'utile aux hommes, en mettant au jour ses réflexions les plus sérieuses sur certains sujets, on ne fait que battre de la paille et rien que de la paille, que passer de l'eau dans un crible, qu'écrire sur du sable, que traire des boucs, ou vouloir blanchir un nègre.

Et pour ne parler que de notre siècle, que n'ont pas écrit les hommes les plus éminents pour étouffer, du moins chez les peuples les plus civilisés de l'Europe, les dernières traces de la barbarie des anciens temps? Pour n'en citer qu'un exemple, qui écrira jamais avec plus de succès sur la *tolérance* que *Voltaire?* qui en fera mieux ressortir les avantages? qui en réfutera plus victorieusement les adversaires? qui en prouvera la nécessité d'une manière plus absolue? qui fera mieux sentir les conséquences abominables de l'intolérance et du fanatisme, et en rappellera des exemples plus atroces et plus terribles? Ne devait-on pas penser que des vérités démontrées avec tant d'évidence, tant d'énergie, et sur lesquelles repose le bien-être des États et du genre humain, allaient être reconnues de tous ceux qui n'avaient pas un intérêt pressant à les repousser? Et pourtant, quelques années s'étaient à peine écoulées depuis que le monde avait été si remarquablement instruit, touché et édifié, qu'on a vu des Israélites chassés à coups de bâton du sein d'*Abraham* pour les faire entrer dans celui de *notre mère la sainte Église*, et que le *tribunal terrible de l'inquisition* a été rétabli à *Parme;* — que le jour où une majorité très-imposante a résolu que les protestants n'auraient plus à l'avenir d'oratoire dans une de nos *premières villes d'Allemagne*, a été célébré dans cette ville avec la même joie et la même pompe que s'il s'était agi du salut de la république!—A quelles mesures désastreuses un zèle malentendu pour la religion n'a-t-il pas entraîné en France un grand nombre d'hommes supérieurs relativement à la *tolérance*, que des considérations toutes d'intérêt devaient faire accorder franchement aux protestants? Et cependant nous nous faisons gloire des lumières de notre siècle! Et Voltaire lui-même, croyant avoir réalisé le grand-œuvre, fit rouler plus d'une fois avec bruit *son char de triomphe* sur les têtes de ses stupides adversaires, traînant après lui dans la poussière les hideuses images de la Superstition.

de l'Intolérance et du Fanatisme, monstres qu'il croyait avoir terrassés et enchaînés pour toujours !

« A quoi bon vouloir se faire illusion? me disait mon bon génie. Non, tant que les hommes seront hommes, jamais la lumière ne pourra dissiper entièrement les ténèbres; jamais la raison d'un petit nombre ne l'emportera sur l'ignorance, la sottise, l'imagination incertaine, la pauvreté et la faiblesse d'esprit de la multitude. Jamais des peuples entiers ne pourront comprendre leur véritable intérêt et y rester fidèles; ou si, grâce à des secousses terribles, ils parviennent à l'entrevoir, ce ne sera qu'imparfaitement, et pour un temps fort court. Un grand homme ne manquera jamais de contemporains ou de successeurs pour détruire ce qu'il aura su fonder. Peut-être même que l'avenir renferme encore dans son sein des Goths, des Sarrasins et des Turcs, des Grégoires de Nazianze et des Grégoires de Rome, pour anéantir comme autrefois les bienfaits des Muses, et replonger le monde dans l'état de barbarie d'où l'avaient tiré les dieux protecteurs de l'humanité. Mais ces révolutions qui ont tant de fois changé la face du passé, cette lutte continuelle entre le bien et le mal, ce renversement incessant de *ce qui est* par *ce qui doit être;* tout cela est dans l'ordre des choses, dont le plan est aussi invisible pour nous, pauvres mortels, que la main toute-puissante qui l'exécute sans relâche. A nous donc la destinée d'accomplir patiemment, et sans reprendre haleine, la pénible tâche qui nous est réservée. Imitant *Lucien*, lorsqu'il traverse les airs en songe sur le char de Pédée (Παιδεία, science), ou *Triptolème* monté sur celui de Cérès, répands sur la terre toutes sortes de bonnes semences, et ne t'inquiète ni des fruits qu'elles porteront (puisque tu ne sèmes pas pour toi), ni même si elles tombent dans une terre fertile ou sur le sable, ou dans l'eau, ou sur des rochers. Il en sortira toujours quelque chose que le vent ou les flots, dans leur constante mobilité, emporteront peut-être bien loin du lieu où le grain en sera tombé, et peut-être aussi longtemps après que tu auras cessé de vivre. »

Mais loin de nous ces tristes pensées ; et puisque nous ne pouvons être utiles au monde que par notre bonne volonté, excepté toutefois dans le cercle étroit de la famille, répandons toujours de temps en temps quelques-unes des semences que, dans la mesure de l'humaine certitude, nous croyons être salutaires : que le Ciel ensuite les fasse germer ou non, suivant ce qui a été résolu par le destin.

PENSÉES

SUR

LA LIBERTÉ DE PHILOSOPHER

EN MATIÈRE DE FOI.

I.

Plusieurs articles d'un auteur anonyme, relatifs à quelques problèmes philosophiques sur toutes les religions du globe, et publiés dans le *Mercure allemand* de 1787, me fournissent l'occasion, me font même une sorte d'obligation de soumettre à la critique impartiale de tous ceux qui ne veulent que le bien de l'humanité, mes propres pensées sur le droit de philosopher en matière d'opinions religieuses, et les raisons qui me font croire que l'exercice de ce droit naturel est maintenant plus *nécessaire* et plus *utile* que jamais.

J'avoue sans difficulté que toutes les assertions de cet anonyme, qui m'est inconnu, ne rentrent pas dans ma manière de voir; que je tiens comme très-problématiques beaucoup de choses qui ne lui semblent souffrir aucune difficulté; et qu'à sa place je me serais abstenu, crainte d'être mal interprété, de parler d'un certain nombre d'autres sur lesquelles il s'est sans doute expliqué sans malice. J'ai donc pensé que ces articles pouvaient donner lieu à des observations utiles, et qu'ils serviraient ainsi à répandre plusieurs vérités qui, sans avoir le mérite de la nouveauté, doivent revenir aussi souvent que le mal qu'elles sont destinées à combattre. Il en est de ces vérités comme des remèdes, dont l'efficacité n'est suffisante qu'à la condition que l'usage en soit soutenu, qu'ils soient continuellement administrés au malade, même à très-forte dose.

Si la liberté avec laquelle cet anonyme a publié ses idées sur des objets dont l'examen appartient sans contredit à la raison, avait pu être mise aux voix et condamnée par la majorité, une pareille sentence aurait été une preuve frappante d'une déplorable décadence de l'esprit humain parmi nous. Ne serait-ce pas une façon de philosopher vraiment illibérale, et entièrement contraire à l'esprit d'une libre investigation, si, lorsqu'on cherche à pénétrer, à la lueur du flambeau de la raison, dans les recoins les plus ténébreux du monde idéal ouvert à l'homme, il fallait craindre à chaque pas de faire une découverte qui pourrait servir à reconnaître pour ce qu'il est véritablement, une chimère, un monstre (1) ancien ou nouveau ; ou si, dans le développement et la comparaison des *idées et des opérations humaines*, il fallait toujours en prévoir les conséquences et briser tout à coup le fil de sa pensée, dès qu'on croirait entrevoir un résultat que tel ou tel respectable dogmatiste pourrait regarder comme ne devant probablement pas s'accorder avec le formulaire de ses pensées ?

La raison, sans laquelle nous tous, enfants d'Adam, ne serions que des Yaous (2), herbivores et carnivores, et par conséquent l'espèce sans contredit la plus misérable, la plus laide et la plus détestable de tout le règne animal; la raison, disons-nous, doit naturellement rester libre dans ses opérations. Nous ne pouvons que renvoyer ceux pour lesquels cette proposition ne serait pas aussi évidente que le grand axiome *Une fois un c'est un*, à la *logique*, science dont les démonstrations ne sont pas plus contestables que celles de la géométrie, et qui ne leur laissera pas le moindre doute sur ce point, si toutefois ils ne sont pas dans le cas de cet aveugle qui ne pouvait voir, quelques lunettes qu'il prît.

Puisque c'est la raison seule qui fait de nous des *hommes*, et que la raison n'est telle que par son libre usage, alors, et par une conséquence nécessaire, l'*usage* de cette liberté et le droit de faire connaître aux autres la marche qui nous a con-

(1) Le texte porte : Hircocervus. (*Not. du trad.*)
(2) Ce mot est pris des *Voyages de Gulliver*. L'Yaou y est présenté comme un animal grossier, malpropre et indocile. (*Not. du trad.*)

duits, dans nos réflexions sur des sujets intéressants, à tels ou tels résultats, sont *le droit le plus imprescriptible de l'humanité*. Car, sans ce droit, non-seulement nous n'aurions aucune garantie pour tous les autres, mais encore *nous serions dans l'impossibilité de les exercer*, nous ne pourrions pas même les *connaître*.

Le plus grand bien de l'humanité en général, l'intérêt le plus important des sociétés au milieu desquelles nous vivons, se trouve indissolublement lié à la conservation de ce palladium ; en le perdant on perdrait toute liberté de conscience et toute liberté civile. Le retour de ces ténèbres effroyables, de cet esclavage et de cette barbarie qui séparent Théodose et Frédéric III, en serait la conséquence inévitable.

S'il est vrai que le dix-huitième siècle puisse se glorifier de quelques grands avantages sur ceux qui l'ont précédé, il ne l'est pas moins qu'il en est uniquement redevable à la liberté de penser et à celle d'écrire, à leur résultat, c'est-à-dire à la propagation des connaissances et de l'esprit philosophique, et à la plus grande diffusion des vérités qui sont la base du bien public. Laissons les panégyristes de notre époque s'exagérer ces avantages. Mais si les profits que nous en avons retirés ne sont pas plus grands, plus répandus, si leur influence n'est pas plus efficace, quelle en est la cause ? Serait-ce parce que les droits de la raison sont encore loin d'être reconnus dans toutes les parties de l'Europe, et que là même où il y a le plus de lumières, les préjugés, les passions, les intérêts particuliers des partis dominants, des professions et des ordres divers, leur opposent une résistance très-vive et très-puissante?

On ne saurait trop le répéter : *Rien* de ce que les HOMMES ont jamais *dit, écrit* et *fait* PUBLIQUEMENT ne peut prévaloir contre l'examen et la critique *impassible* et *modeste* de la RAISON. Il n'y a pas de monarque assez puissant, de pontife assez saint, pour que, à l'abri de Sa Majesté ou de Sa Sainteté, il puisse *dire* ou faire des *sottises* sans qu'il soit permis de démontrer, avec tous les égards nécessaires, ne fût-ce qu'après sa mort, que les sottises qu'il a dites ou faites sont des *sottises*. S'il en est ainsi, (et qui oserait le nier?) pourquoi des *définitions fausses*, des *distinctions sans fondement*, des *sophismes* et des *paralogismes;* en un mot, toutes les SOTTISES des *savants*, des ÉCRIVAINS, des DOCTEURS et des MAÎTRES, (dussent-ils avoir été surnommés *illuminés*, *Résolu*, *Subtil*, *Irréfragable*, *Angélique*, *Séraphique*); pourquoi, disons-nous, ces définitions, ces distinctions seraient-elles seules *affranchies* de l'examen et de la critique de la raison?

On ne peut trop le répéter non plus, autant du moins que c'est nécessaire, comme aujourd'hui par exemple : « Ce ne sont pas les choses mêmes,
« mais seulement nos *idées*, nos *opinions*, nos *ima-*
« *ginations*, notre *expérience* réelle ou chimérique,
« les *conséquences* qui découlent de tout cela, ou

« les *hypothèses* et les *systèmes* par lesquels on es-
« saye de les expliquer, qui sont l'objet de la phi-
« losophie spéculative. » Nous n'avons pas encore
atteint la nature des choses sensibles, et nous ne
pouvons pas l'atteindre. Nous vivons dans un tour-
billon de *phénomènes,* d'*idées* et de *fantômes* qui
nous trompent de mille manières ; mais nous sommes *intéressés à l'être le moins possible*, et rien autre
chose que le sens commun et la raison pure ne
peut nous apprendre à distinguer clairement et
avec certitude la *vérité*, dont la connaissance nous
est si nécessaire pour notre bonheur, de l'*erreur* et
du *mensonge*, qui nous sont si nuisibles.

Les *enfants*, il est vrai, doivent être conduits par
l'autorité *tant qu'ils sont enfants ;* mais ils doivent
aussi être *élevés* de manière à n'être pas toujours
enfants. La nature veut que l'enfant le soit de moins
en moins d'année en année ; il porte au dedans de
lui tout ce qui lui est nécessaire pour atteindre la
maturité, la perfection de sa destinée naturelle
particulière, et il y aurait injustice de la part de
ses maîtres à mettre obstacle à son développement
par des calculs égoïstes. Si donc ce qu'on appelle
le *peuple* n'est qu'une espèce d'enfant sous le rapport moral, et ce n'est pas sans raison qu'on le
regarde généralement comme tel, ce qu'on dit des
enfants doit pouvoir se dire aussi du peuple ; d'où
il suit qu'on ne doit laisser échapper aucune occasion de l'élever à l'état d'homme fait.

Je m'aperçois, depuis quelque temps, que non-seulement les esprits ténébreux (et dans le nombre il en est qui pourraient disputer à *Amadis de Gaule* son nom de *Beau-Ténébreux*), mais encore ceux-là même qui prétendent à la réputation d'hommes éclairés, s'élèvent contre la propagation des lumières. Qu'est-ce à dire, et que *craignent*-ils du *grand jour?* qu'*espèrent*-ils des *ténèbres?* La *faiblesse de leurs yeux* ne peut-elle *supporter* l'éclat de la lumière? Qu'on cherche donc à les guérir, et ils pourront enfin s'y accoutumer et en jouir. Les *voleurs*, les *assassins* et les autres malfaiteurs craignent aussi la lumière du jour; et ce sont précisément ces gens-là qu'elle ne doit cesser de rechercher et de poursuivre, pour le plus grand bien de la société, jusque dans leurs retraites les plus secrètes et les plus sombres.

II.

Toute vérité nouvelle, toute erreur découverte, dût-elle ne porter que sur une fausse leçon dans un auteur ancien, ou sur le nombre des étamines d'une plante, a son importance et son prix. Mais il y a des vérités et des erreurs qui ont une très-grande influence, une influence *décisive*, soit en bien, soit en mal, sur l'humanité. Aussi doit-on sans cesse les retourner en tous sens, les présenter sous toutes leurs faces, mettre en saillie tous leurs rapports, toutes leurs conséquences, les soumettre au creuset de la critique, jusqu'à ce que, parfaitement dépouillées des écorces de l'erreur, elles en sortent aussi pures que l'or. Il est impossible de nier qu'elles ne doivent être alors le trésor le plus précieux de l'humanité.

Parmi les vérités qui nous occupent en ce moment, il en est dont l'évidence est si frappante, qu'elle égale en certitude celle de notre propre existence.

D'autres, au contraire, par suite de la *nature* même des *choses* et des bornes imposées à la *nôtre* propre, ne nous présentent qu'un haut degré de *vraisemblance*, et sont fortes du désir secret qu'*elles puissent être vraies*, désir qui semble avoir sa raison dans le *besoin moral*, démontrable, de les admettre comme vraies.

Ces vérités sont moins des objets de la raison spéculative que des objets de la *foi rationnelle;* mais elles sont si profondément *enracinées dans la nature humaine*, qu'il n'y a pas de peuple si peu civilisé, si sauvage qu'on le suppose, si du reste il se compose d'êtres quelque peu dignes cependant du nom d'homme, qui n'ait au moins le germe confus et informe de ces vérités, et qui n'y soit à son insu très-attaché.

Ces vérités sont : l'*éternelle* EXISTENCE *d'un* ÊTRE PRIMITIF SUPRÊME, d'une *puissance infinie*, qui régit l'*univers entier* avec *sagesse* et *bonté* suivant des *lois invariables ;* — et la PERPÉTUITÉ DE NOTRE PROPRE

SUBSTANCE, avec le *sentiment de notre personnalité* et *d'un éternel progrès* vers un mode d'existence meilleur.

Il est dans mes convictions les plus intimes que ces deux *vérités de foi*, lorsqu'elles sont conçues et admises dans leur plus grande simplicité, dans leur plus grande pureté, exercent l'influence la plus salutaire sur notre moralité, notre contentement et notre bonheur. Il est démontrable et démontré qu'elles sont nécessaires aux hommes pris en général; il est démontrable et démontré que ces croyances ajoutent encore à la vertu et au bonheur de l'homme vertueux et de l'homme de bien. On peut dire de ces vérités, et d'*elles seules*, ce que Cicéron disait des mystères d'Éleusis : *Elles nous font vivre plus tranquillement, et mourir avec plus d'espoir.*

III.

Quel démon ennemi du genre humain s'est donc montré, depuis le commencement du monde jusqu'à nos jours, si malheureusement obstiné à *défigurer*, à *effacer* de toutes les manières imaginables, *cette foi* à une Providence divine, régulatrice du monde, et à une vie meilleure; — à faire un instrument de mensonge et de crime de ce qui devait être l'*appui*, la *consolation* de l'*humanité*, — à le mêler aux *rêveries* les plus obscures, à la *superstition* la plus dégoûtante, aux *conceptions* et aux *erreurs* les plus dangereuses; à l'étouffer sous leur pernicieuse influence, de manière à le convertir en un poison qui ronge l'âme dans ce qu'elle a de plus tendre et de plus noble, et à le transformer en une monstruosité morale?

Nous n'avons pas besoin de chercher bien loin de nous la cause première de ce mal; elle est tout près; car, pour le dire en deux mots : *Le démon est dans notre propre peau*, et, bien que les documents nécessaires pour remonter avec une certitude *historique* jusqu'aux commencements de la superstition ne soient pas entre nos mains, rien toutefois n'est plus facile que de s'en expliquer *psychologiquement* la formation, si l'on se rappelle les circonstances au milieu desquelles ont vécu les plus anciens peuples; circonstances qui sont rapportées par l'histoire universelle du genre humain.

Les enfants et les ignorants s'étonnent de tout ce qu'ils ne comprennent pas, et le monde est pour eux plein de merveilles et de prodiges. En effet, chaque événement naturel, chaque phénomène qui se rencontre dans l'homme, lorsqu'ils n'en comprennent point la raison, est un miracle à leurs yeux. C'est ainsi que les premiers âges du monde et des peuples sont nécessairement *remplis de prodiges*; la *mythologie* de toutes les nations atteste cette vérité.

Tous les hommes se trouvant obligés par une nécessité externe, de regarder tout ce qui tombe sous leurs sens comme l'effet d'une *cause*, comme l'œuvre d'un *agent*, et n'apercevant aucune force à laquelle ils puissent rapporter ces phénomènes d'une manière naturelle et claire, ils se trouvent ainsi dans la nécessité de recourir à une PUISSANCE INVISIBLE, par laquelle tous ces prodiges s'accomplissent immédiatement ou médiatement.

Une force intérieure indépendante de notre volonté porte l'*imagination* de l'homme à rendre *sensible* tout ce qui ne l'est pas. C'est ainsi que des causes occultes des phénomènes qu'on ne pouvait pas s'expliquer sont nés les *génies*, les *fées*, les *péris*, les *dives*, les *dieux*, les *demi-dieux*, etc.

Dès cette même époque il y eut aussi des *thaumaturges* ; comme hommes ils ne pouvaient rien faire de prodigieux par leur propre puissance ; ils n'étaient donc que les instruments de ces êtres supérieurs qui remplissaient l'imagination des mortels. De là cette croyance, qu'il pouvait y avoir des hommes assez habiles pour se rendre agréables aux dieux, aux demi-dieux, aux fées, etc., et en obtenir une pareille puissance. Mais il était trop avantageux d'obtenir par ce moyen tant de crédit sur une multitude ignorante, pour qu'on ne vît pas bientôt paraître un grand nombre de prêtres doués de pouvoirs merveilleux, une multitude de devins, d'augures, de serviteurs et d'interprètes des oracles, etc., qui tous étaient intéressés au plus haut degré à consolider dans l'esprit du vulgaire, par tous les moyens imaginables, cette croyance à un pouvoir mensonger il est vrai, mais qui devenait pour eux la source de tant d'avantages réels.

L'orgueil naturel de l'homme, qui ne connaît rien, dans toute la nature visible, de plus grand, de plus puissant que lui-même, ne pouvait s'en tenir longtemps à ces idées. Il s'arrêta bien plus volontiers à la pensée d'être *lui-même* la *cause* de ces prodiges, qu'à celle de n'en être que l'instrument. On se familiarisa cependant peu à peu avec la nature. Le goût des arts avait commencé à se développer ; quelques hommes doués de sens plus pénétrants, et placés dans des circonstances favorables, découvrirent un grand nombre de propriétés dans les animaux, dans les plantes et les minéraux ; ils en firent un mystère afin de pouvoir opérer des *choses incompréhensibles* aux autres. Insensiblement se développa le germe d'une philosophie qui *pressentit* un *sens* profond mais énigmatique dans le grand livre de la nature, laquelle n'avait été jusque-là, c'est-à-dire pendant nombre de siècles, qu'un objet de surprise et d'étonnement pour l'homme. On soupçonna des forces cachées, de secrètes sympathies, des relations inaperçues dans les choses, et cette *chaîne d'or* par laquelle le Jupiter d'Homère soulève la terre et l'océan. Tous les objets du monde visible semblèrent être autant d'*hiéroglyphes* de ce livre mystérieux : le grand art était de *pouvoir les interpréter*. Celui qui pouvait y parvenir possédait naturellement la clef des secrets de la nature, se rendait par là maître des forces physiques les plus cachées, et connaissait ainsi le moyen de se concilier la faveur des bons et des mauvais génies, celle des esprits qui président aux éléments et aux astres, celle même des dieux supérieurs, ou de les asservir à ses volontés. Rien ne manquait à ceux qui *feignaient* de posséder cette science sublime, et c'est ainsi que prit naissance la magie avec toutes ses branches et tous ses rameaux ; ainsi se remplit entre les mains d'habiles imposteurs, la *coupe enchantée* à laquelle toutes les nations burent à longs traits la superstition. Semblables aux compagnons d'Ulysse métamorphosés en animaux stupides par l'art magique de Circé, les hommes durent alors se laisser museler, apprivoiser, conduire et fouetter au gré de leurs maîtres.

IV.

Les *premiers législateurs* qui réunirent en *société civile* les peuplades encore sauvages, et toutes livrées à une sorte de férocité naturelle, trouvèrent les esprits pénétrés de la croyance à des *démons* qui avaient choisi leur demeure les uns au ciel, les autres sur la terre, ou dans les eaux de la mer, dans les *enfers,* sur le sommet des *montagnes,* à la source des *fleuves,* au sein des *forêts,* au foyer *domestique,* ou qui se plaisaient à errer dans une *contrée*. De la les dieux de toute espèce, particulièrement les dieux lares et les dieux nationaux. Cette croyance, alors même qu'elle n'eût pas été partagée par ces premiers législateurs, ne pouvant être efficacement combattue, fut respectée, étendue et fortifiée par eux à cause de l'utilité qu'ils en attendaient ; car ils ne tardèrent pas à s'apercevoir que la *crainte* des dieux, convenablement maniée, pouvait être le moyen le plus puissant pour dompter et habituer au frein de l'ordre civil des hommes jusque-là complétement insoumis. Ils déclarèrent en conséquence, ou que leurs lois étaient l'œuvre des dieux mêmes, ou tout au moins que les dieux s'en étaient faits les *protecteurs immédiats*.

Ils donnèrent au culte une forme plus déterminée, une *solennité* plus grande, et établirent les *mystères*. *Éleusis*, *Olympie*, *Delphes* devinrent de la sorte chez les Grecs, à une époque très-reculée, des *centres de réunion* pour un très-grand nombre de peuplades qui formèrent, avec le temps, *ce vaste corps politique* dont *Jupiter* passait pour le *Dieu protecteur*, et dont les *amphictyons* formaient le *conseil national suprême*.

Toutes les sociétés civiles eurent donc pour base la RELIGION. Elle prenait part à la législation, faisait une *partie essentielle de la constitution du pays*; on la regardait, à tort ou à raison (car nous n'examinons pas ici cette question), comme un lien de l'État qu'on ne pouvait rompre sans dés'organiser ce qu'il tenait uni. Il s'agit maintenant de savoir *comment cette religion s'est introduite*. Ce que nous avons dit au § III nous rendra facile la réponse à cette question.

V.

Des hommes aussi barbares et aussi grossiers que l'étaient ceux de ces premiers temps ne pouvaient guère s'élever jusqu'à l'idée rationnelle de la *puissance*, de la *sagesse* et de la *bonté* suprêmes, seules idées dignes d'être exprimées par le mot Dieu. Il fallait à leur culte des objets *visibles* et *palpables*. Les dieux eurent donc des *statues*, les statues des *temples*, et les temples des *prêtres*. Ceux-ci, de serviteurs de leur dieu, devinrent naturellement, et peu à peu, ses *confidents*, puis ses *favoris*, et enfin son *organe*. Les dieux se *manifestaient à eux*, tantôt par des *songes*, tantôt en leur *parlant*, tantôt par des *apparitions*. Ces êtres supérieurs les initiaient aux mystères de la *nature* et du *destin*. Aussi les prêtres étaient-ils, dans l'antiquité, et sont-ils encore maintenant chez les peuples les moins civilisés, les sages ou savants, les *devins* et les *médecins* du vulgaire. Ils recouraient la plupart du temps à des moyens surnaturels, aux formules magiques, aux fumigations, aux amulettes et aux talismans, pour guérir les maladies qu'ils regardaient comme des effets des *mauvais génies*, ou des dieux irrités. Leur science médicale n'était donc en grande partie qu'une branche de la *magie* (1) et de la *théurgie*. Tous les rameaux de ces deux dernières sciences, la *divination*, l'*astrologie*, la *géométrie*, la *nécromancie*, l'*évocation* et la *conjuration des esprits*, l'*exorcisme*, la découverte de *trésors* cachés, etc., faisaient partie de l'ART DES PRÊTRES, de la *religion*, et en étaient consacrés.

L'*amour du merveilleux* et le *désir de connaître l'avenir* sont le côté le plus faible de la nature humaine; les prêtres en ont retiré de trop grands avantages pour ne pas s'appliquer (*plus ou moins*, suivant les circonstances) à faire de ce champ si productif *de la superstition, comme leur domaine exclusif et leur apanage*. Alors, comme aujourd'hui, il pouvait y avoir parmi eux des *visionnaires* et des *imbéciles* qui croyaient sérieusement à toutes ces sottises; mais la plupart savaient parfaitement le fort et le faible de leur art prétendu surnaturel, et leur confiance s'habituait bientôt à tromper sans *pitié* les esprits faibles, qui sont, du reste, si *disposés* à se laisser induire en erreur, à faire l'abandon de leur raison et de leurs cinq sens, dès qu'ils

---

(1) La *magie*, dans l'acception la plus large, est la prétendue science occulte qui apprend les moyens d'agir sur les esprits de toute sorte, et par leur moyen sur le monde physique. La *théurgie* est le nom de la soi-disant magie pure et sainte des thaumaturges inconnus, *Hermès, Trismégiste, Zoroastre*, et de leurs prétendus disciples. Elle enseigne l'art d'accomplir des prodiges, d'asservir les *mauvais esprits par le moyen des bons*, par la seule puissance des *noms des divinités* et l'*invocation de Dieu*.

espèrent voir et entendre quelque chose de *surnaturel*.

Cette prétendue sagesse si vantée des *prêtres égyptiens* consistait *en grande partie* dans ces sortes d'artifices *sacrés*.

La théosophie et la magie de Zoroastre, et en général tout ce qu'on nomme philosophie de *l'Orient*, leur étaient très-favorables, et méritaient aussi peu le nom de philosophie que la *kabbale des Juifs*.

VI.

Quelques siècles plus tard la *vraie philosophie* se montra chez les *Grecs*. La superstition diminua dans les classes élevées suivant la proportion du progrès des lumières ; mais dès qu'une fois la religion populaire eut pénétré dans toutes les républiques de la Grèce et qu'elle fut incorporée à la constitution de l'État, les sages furent obligés d'éviter trop soigneusement toute lutte un peu sérieuse avec les prêtres ; ceux-ci restèrent donc en possession de la branche la plus lucrative de leur état, et conservèrent la faveur du peuple, disposés que sont toujours les hommes ignorants à la *crainte des génies* (Δεισιδαιμονία, comme la nommaient très-bien les Grecs), et aux stupidités de toute espèce.

La Grèce vit naître successivement les *sectes* et les *écoles philosophiques*. Les principes de quelques-unes, entre autres de celles de *Pythagore*, de *Platon*, de *Zénon*, s'accordaient parfaitement avec la *religion démonique* qui régnait alors. Pythagore et Platon lui-même semblaient devoir mettre à grand profit les *pratiques sacerdotales* dont nous avons parlé. Aussi les doctrines de ces deux philosophes furent-elles de plus en plus goûtées des prêtres, surtout à proportion qu'elles s'altérèrent d'avantage. Au contraire, les *Épicuriens*, qui ne suivaient la religion publique qu'en apparence et pour éviter la persécution, qui étaient au fond les ennemis déclarés de toutes ces saintes supercheries, de toute espèce de magie et de vision, de tous les nouveaux oracles, de toute opération surnaturelle, les Épicuriens furent toujours en butte à la haine furieuse des prêtres, et par conséquent à celle du peuple. De là l'inutilité presque complète des efforts qu'ils firent souvent pour arracher le monde à la superstition.

L'époque si remarquable d'*Alexandre-le-Grand*, dont les conquêtes soumirent à des *princes grecs* l'Égypte et la plus grande partie de l'Asie alors connue, et répandirent la langue, les arts, les sciences, la religion et les mœurs de la Grèce dans toutes les provinces qui jusque-là n'avaient reconnu que l'autorité des Perses; cette époque, par une conséquence naturelle de la fusion qui devait s'opérer peu à peu entre les conquérants et les peuples conquis, eut aussi une grande influence sur la façon de penser, et sur l'esprit du siècle. La *philosophie grecque* alla toujours en dégénérant dans ces contrées, et finit par se perdre dans la *magie* et la *démonomanie orientale*. *Alexandrie* devint le théâtre d'une nouvelle philosophie qui réunit les idées et les opinions les plus opposées, pour soutenir et empêcher de tomber toutes les extravagances et toutes les folies imaginables.

VII.

Après la conquête du monde par les Romains, non-seulement tout demeura dans le même état qu'auparavant, mais les conquérants de l'univers, parmi lesquels cette civilisation qui naît des sciences ne se développa que fort tard, et seulement chez un petit nombre de *grands*, accueillirent eux-mêmes avidement les superstitions de l'Orient. Déjà du temps d'Auguste, nous voyons Rome et l'Italie remplies de vagabonds venus d'Égypte et de Syrie, lesquels, sous les noms de prêtres égyptiens, de mages, de Chaldéens, etc., exploitaient de toutes façons la crédulité des Romains.

VIII.

Tout ce qu'ils appelaient le *monde* était ainsi plus ou moins infecté par l'idolâtrie, la magie, par des fables ridicules sur les dieux et les génies, par la croyance à des absurdités, à des opérations magiques, aux amulettes, aux talismans, à des métamorphoses d'hommes en animaux, à des oppositions d'esprits, à la nécromancie, à l'interprétation des songes, à la divination, aux oracles, par la croyance à mille manières également insensées de se rendre favorables les bons et les mauvais génies, de se les concilier, de se les soumettre, de les faire obéir à son gré : en un mot, tout le genre humain était livré à une *superstition religieuse mêlée de magie*, et à une sorte de *démence*, lorsque Jésus-Christ apparut en *Palestine* pour enseigner aux hommes par ses *discours*, et plus encore par son *exemple, la croyance à un Père céleste*, et ramener *le culte de Dieu*, dépouillé de toutes les superstitions de la magie et de la théurgie, à la *pureté de cœur*, à l'*amour de Dieu et des hommes*, et à la *pratique de toutes les vertus morales*.

IX.

S'il est permis de juger des desseins de la Providence par l'*événement*, une œuvre aussi importante que celle qui avait pour but la *destruction de l'empire des démons et de leurs prêtres*, c'est-à-dire, en d'autres termes, la ruine de la domination exercée sur l'esprit des hommes par la superstition, l'idolâtrie et la magie; une pareille œuvre *pouvait et devait exiger bien des années, et même bien des siècles*. Mais ce que nous pouvons dire avec certitude, et prouver suffisamment par l'histoire du dix-septième siècle qui vient de s'écouler, c'est que l'entreprise si grande, si utile dans ses résultats (puisqu'elle doit délivrer le genre humain de *tous les maux qu'entraîne la superstition*, la Δεισιδαιμονία), entreprise *commencée* sans doute, mais bientôt *entravée* par ceux-là même qui reçurent leur nom du Christ, et (pour nous servir des termes les plus mesurés) par un concours incessant de causes fâcheuses; c'est, disons-nous, que cette sublime tâche d'arracher le monde à la superstition a souffert de longues interruptions, et n'a été continuée jusqu'ici qu'à des reprises diverses, d'une manière faible et imparfaite.

Assurément il est étrange que les disciples et les sectateurs d'un maître qui concevait la religion sous sa forme la plus simple, et qui la restreignait aux sentiments les plus purs; d'un maître qui n'avait composé aucun formulaire de doctrine, qui n'avait institué aucun culte nouveau; qui, pendant le peu d'années de sa vie publique, ne chercha qu'à détruire l'empire des démons, à établir et à consolider de toutes les manières celui de Dieu dans le *cœur* de l'homme; il est étrange, plus qu'étrange même, que les disciples d'un *tel* maître aient pu s'écarter en si peu de temps, et comme s'ils ne s'en étaient point aperçus, de son esprit, de son génie et de ses principes : et cela au point d'arriver, en quelques siècles, à travailler dans un sens justement tout contraire, à renverser l'œuvre commencée, et à rétablir sous d'autres noms et d'autres décorations, mais plus terribles et plus dangereux que jamais pour l'humanité, le royaume de la superstition et du fanatisme, qu'il était cependant venu renverser.

On peut appliquer ici ce que je disais plus haut en parlant de l'origine de la superstition religieuse : le *démon* qui a causé tout cela est dans notre propre nature ; mais on ne peut se dissimuler que l'esprit du siècle d'Auguste et des siècles suivants a beaucoup favorisé l'*exécution des desseins* de l'esprit impur.

X.

Les deux *premiers* siècles de l'ère chrétienne sont ceux de toute histoire, à l'exception du dix-huitième, où l'on trouve peut-être *au plus haut degré,* dans le même pays, d'un côté, les lumières et la civilisation ; de l'autre, l'ignorance, la faiblesse, le penchant à toutes sortes de superstitions ; une inclination fortement prononcée pour les *associations religieuses secrètes,* pour les *mystères et les ordres ;* une facile croyance aux choses incroyables, une grande sympathie pour les sciences et les arts magiques, même dans les classes les plus élevées de la société. En un mot, c'est une époque où toutes les espèces d'imposteurs sacrés (1),

---

(1) J'entends par imposteurs sacrés, ceux qui se servent de la reli-

de jongleurs pieux, de faiseurs de tours religieux et de thaumaturges ont exploité le plus facilement la faiblesse et la simplicité des hommes.

La lutte victorieuse que soutinrent *Lucien* et *Celse* (1) contre l'esprit de vertige de leur temps, ne pouvait cependant arrêter un mal dont le développement était favorisé par une foule de circonstances que nous n'énumèrerons pas ici, et plus tard, surtout par la *philosophie néoplatonicienne*, qui, pour me servir des expressions de *Polonius* dans Hamlet, *apportait de la méthode dans des absurdités.*

XI.

Les chrétiens aussi furent séduits par cette philosophie extravagante qui leur paraissait, non-seulement s'accorder parfaitement avec leurs propres mystères, mais encore en être la *clef*.

Lorsque leur parti, après une longue et sanglante lutte contre le *paganisme*, fut parvenu à la *domination* dans l'empire romain, lorsqu'il eut complètement défait et écrasé ses ennemis, on ne

---

gion comme d'un voile et d'un *instrument* pour faire passer leurs mensonges.

(1) *Celse*, aîné de *Lucien*, fit un ouvrage considérable *contre la magie*; on doit en regretter la perte, parce qu'un passage de Lucien porte à croire que l'auteur y avait décrit en détail les tours de passe-passe par lesquels les prétendus *adeptes de la science magique* en imposaient aux esprits crédules. On pense bien que les maîtres devaient se donner toutes les peines du monde pour détruire un pareil livre.

tarda pas à s'apercevoir *combien peu le monde en était devenu meilleur*. Le démonisme païen sortit de ses cendres sous une autre forme et sous d'autres noms. Le flambeau des sciences pâlit peu à peu, et finit par s'éteindre complètement. Les *moines* prirent la place des *pythagoriciens* et des platoniciens enthousiastes, et s'emparèrent à leur exemple de la *magie* et de la *théurgie*, sous prétexte d'*opérer* par la *force* du *vrai dieu* et le *nom de Jésus*, par le signe de la croix, par les ossements et les autres reliques des martyrs, etc., ce qu'opéraient les magiciens et les théurges du paganisme à l'aide des *esprits infernaux*. Les *chroniques* et les *légendes* des quatre premiers siècles qui suivirent celui de *Constantin I*ᵉʳ ne parlent que d'exorcismes, d'évocations, d'apparitions d'anges, de diables et d'âmes souffrantes ; tout y est plein de prodiges opérés par une foule de saints *moines* et d'*évêques*, prodiges qui sont souvent si ridicules et si absurdes qu'ils en sont incroyables. Si la vingtième partie seulement de ces prétendus miracles avait eu lieu, la nature aurait dû alors avoir perdu tous ses droits, et être tombée dans une *antinomie* et un *désordre* complet.

De telles circonstances devaient nécessairement plonger de plus en plus les populations dans une superstition dégradante pour l'humanité.

Les *erreurs du monde païen*, en se mêlant ainsi violemment aux vérités fondamentales du christianisme, donnèrent naissance aux opinions, aux croyances les plus monstrueuses ; ces croyances, adoptées sans examen, entretenues de toutes les manières par les prêtres (nous en savons le motif comme eux), mises même en partie au nombre des dogmes et des articles de foi, furent protégées, contre toutes les attaques de la raison, par les *imprécations les plus redoutables.*

XII.

Nous nous éloignerions trop de la route que nous devons suivre, si nous poursuivions plus loin cette *peinture historique*, qui d'ailleurs ne se rapporte pas à notre but actuel. Nous ne pouvons donc pas indiquer, même sommairement, les maux sans nombre qui ont affligé une grande partie de la terre, par suite de l'*alliance* ou des *querelles du sacerdoce et de l'empire*. Quoique nous manquions encore d'une histoire *entièrement vraie et impartiale* de cette époque curieuse, cependant les ouvrages de *Hume*, de *Giannone*, de *Robertson*, de *Gibbon*, de *Walch*, de *Stark*, de *Schmidt*, etc., qui sont entre les mains de tout le monde, sont plus que suffisants pour confirmer tout ce qui vient d'être dit, et dépassent même nos intentions. Quiconque voudrait acquérir une connaissance *dramatisée* et *intuitive* de l'esprit de ces temps d'ignorance et de malheur, n'aurait rien de mieux à faire qu'à recourir aux sources et à étudier particulièrement la *Chronique* et les *Libri miraculorum* de *Grégoire de Tours*, les *Légendes dorées* de l'archevêque *Jacques de Varagine*, les *Acta sanctorum*, et les *chroniques des ordres monastiques*; il trouverait là tant de preuves de l'inconcevable extravagance de cette époque, qu'il y aurait presque de quoi lui en faire perdre l'esprit d'étonnement et de stupeur.

Je ferai cependant remarquer une chose, parce qu'elle se rattache à mon but.

XIII.

Du moment où la *religion nouvelle* fut devenue *dominante* dans l'empire romain, non-seulement elle jouit *de tous les droits de l'ancienne*, et devint *la religion de l'état*, elle fut en conséquence protégée et favorisée par les lois, mais elle s'arrogea de plus des droits *nouveaux*, jusqu'alors *inconnus*.

L'*ancienne* religion de l'état avait *toléré toutes les autres* croyances, même la religion chrétienne; la nouvelle, au contraire, ou plutôt ses prêtres (qui reniaient en ceci, comme en bien d'autres choses, l'Esprit *du fondateur*, lorsqu'ils s'appuyaient sur la lettre de quelques expressions un peu dures) s'arrogea un droit *exclusif*, et ne souffrit bientôt plus de rivales.

Elle alla plus loin. Non contente de déclarer *faux* tout autre dogme, toute autre opinion, toute autre croyance, toute autre manière de s'exprimer sur des choses *incompréhensibles*, elle punit encore l'*erreur*. Elle regarda la *conviction* comme une chose dépendante de la *volonté*. Celui qui était d'assez bonne foi pour opposer ce qu'il croyait vrai à des principes qui révoltaient sa raison, était condamné, comme *hérétique* opiniâtre, au *feu éternel*, et, en attendant, ce qui était bien pis encore, au *feu temporel*.

C'est ainsi que dans les pays chrétiens se forma une espèce de *crime* jusqu'alors inouie; c'est ainsi que l'intérêt personnel et la scélératesse trouvèrent une nouvelle matière à dénonciation; le despotisme de Byzance et celui d'Occident un nouveau moyen de confiscation et de proscription contre quiconque leur inspirait de la haine ou des soupçons; le clergé, un nouvel acheminement au pouvoir le plus redoutable, et une influence presque sans bornes.

XIV.

Cependant, pour donner aux *dogmes* de la croyance desquels dépendaient la *vie temporelle* et la *vie éternelle*, des bases en apparence inébranlables, et pour empêcher tout examen, on inventa une espèce de *dialectique* et de *terminologie* subtiles, dont le but avoué fut de donner un air de possibilité aux absurdités les plus frappantes, de dissiper en apparence les contradictions, et de rendre le chemin de la vérité si difficile et si impraticable pour l'esprit humain, que sur dix mille personnes, prises même dans les fonctions sociales qui exigent le plus de développement intellectuel, il en était à peine une seule qui ne préférât *croire aveuglément* tout ce qu'on voulait, plutôt que de se faire une *conviction* d'une manière si pénible.

En employant de pareils moyens de persuasion, on voulait tout simplement *en imposer;* car au lieu de convaincre ceux qui étaient réellement capables de penser, on ne faisait qu'exciter en eux doute sur doute, et provoquer dans leur esprit, et malgré eux, des opinions contraires à celles qu'on voulait faire *régner*. D'ailleurs, n'avait-on pas *déjà décidé à l'avance* « que tout examen d'un point de
« foi ou d'un dogme, qui aboutirait à un *résultat*
« *différent de ce dogme*, est par là même erroné,
« rejetable et condamnable, c'est-à-dire punissa-
« ble par le feu de ce monde et par celui de l'en-
« fer? »

Malheur à celui qui, dans ces temps affreux, osait examiner ce qu'on lui commandait de croire, et soumettre à sa *raison*, en se soumettant lui-même aux *lois naturelles et nécessaires de la pensée humaine*, les *sentences oraculaires* d'un clergé qui s'était emparé d'une *domination arbitraire et sans bornes sur l'entendement* et jusque *sur les sens des hommes!* C'en est fait de tout examen lorsque le moindre doute est regardé comme une suggestion du démon, qu'il ne faut combattre que par le jeûne, les prières, la mortification de la chair, et la compression absolue de toute pensée. La raison devient un instrument d'une parfaite inutilité, dès que l'usage qu'on en peut faire conduit dans les cachots de l'inquisition, et de là au bûcher.

Je défie toute créature raisonnable ou capable de raisonner, *de me nier* qu'en employant de *semblables moyens*, il soit impossible de donner comme *seule véritable, seule béatifique*, et d'imposer comme telle au monde entier, la première religion venue, quelque absurde, extravagante et ridicule qu'elle puisse être, depuis le culte barbare rendu aux idoles de *Moloch*, le dieu du feu des Phéniciens, jusqu'à celui des *Abdéritains* pour les *grenouilles de Latone !*

Quel nom méritaient donc ceux qui *prétendaient* répandre et maintenir par des moyens semblables, ou par de plus révoltants encore, la plus simple, la plus raisonnable, la plus bienfaisante et la plus humaine de toutes les religions?

XV.

Tout lecteur qui aime sincèrement la vérité peut s'arrêter ici un instant, continuer de lui-même les réflexions auxquelles doit naturellement le conduire ce qui vient d'être dit.

Mon dessein n'est pas de *faire de la peine*. Il serait souverainement injuste de reprocher aux contemporains, plus raisonnables et mieux intentionnés, les sottises et les crimes de leurs barbares prédécesseurs. Les *temps d'ignorance* sont passés ; du moins, celui-là seul qui appartient à la lie du peuple peut s'excuser, en alléguant une ignorance invincible, de ne pas connaître les vérités fondamentales dont la connaissance et l'observation ont une si grande influence sur le bonheur des sociétés et du genre humain, car ces vérités, grâce à Dieu, sont prêchées hautement depuis plus de cinquante ans et se trouvent, à très-bas prix, chez tous les libraires.

Pourquoi donc, quand le flambeau de la raison nous éclaire, donnerions-nous la préférence aux ténèbres sur la lumière ?

Pourquoi, lorsque nous nous félicitons d'être *hommes*, dans l'acception la plus stricte du mot (1), n'aurions-nous pas au moins la *volonté* de rejeter bien loin de nous tout ce qui nous empêche de sentir, de penser et d'agir comme tels ?

Si les principes que nous avons rappelés au commencement de cet ouvrage sont des *vérités fondamentales* ; si le libre usage de la raison dans l'examen de toute opinion, de toute croyance humaine, est un droit *imprescriptible de l'humanité*, droit que personne ne peut nous ravir sans se rendre coupable du plus grand crime, d'un crime qui *porte*

---

(1) C'est-à-dire dans l'acception qui ne comprend ni les *moitiés*, ni les *tiers*, ni les *quarts d'hommes*, non plus que d'autres *Anthropomorpha*.

atteinte à la majesté de notre nature (1), qui osera donc entreprendre de priver son frère d'un pareil droit et de son exercice?

Puisque *nul homme n'est infaillible*, puisque l'erreur et l'*illusion* sont quelque chose de généralement inséparable de notre nature, puisqu'il y a une foule d'objets de connaissance et de foi qu'il nous est absolument impossible d'éclaircir à cause des bornes naturelles de notre esprit; que chacun donc expose sa pensée, son opinion contradictoire à celle d'un autre, avec les raisons à l'appui, avec modestie et simplicité, sans décrier ou railler celui qui pense avoir des motifs raisonnables de penser *autrement*.

La conviction de l'esprit ne dépendant pas de la volonté, l'*erreur* ne devant par conséquent pas être *punie* comme un *crime*, il serait temps de reconnaître enfin et pour toujours, ce qu'il y a d'absurde et d'injuste tout à la fois, à convertir en *injures* des *noms* qui ne doivent servir qu'à distinguer différentes manières de voir, de penser et d'enseigner.

XVI.

Il y a quelque chose de révoltant pour le bon sens dans cette coutume encore subsistante parmi les hommes éclairés, de regarder le mot *déiste* ou *théiste*, qui ne désigne, à ce que je crois, ni un *athée* ni un *démoniste*, comme l'expression d'une

---

(1) Source de celle des peuples et de leurs rois, quand toutefois celle-ci n'est pas une *usurpation* et une *chimère*.

tache dont nul homme d'honneur ne peut se laisser marquer; — quand cependant le christianisme ne repose pas sur une autre *base* que le déisme, et quand les premiers chrétiens *s'enorgueillissaient dans leurs apologies d'être déistes.*

On dira peut-être qu'on entend par le mot déiste, pris dans son *odieuse* signification ordinaire, celui qui, tout en faisant profession de la *religion naturelle,* ne peut croire aux dogmes particuliers des chrétiens, tels qu'ils ont été établis et formulés par certains conciles. Mais c'est là une excuse pitoyable : car, en supposant même que tout déiste dût, par suite de ses convictions, rejeter tous les dogmes particuliers des chrétiens, *ceux-ci* n'auraient toujours pas le droit de haïr ou de mépriser un homme qui ne croit pas tout ce qu'*ils* croient.

Mais en réalité la chose est bien différente. Le véritable déisme se rapproche beaucoup du christianisme pur, c'est-à-dire du christianisme purgé de tout *magisme,* de tout *démonisme,* et de toutes les autres impuretés dont les siècles barbares l'ont souillé ; et si un déiste devait choisir entre toutes les religions du globe, sans aucun doute il se déciderait (s'il était sincère dans sa profession de foi, et par conséquent ami de la vérité et de la vertu), il se déciderait pour celle des *sectes chrétiennes* dont les principes, les croyances et la constitution se rapprochent le plus des doctrines fondamentales et des sentiments du Christ.

Quelle raison plausible peuvent donc avoir *ces*

chrétiens, pour l'exclure de leur société extérieure ? S'ils sont réellement persuadés que la foi, qu'il n'a pas encore, est nécessaire pour son *bonheur éternel*, n'est-ce pas un devoir pour eux de ne pas lui refuser l'occasion de l'acquérir ? Ne peut-il pas, à la longue, gagner dans son commerce *avec eux*, soit par de charitables instructions, soit par le bon exemple, ce qui lui manque encore pour penser de tous points *comme eux* ?

Mais si de plus le *déiste a pris naissance* au milieu d'eux, s'il habite un pays où leur symbole de foi domine pour le moment, et qu'il soit ainsi participant *aux droits et aux avantages sociaux*; comment pourrait-il être déchu de tous ces droits attachés à sa naissance, « parce qu'il est aussi *physiquement* « *impossible* à sa *raison* d'admettre certains princi- « pes qui lui semblent faux, qu'il lui est impossi- « ble à lui-même de traverser les airs ou de vivre « dans le feu ? » — Et n'est-il pas honteux, de *vouloir*, pour un *pareil motif*, le mettre dans l'alternative ou d'être menteur et hypocrite, ou d'abandonner sa patrie.

XVII.

Je ne puis m'empêcher, puisque la succession de mes pensées m'a conduit à *ce point*, d'exprimer mon profond dégoût pour l'abus qu'on fait de nos jours du mot *tolérance*, et, ce qui est pis encore, de la *chose même*.

Qu'entend-on par *tolérer?* — Des *hommes* voudront-ils donc bien se *supporter* mutuellement sur la terre tant qu'aucun autre *rapport* et aucun autre *nom* ne pourront les affranchir des devoirs de *l'humanité?* Qui oserait *enseigner* le contraire, quoique, hélas ! le contraire se voie tous les jours dans la *pratique?*

Mais n'est-ce pas une chose odieuse de rapetisser et de réduire presque à rien, par l'emploi d'un mot aussi malheureux que celui de *tolérer*, ce que tous les hommes se *doivent* réciproquement et absolument *comme hommes*, — c'est-à-dire de *se traiter les uns les autres comme chacun d'eux voudrait être traité !*

Quelle inconséquence plus que puérile ! Nous regardons comme un devoir important d'être *polis* et *prévenans* en une foule de choses insignifiantes, et lorsqu'il s'agit de convictions, de conscience, de paix de l'âme et de loyauté, nous nous arrogeons le droit de nous tyranniser mutuellement !... Je puis exiger de chacun qu'il me laisse tranquillement suivre mon chemin, et je suis obligé cependant de regarder comme une grâce de votre part que vous daigniez souffrir, *tolérer* que je pense, que je croie ou que je rêve autrement que vous sur des *choses surnaturelles*, quoique vous n'ayez absolument rien à gagner à ce que je pense *d'une* manière ou *d'une autre* sur tout cela !

Les fous et les méchants sont intolérants *par nature* : les *premiers* ne peuvent pas souffrir qu'on *pense* autrement qu'*eux*; les *seconds* voudraient, s'il était possible, forcer l'univers à *faire* et à *souffrir* tout ce qui leur plaît. Si ces deux sortes d'hommes avaient toujours été les maîtres sur la terre, ils en auraient fait depuis longtemps une vaste solitude, un désert immense. Par bonheur, le monde a été *généralement* (malgré l'apparence du contraire dans les *détails*) gouverné par les plus sages et les meilleurs, et *le sage supporte les fous* parce qu'il est *sage*, les *faibles* parce qu'il est *fort*, les *méchants* parce qu'il est *bon*.

C'est ainsi que lorsqu'on parle des maux qui accablent le genre humain, on revient toujours à la *vérité des vérités* : on ne pourra pas *soulager* les hommes, tant qu'ils ne deviendront pas *meilleurs*; ils ne s'amélioreront jamais, s'ils ne deviennent pas *sages*; mais ils ne seront jamais sages, s'ils n'acquièrent pas des *idées plus saines sur tout* ce dont leur bonheur ou leur malheur dépend; et ils n'apprendront pas à penser plus juste, tant qu'ils ne pourront pas penser *librement*, ou, ce qui est la même chose, aussi longtemps que la raison ne sera pas entrée dans l'exercice de *tous ses droits*, et que tout ce qui doit s'évanouir à la lueur de sa lumière n'aura pas disparu.

XVIII.

Beaucoup de personnes qui *agissent* contrairement à ces principes en *reconnaîtront* la vérité, si elles viennent à lire ceci. Malheureusement, il ne dépend pas toujours de leur bonne volonté d'*agir en conséquence*.

L'application des plus clairs résultats des vérités les plus simples et les plus incontestables devient souvent, dans des circonstances données et par l'influence d'une foule de forces contraires, un problème infiniment compliqué et quelquefois insoluble.

La magnifique *prison* où se trouve encore détenue la *raison* de la plus grande partie de l'Europe, est l'œuvre d'un grand art et celle de bien des siècles. Des milliers de fortes têtes, et des millions de mains vigoureuses y ont travaillé, et l'ont si solidement assise sur le *rocher* de la considération et de l'avantage du sacerdoce, ils l'ont liée avec une telle habileté, au moyen de tant d'ailes de bâtiments et de constructions accessoires à cette autre *tour enchantée* où *la liberté* languit dans les fers, qu'il serait presque absurde de songer, je ne dis pas à délivrer, mais seulement à la possibilité de délivrer ces deux nobles captives.

Le destin peut sans doute amener avec le temps quelques grandes révolutions, qui changeront profondément l'état présent du monde; mais si le *meilleur état de choses* qu'un rêveur philanthrope espère pour nos arrière-neveux en l'an 2440, ne doit se réaliser que par le seul *progrès des lumières*, en vérité il est fort à craindre que cette époque ne soit trop rapprochée de nous.

Puisse cependant cette sinistre prédiction déjà tourner à ma honte auprès de mes petits-fils!

Mais l'aveu sincère de la *Médée* d'Ovide,

.... Video *meliora* proboque
Deteriora sequor..........

sera vrai tant que les hommes seront hommes; et tant que les DETERIORA seront liés aux grands, aux brillants avantages qui l'emportent toujours infiniment dans la balance de l'intérêt privé, ils deviendront aussi la *vraie clef* de mille faits, de mille actions qui surprennent la raison du philosophe solitaire, retiré loin du monde des réalités, dans son *Dschiunistan idéal*, et qui trompent sa trop crédule attente.

XIX.

Que j'aurais désiré, dans ce monologue intime sur des objets d'une telle importance, pouvoir m'entretenir d'*homme à hommes*, de *citoyen à citoyens*, d'*Allemand à Allemands*, sans égard aucun à la différence des sectes religieuses, avec tout ce que notre grande nation renferme de plus noble et de meilleur! Et cela d'autant plus que ma répugnance pour tout esprit de secte, mon inclination, ma disposition à combattre tous les partis (comme un homme qui serait sans préjugé et sans intérêt dans tout ceci), et mon ardent désir pour le plus grand bien de ma nation et celui de l'humanité en général, sont connus de beaucoup d'entre eux depuis longtemps;

ce qui explique sans doute l'extrême indulgence avec laquelle on veut bien accueillir mon *radotage* philanthropique sur les *pia desideria* de tous les hommes bien pensants.

Mais à quoi bon désirer l'impossible? Je vois très-bien une chose seulement, c'est que je dois complétement renoncer à l'espoir d'être goûté dans ce que j'ai dit déjà et dans ce que j'ai encore à dire de deux *principaux partis,* et me figurer que je n'ai fait confidence de mes pensées qu'à ceux auxquels j'appartiens moi-même, *plutôt par libre choix que par suite de rapports nécessaires.*

Encore un mot seulement, puisque j'en trouve ici une excellente occasion, et qu'elle pourrait ne pas se représenter de si tôt; encore un mot donc, touchant une amélioration dont la nécessité se fait généralement sentir de tous les patriotes et de tous les chrétiens éclairés : je demande la permission de m'expliquer nettement.

XX.

Je souhaite la grâce de Dieu et toutes sortes de biens en ce monde et en l'autre à tous les hommes, et par conséquent aussi à Sa Sainteté le pape Pie VI, et à tous ses légitimes successeurs au siége pontifical de Rome (siége que je regarderais encore comme très-respectable, quand même il n'aurait jamais été *celui de saint Pierre*), — et j'espère en conséquence qu'on ne me supposera aucune haine secrète contre Sa Sainteté papale, ni aucune mauvaise intention contre les reliques des saints apôtres *Pierre* et *Paul*, si j'admets comme une *possibilité physique* que tôt ou tard *la ville entière de Rome*, avec la basilique de Saint-Jean de Latran, avec l'église de Saint-Pierre, le grand obélisque, le Vatican, le Campidoglio, le château Saint-Ange, Sainte-Marie, la Rotonde, et toutes ses autres innombrables magnificences, puisse être engloutie dans un effroyable tremblement de terre, et qu'on n'en trouve plus aucune trace.

Quoique j'aie fort à cœur le salut du monde, j'avoue néanmoins qu'il me serait infiniment difficile de demander au ciel la ruine de Rome, dût cette ruine être la seule condition du salut universel. Loin de moi donc l'ombre même d'un semblable vœu ! — Mais en supposant toutefois (fassent tous les génies protecteurs des arts et des antiquités qu'il n'en soit jamais ainsi), en supposant que cette épouvantable catastrophe ait lieu, puisqu'enfin la chose est physiquement possible, en admettant que Rome eût disparu du monde, et que (sans comparaison du reste), comme Sodome et Gomorrhe, il n'y eût plus à sa place qu'une espèce de mer morte, — quelle serait alors la règle de *l'Église catholique ?*

Avec la ville de Rome auraient aussi disparu du monde, la basilique de Saint-Pierre, et le magique *anneau du pêcheur* (qui est incontestablement le premier anneau du monde, après le *sceau de Salomon*); les célèbres *donations de Constantin*, de *Pépin* et de *Charlemagne* ; les *décrétales d'Isidore le Pêcheur* ; la *triple couronne* du pouvoir *céleste, terrestre et infernal* ; les quatre saintes *portes du Jubilé* ; la *Daterie* et la *Rota* ; la *tisseranderie* et la *fabrique d'Agnus-Dei* des *nonnes de Sainte-Agnès*. Et s'il en était ainsi, y aurait-il de quoi se lamenter beaucoup chez tous les peuples de la terre? Les autres évêques et prélats de la chrétienté catholique auraient-ils une bien grande raison de déchirer leurs vêtements, de se couvrir le chef de cendre? N'auraient-ils rien de mieux à faire alors que de se réunir le plus promptement possible pour choisir une nouvelle Rome, et faire asseoir un nouveau successeur de saint Pierre, sur le siége que celui-ci n'occupa jamais? N'auraient-ils pas plutôt (je parle *humainement*, mais toutefois pas *insensément*, je crois) une forte raison de se soumettre patiemment à la Providence, et, toute réflexion faite, de rendre enfin grâce à Dieu de n'avoir plus rien à craindre pour leurs droits, et d'avoir recouvré la liberté que les premiers conciles leur reconnaissent?

Mais, dira-t-on, que deviendrait le *centre* si nécessaire *de l'unité ?* — Comment? — Ce *point d'union* tient-il nécessairement à une *seule personne*, ou à un *certain* siége, et à *celui-ci* plutôt qn'à un autre? Ne vous suffit-il pas du *nom chrétien* et du *Symbole des apôtres* pour point de ralliement? Et si *Rome* n'était plus, Rome dont l'esprit despotique est *seul intéressé à la plus grande uniformité possible* entre tous ses sujets, à qui donc importerait-il de voir subsister plus longtemps cette uniformité violente, inconnue dans toute la nature, et qui ne pourrait être que l'effet d'un pouvoir coactif monstrueux ? L'*ordre* et la *paix* sont-ils donc si incompatibles avec la *variété ?* L'*harmonie* ne résulte-t-elle pas de la *diversité* et de l'*ordre ?* et l'*harmonie* n'est-elle pas plus belle que la *monotonie ?*

Voyons, cependant, sans nous arrêter plus longtemps à une objection qui tomberait enfin d'elle-même; voyons quelles seraient, suivant toute vraisemblance, les suites de cette grande chute.

S'il n'y avait plus de *pape*, c'en serait fait du *système papal* lui-même avec tous ses accessoires et toutes ses superfétations. Les ouailles du Christ se retrouveraient donc sous la garde de leurs pasteurs inférieurs et supérieurs, comme elles l'étaient encore aux quatrième et cinquième siècles, et ces pasteurs seraient seuls chargés (pour parler comme le *Psalmiste*), de les mener paître dans de vertes prairies, de les désaltérer aux frais et limpides ruisseaux, et de veiller à ce qu'elles ne souffrissent aucune privation.

Ils ne jouiraient d'aucune autorité incertaine, ne s'attribueraient point de droits chimériques, n'auraient aucune de ces prétentions qui ne souffrent pas l'examen, et qui n'ont d'autres fondements que l'ignorance, la superstition et la crainte des serments d'Ernouffe, et celle des bûchers.

Qu'est-ce donc qui pourrait les porter à la haine de la lumière dont ils n'auraient plus rien à redouter, à enchaîner la raison qui serait pour eux, à s'opposer à la propagation des lumières, qui deviendraient le plus ferme appui de *leur autorité* et de *leurs droits*, puisqu'elles assurent l'*affermissement* de la religion chrétienne par la destruction même de tous les *ouvrages avancés* qui ne sont *pas tenables* contre les attaques de la raison?

Ils n'auraient rien à gagner avec la superstition, rien par le mélange du christianisme pur avec les impuretés du magisme et du démonisme, rien avec les images miraculeuses, les exorcismes, rien avec les visions et autres sottises pareilles. Ils penseraient d'une manière trop noble et trop juste pour vouloir reprendre le commerce des indulgences romaines, rétablir les années de jubilé, les apothéoses de moines insensés et de nonnes lunatiques, les amulettes talismaniques, les hideuses figures de Lorette, les cierges et les clochettes, et je ne sais combien d'autres méprisables branches de finances. En un mot, il n'y aurait aucune raison imaginable (dans le cas supposé), pour qu'ils ne donnassent pas les mains avec joie à la destruction de tous les abus, à l'établissement de toute sage institution, et pour qu'ils ne fussent pas les premiers à ouvrir le cachot où la *raison* est détenue, à la mettre pour jamais en liberté, elle qui seule nous *rend capables d'une religion vraie*, et sans parler de mille autres conséquences bienfaisantes, à nous frayer aussi le chemin *à la seule* espèce de réunion *heureuse et désirable* de toutes les communions chrétiennes.

Encore un peu d'indulgence, et j'ai achevé mon rêve.

XXI.

Il y a des choses qui sont de telle *nature* qu'il dépend *de notre libre volonté* d'admettre, lorsqu'elles nous sont exposées, qu'elles *sont* ou *ne sont pas*, suivant qu'il nous *plaît* qu'elles soient ou ne soient pas.

Je demande la permission d'expliquer ma pensée par un exemple bien connu.

Lorsque *saint Paul* se rendit à Éphèse (1), il y trouva, entre autres choses, un temple qui était compté parmi les merveilles du monde, et dans ce temple une méchante statue tout enfumée, faite de bois d'ébène ou de vigne (2), que l'on appelait la *grande Diane des Éphésiens*, et qui était honorée au loin et au large dans toute l'Asie, comme une image miraculeuse.

Saint Paul, qui avait coutume de se servir très-*librement* de sa *raison* contre la superstition des païens, sans être arrêté par la considération que

---

(1) Histoire des apôtres, ch. 19.
(2) C'est ce que dit *Pline*, l. xvi, c. 40, et l'objection du comte de *Caylus*, dans son mémoire sur le temple d'Éphèse, est sans force ; ceci soit dit en passant.

les pauvres gens tenaient leurs croyances erronées pour la *foi véritable*, — saint Paul prit donc la liberté de dire à quelques Éphésiens, que les statues, qui sont l'œuvre de l'homme, ne peuvent être des dieux ; et il ne manqua pas de gens qui trouvèrent ce raisonnement décisif.

Mais il se trouva aussi dans cette ville un certain *Démétrius*, qui resta très-convaincu que la grande Diane des Éphésiens devait toujours être une *divinité* ; car il avait une fabrique de *petits temples de Diane* en argent, qu'il vendait aux étrangers, dont l'affluence était toujours très-grande dans cette capitale de l'Asie ; et cette fabrique était si active que tous les ouvriers sur métaux précieux à Éphèse y étaient employés.

Démétrius réunit donc les ouvriers, et leur exposa tout ce qu'il y avait de menaçant pour leur industrie commune dans le *raisonnement* de saint Paul. « *Non-seulement*, disait-il, notre commerce se « trouve par là ruiné, *mais* le temple de la grande « déesse Diane s'en trouve *encore* déshonoré (1). « C'en est fait alors de la majesté de celle qui est « l'objet du culte de toute l'Asie et de toute la « terre (2). »

---

(1) C'était là, disons-le, une fausse conséquence. Le temple de Diane resta toujours un chef-d'œuvre de l'art architectural ; et saint Paul et tout le monde en convenait, que Diane fût ou ne fût pas une *divinité*.

(2) « Non solum autem hæc periclitabitur nobis pars in redargutionem venire, sed et magnæ Dianæ templum in nihilum reputabitur, sed et destrui incipiet majestas ejus, quam tota Asia et orbis colit. » (*Acta apost.*, c. 19.)

On comprend pourquoi la *majesté* de la grande Diane tenait si fort au cœur du saint homme. Ce synode d'orfèvres aboutit, tout naturellement, à l'indignation générale, et l'on se sépara au cri de : *Grande est la Diane des Éphésiens.*

Ils eurent bientôt mis toute la ville en rumeur. Le peuple se précipita dans l'amphithéâtre, le tumulte alla croissant. On finit cependant par écouter pour savoir de quoi il s'agissait; la populace se mit alors à crier : *Vive la Diane des Éphésiens;* elle continua ces *vivat* pendant deux heures. A la fin, le chancelier, par un discours plein de sens et digne d'un grand chancelier d'Angleterre, fit entendre raison à la foule, et la renvoya tranquillement chez elle.

Je ne connais pas d'exemple plus propre que celui-là pour mettre dans tout son jour la proposition précédente. La Diane de bois des Éphésiens était *une divinité*, ou n'en était *pas une*, suivant le bon plaisir des Éphésiens. Et pourquoi cela? Parce que, *plaisanterie à part,* ce n'était que l'image de bois d'un petit monstre de bohémienne, ayant je ne sais combien de mamelles, et par conséquent pas une *divinité.* Toutefois, tant qu'elle fut regardée comme telle, ce fut à certains égards tout comme si elle avait été une divinité véritable.

Soyons juste. Ceux qui gouvernaient l'Asie, les *grands* d'Éphèse, le *chancelier* et ses pairs, savaient sans aucun doute aussi bien que nous ce qu'il en était, et cependant les Éphésiens s'étaient fait de tout temps un honneur de s'appeler les *néocores* (1) de la grande Diane, dont le magnifique temple donnait du relief à toute la ville, et y faisait chaque jour affluer les étrangers. Ils avaient donc des raisons *politiques* et *financières* de regarder comme *incontestable*, ainsi que le dit le maître chancelier d'Éphèse (2), non pas que leur Diane était réellement une *divinité*, mais que la ville d'Éphèse honorait la grande Diane et prenait soin de sa statue tombée du ciel (3).

Pour les hommes du *commun peuple*, la divinité de leur Diane, au culte de laquelle ils avaient été habitués dès leur plus tendre enfance, était bien *une affaire décidée*, et il ne leur arrivait pas plus de se faire des objections contre cette croyance, qu'aux habitants de Lorette de douter que leur *Santa Casa*

---

(1) Le mot *néocoros* signifiait primitivement chez les Grecs, un desservant du temple, ou ce que nous appelons un *sacristain*. Par la suite, des villes considérables se firent un honneur de s'appeler néocores ou marguilliers du temple des divinités protectrices qu'elles honoraient, et les Césars romains briguaient à l'envi l'honneur du néocorat des empereurs auxquels une espèce de culte divin était déjà rendu dans les provinces. Luther traduit très-bien ce mot *néocore* dans le passage cité, par *administrateur*; car, dans le sens où il était employé par des villes entières, il emportait les idées de patron et de protecteur. Les Éphésiens s'appelaient sur toutes leurs monnaies *néocores d'Artémise*, et s'enorgueillissaient d'autant plus de ce titre, que leur temple de Diane était en quelque sorte le temple commun de toute l'Asie, qui avait contribué aux frais de la construction.

(2) *Actes des Apôtres*, ch. IX, v. 35 et 36.

(3) Ce passage, qui est confirmé par une épigramme grecque, citée par J. Scaliger dans son commentaire sur la chronique d'Eusèbe, prouve que l'on croyait généralement que l'image de la Diane d'Éphèse était tombée du ciel.

ait été apportée chez eux, de Nazareth, par un groupe d'anges.

Mais les *orfèvres* avaient un tout autre intérêt à être les confesseurs et les défenseurs de la divinité de la Diane; et quand même ils n'y auraient pas eu, au fond de l'âme, plus de foi que *Cicéron* n'en avait aux *augures,* tant que leurs petits temples se seraient bien vendus, ils n'en auraient pas moins crié très-haut : Vive la grande Diane des Éphésiens.

Mais supposons le cas où les magistrats de la *ville d'Éphèse* eussent eu un très-grand et très-pressant motif (ce qui n'était pas) de faire croire que *leur Diane ne devait plus être une divinité,* qu'auraient-ils pu faire?

L'entreprise aurait sans doute été difficile, mais avec du temps et de la patience on est venu à bout de choses plus difficiles encore. Vraisemblablement ils auraient commencé par donner aux orfèvres un autre travail lucratif. — Saint Paul et ses compagnons d'un côté, les philosophes, les Luciens et leurs pareils d'un autre, auraient alors obtenu la libre permission de raisonner sur la chose, et enfin même de s'en moquer tant qu'ils auraient voulu, sauf à le faire avec esprit et politesse; et le peuple qui, malgré ses vices et ses défauts, a cependant plus de bon sens qu'on ne lui en suppose, aurait insensiblement changé de manière de voir, et cela, au point d'abandonner une coutume, puis une autre, et d'accomplir ainsi une prophétie de l'honnête Démétrius.

XXII.

J'espère que l'on ne m'accusera pas de manquer de respect pour les têtes couronnées si je dis que certaines opinions qui, depuis le siècle de Grégoire VII, ont été insensiblement répandues par les moines, par les jésuites et autres clients de la cour de Rome, et qui, grâce aux étonnantes prétentions de cette même cour, ont obtenu je ne sais quel air de vraisemblance, n'ont pas de racines plus profondes dans notre esprit que la foi des Éphésiens en la divinité de leur Diane, et qu'il dépend de nous de les croire ou de les rejeter. Telle est, par exemple, l'opinion que tout pape est une sorte de *Dieu* ici-bas, ou du moins un être *intermédiaire entre Dieu et l'homme*, et qu'*il a tout pouvoir au Ciel et sur la terre* (1), qu'*il peut faire que ce qui est injuste soit juste, qu'il est au-dessus de toutes les lois, qu'il peut faire et défaire les rois*, et nombre d'autres *propositions non moins mal sonnantes* (2).

Saint Paul, par la raison toute simple qu'un

---

(1) Nous reconnaîtrions volontiers sa toute-puissance *dans le ciel,* pour peu qu'il voulût renoncer à sa toute-puissance sur le petit globe que nous habitons; sacrifice qui est véritablement si peu de chose, en comparaison de la puissance qui lui reste dans le ciel, que l'on doit presque rougir d'en parler.

(2) Voyez la *profession de foi de P. Giannone* dans le *Mercure allemand,* octobre 1784.

« homme comme nous autres ne peut pas plus être
« un dieu ou un demi-dieu que ne peut l'être une
« statue de bois, » se serait infailliblement décidé
à ne pas croire.

Nous donnons donc pour ainsi dire du nez contre
la solution de ce grand problème, que beaucoup
d'hommes regardent comme aussi difficile à résoudre que celui de la pierre philosophale. Cependant, au risque de m'entendre dire que j'ai une
trop mauvaise opinion de la sagacité de mes lecteurs, j'ajouterai encore que l'évêque *de Rome* ne
serait ni plus ni moins que le premier des évêques
d'*Occident*, ses frères, aussitôt qu'il plairait de s'en
rapporter, sur ce point, aux faits établis, aux titres
primitifs, à la saine raison et à la nature des choses.

Et combien n'aurait-on pas gagné par là! car
on recueillerait ainsi tout le bien qui résulterait
naturellement de la ruine subite de la ville de
Rome (de l'autorité romaine), sans qu'on fût obligé
de l'acheter démesurément cher par la ruine du
Vatican, de la basilique de Saint-Pierre, du musée
Clémentin, de la villa Borghèse, etc. Il n'y aurait
qu'à *faire* tout comme si la catastrophe était arrivée; vraisemblablement alors tout *réussirait*, tout
rentrerait aussi facilement, quoique un peu plus
lentement, dans l'ordre ancien et naturel.

Un *tremblement de terre* serait sans doute plus
expéditif et lèverait tout d'un coup une foule de
scrupules et de difficultés, comme autrefois *les
Goths*, sous l'empire de Gallien, en brûlant et ren-

versant le temple de la Diane d'Éphèse, mirent tout de suite fin à sa divinité. J'avoue cependant que je n'aime pas ces *moyens héroïques*, et je voudrais, pour l'honneur de la raison, qu'un changement aussi désirable fût plutôt *son œuvre* que l'effet d'éléments furieux.

Au fond, cela vaudrait mieux aussi sous plus d'un rapport. On se rappelle sans doute ce que sera le pape Pie XXVI (ou tout autre), qui règnera l'an 2440 : ce sera l'homme le plus digne et le plus noble ; il fera de toutes parts la contre-partie d'un Grégoire VII, d'un Jean XII, d'un Jean XXII, d'un Clément V, d'un Alexandre VI, d'un Jules II, d'un Léon X, etc., en un mot, du plus grand nombre de ses prédécesseurs. Ce *souverain pontife* sera si distingué par ses lumières, sa sagesse, sa bonté, sa modestie et son indifférence pour les hautes dignités d'un *premier prêtre* et d'un *père universel*, qu'il fera le plus grand honneur à la *chrétienté*. — Eh bien, ce résultat pourrait s'obtenir, *même avant l'année* 2440, si l'on voulait suivre l'avis qu'en toute humilité j'ai l'honneur d'ouvrir. De quel prix ne serait pas pour l'Église et le monde une semblable réforme ? Ses conséquences salutaires sont si importantes et si vastes, qu'un ami de l'humanité peut à peine se défendre d'en être impatient, quand les taupinières qui font obstacle à leur réalisation continuent d'être regardées comme des montagnes infranchissables.

Dans le fait, je ne vois qu'une objection sérieuse

à faire contre le moyen précédemment indiqué de hâter une révolution si désirable, c'est que « elle « ferait tomber les impôts et tributs divers que les « successeurs d'Hildbrand (car saint Pierre n'a-« vait ni or ni argent, et n'en désirait pas) ont « tirés jusqu'ici de la foi aveugle, de l'obéissance « non raisonnée, et de tous les autres vices intel-« ligents des ultramontains. » Mais comme il n'entrerait pas dans le dessein en question de vouloir dépouiller les *princes de l'Église* de leurs biens temporels légitimement acquis, il resterait encore assez de revenus à l'administrateur des États de l'Église, avec une économie mieux entendue, sans cette ressource étrangère, pour soutenir dignement son rang élevé, et entretenir magnifiquement l'église de Saint-Pierre et les six autres basiliques de Rome.

Si les conspirations secrètes et publiques, qui se trament contre la saine raison sous toutes sortes de noms et de fausses apparences, ne doivent pas nous ramener d'une manière inattendue à la barbarie et aux ténèbres du siècle d'Hildbrand, il faut alors espérer qu'avec les progrès croissants des lumières *les yeux* et aussi les *mains et les pieds,* s'il plaît à Dieu, *s'affermiront* de plus en plus, et que la fin du dix-neuvième siècle verra se réaliser beaucoup de choses, que l'on traitera poliment, à la fin du dix-huitième, de rêves d'un cosmopolite qui radote.

XXIII.

Après cette petite excursion, qui ne nous a pas, je le pense, écartés beaucoup de notre route, je reprends la suite des idées qui m'occupaient à la fin du quatorzième paragraphe.

Si une *bonne institution* a manqué si grossièrement son but, qu'elle a justement produit *l'effet contraire* à celui qu'elle se proposait, il n'y a, si je ne me trompe fort, que deux choses à faire : « Il faut : « ou laisser complétement tomber cette bonne in- « stitution, » — ce qui serait insensé, si l'on n'était pas sûr de pouvoir la remplacer par quelque autre chose qui devrait opérer d'une manière plus certaine et à un plus haut degré l'utilité qu'on en *attendait;* — « ou bien, il faut rechercher opiniâ- « trément avec le plus grand soin, à quoi tient « qu'elle a manqué son but, et tâcher ensuite « d'opposer au *mal* des moyens très-efficaces et « très-prompts. »

Mais si le *bien* dont tant de *mal* est sorti contre nature, est de telle sorte : 1° qu'il ne dépende pas de *nous* de faire qu'il *soit ou ou ne soit pas;* 2° que l'état des choses soit tel que chacun *n'ait simplement qu'à ouvrir les yeux* pour être convaincu que le mal est uniquement provenu « de ce qu'il s'est « mêlé à ce bien quelque chose de *mauvais*, qui a « non-seulement empêché les effets du bien, mais « qui l'a tellement altéré qu'il l'a converti en un

« poison destructeur ; » 3° qu'enfin, il soit évident qu'il est complétement en notre pouvoir de faire disparaître facilement et avec peu ou point de danger ce *mal*, qui a produit des effets si pernicieux, d'en purger tellement le bien qu'il soit impossible à l'homme de l'altérer désormais : alors, ce me semble, la question : *Qu'y a-t-il donc à faire ?* n'en est plus une pour les personnes qui jouissent de leurs cinq sens ; et si, malgré tout cela, la blessure ne peut être cicatrisée, nous saurons du moins que penser de l'intelligence et de la bonne volonté des *médecins* et des *pharmaciens moraux*, qui sont établis pour guérir nos maux ; et alors il pourrait bien aussi venir un temps où l'on songerait sérieusement à la manière de se passer de la médecine et de se guérir soi-même.

XXIV.

Voyons maintenant l'application de ces principes pratiques, assez incontestables, à notre objet actuel.

Aussi loin qu'il est possible de remonter dans l'*histoire* des enfans d'Adam, nous voyons partout la *religion* et la *superstition* croître, et *s'élever à côté l'une de l'autre étroitement unies*. Celle-ci, pareille à une plante parasite qui presse avec vigueur, enlace la première, lui ravit insensiblement tout son suc, communique ses propriétés vénéneuses aux fruits qui devaient être un aliment salutaire pour le genre humain.

Comme il ne s'agit absolument que de purifier l'idée *religieuse* de toute *superstition*, de tout ce que notre penchant pour les choses sensibles, notre imagination et nos passions et *les* pratiques sacerdotales (*Priester Künsten*) (1), y ont mêlé d'impur, je ne conçois par ce mot de *religion* que la croyance en un être primitif impénétrable, par lequel toutes choses existent et sont maintenues en harmonie entre elles, suivant les lois immuables de la plus grande *perfection*, ou (ce qui est la même chose) suivant les lois de la *bonté* et de la *sagesse* les plus parfaites; la *croyance* encore à la *permanence de notre substance propre* (substance qui ne nous est pas moins inconnue), avec *conscience de notre personnalité*, et à *un progrès constant dans la perfection, progrès qui doit être influencé du reste par notre conduite dans cette vie*.

Je dis de cette croyance :

1° Qu'elle est un *besoin moral* de l'humanité;

2° Que ses racines sont si profondes dans notre nature, et que ses fibres la pénètrent tellement, qu'on détruirait plutôt l'*homme même* que de l'en extraire complètement;

3° Qu'elle est suffisamment appuyée sur la raison pour mériter le nom de *croyance rationnelle*;

4° Et que, *dégagée de toute superstition ou dé-*

---

(1) J'espère avoir fait connaître assez clairement dans le § 1, ce que j'entends par ces arts *non libéraux*.

monisme (*dœmonistery*), elle est non-seulement tout à fait *innocente*, mais au contraire extrêmement salutaire, et *indispensable* même en un certain sens, au genre humain ( ).

Par malheur les constitutions et les circonstances sous l'empire desquelles vivaient *les hommes des premiers temps,* ne permettaient pas que la religion se conservât longtemps dans cette pureté; mais il dut néanmoins y avoir un temps où elle fut simple et pure, autant du moins que le permettait la faiblesse de l'enfance de l'humanité.

Des hommes grossiers et sensuels voulurent avoir un *Dieu visible* et *palpable.* Pénétrés d'un sentiment puissant quoique obscur de *ce qu'il y a de divin dans la nature,* mais incapables d'élever ce sentiment à la hauteur d'une *idée pure de la raison,* ils remplirent ce monde entier de natures divines, et façonnèrent leurs dieux suivant leurs besoins. Il leur en fallait qui descendissent vers eux, qui leur parlassent, qui prissent leurs intérêts, qui chassassent et pêchassent pour eux, qui se missent à leur tête un jour de combat, qui leur dissent, dans les cas douteux, ce qu'ils devaient faire ou ne pas faire, etc.

C'était trop *demander* et trop *attendre* des dieux,

---

(1) J'émets ces quatre propositions, sans en donner ici la preuve, comme établies depuis longtemps, et reconnues de tous ceux que cet ouvrage peut intéresser. Si quelqu'un, prenant la vérité plus sévèrement, prétendait avoir de nouvelles raisons de ne pas regarder ces propositions comme aussi parfaitement établies que je le crois, ses recherches auraient infailliblement cette utilité, de mettre dans un nouveau jour la vérité d'abord révoquée en doute.

pour que chacun ne trouvât pas très-juste, de son côté, de *faire aussi quelque chose pour les dieux*, et de leur témoigner sa reconnaissance et son respect par des sacrifices, des vœux solennels, des offrandes, des monuments, des temples, des statues, etc.

Les hommes s'habituèrent insensiblement à cette idée trompeuse, que tout le bien qui leur vient de la nature et de l'ensemble des choses, qu'il en soit du reste un produit spontané ou le fruit de leur industrie et de leurs soins, doit être regardé comme un *présent volontaire de certaines divinités*.

Mais la nature ne faisait guère moins de *mal* à l'homme que de bien : tous les événements préjudiciables et pernicieux pour lui furent donc *également* rapportés *aux dieux*. Les tremblements de terre, les inondations, les disettes, la famine, les épidémies, qui portent au loin la mort et l'épouvante, les intempéries des saisons qui détruisent l'espoir du laboureur, etc., tous ces fléaux furent regardés comme des *effets éclatants de la colère des dieux*, colère qui avait été excitée par des offenses et des fautes connues ou inconnues. Ce qui fut à la fin porté à un tel point que, chez un grand nombre de peuples, certaines passions et actions vicieuses, lorsqu'elles avaient entraîné un malheur extraordinaire sur toute une famille ou sur tout un peuple, étaient regardées comme des conséquences de la colère d'une divinité offensée. La race mal famée de Tantale et de Pélops, chez les Grecs, en est un exemple connu de tout le monde.

XXV.

Des dieux qui étaient mêlés de tant de façons aux affaires des hommes, qui avaient une si grande part à leur destinée, dont on espérait tout, dont on craignait tout, qu'il fallait si souvent se rendre favorables, ou qu'on voulait intéresser au succès de ses entreprises, ne pouvaient pas rester longtemps sans *prêtres*, c'est-à-dire sans personnages intermédiaires, sans procureurs, sans administrateurs des affaires des pauvres mortels auprès de ces êtres supérieurs ; et des prêtres, à leur tour, ne pouvaient pas être longtemps sans *théologie*.

La *raison* ne pouvant dire que *ce que Dieu n'est pas*, et se troublant aussitôt qu'il s'agit de dire *ce qu'il est*, ne sachant alors que balbutier ou se taire ; il ne fallut pas beaucoup d'art pour graver toute la *théologie de la raison* sur un grain de millet.

Les prêtres ne pouvaient naturellement pas se contenter d'une connaissance de Dieu réduite à de si modestes proportions : ils durent en savoir plus de leurs *supérieurs* que le commun des hommes ; et d'où les chefs du sacerdoce auraient-ils pu apprendre à leur tour cette science mystérieuse si ce n'est *des dieux mêmes ?* Les dieux se révélaient donc à eux dans des *songes*, leur *apparaissaient*, leur parlaient. On ne tarda donc pas à voir sortir de cette source surnaturelle, des *sciences sacerdotales et magiques*, que la philosophie n'aurait assurément jamais trouvées, mais dont elle possède du moins *la clef* : la *théorie des bons et des mauvais esprits*, des démons qui président aux choses célestes, aux éléments et aux enfers ; la science des *sacrifices*, des *expiations* et des *initiations* ; celle de se rendre *favorables* les *divinités* supérieures, de s'attirer la *protection des bons génies*, de se *soumettre les mauvais* ; celle de l'*interprétation des songes*, de la *prédiction de l'avenir* à l'aide de certains *signes* que les dieux nous indiquent ; l'art de *guérir* par des *amulettes*, par des *paroles et des chants magiques*, et par d'autres moyens non moins mystérieux, etc.

Aussi les *prêtres* devinrent-ils insensiblement *prophètes*, *devins*, *médecins* et *thaumaturges* ; aussi le *sort des peuples entiers*, le bonheur et le malheur des *familles*, et même la *vie des hommes*, se trouvèrent-ils en leur puissance : ils se rendirent maîtres des deux plus forts mobiles de la nature humaine, la *crainte* et l'*espérance*, et régnèrent par là d'une manière toute-puissante sur des sauvages ignorants et des barbares. En un mot, la RELIGION *donna naissance au démonisme*, et *le* SACERDOCE *à la magie*. Ces deux grandes superstitions couvraient la face de la terre sous toutes sortes de noms et de formes, lorsque la RELIGION CHRÉTIENNE fit son apparition dans le monde. Par une révolution qui semble étonnante au premier aspect, mais qu'un examen impartial comprend aisément, elle mit fin au *polythéisme* dans toute l'étendue de l'empire romain, pour fonder, sur les ruines de l'ancienne religion, une nouvelle espèce de *théocratie* et de *hiérarchie* qui *s'annonçait* et se faisait *aimer* par les *intentions les plus bienfaisantes*. Mais malgré son origine, qui était aussi céleste, malgré ses vues bienfaisantes, et quelque simples et innocentes que fussent ses moyens, elle fut répandue parmi des *hommes* et par des *hommes*, et ne put, par conséquent, conserver longtemps la pureté qu'elle avait en sortant de sa source. Ceux qui présidaient à la communauté ne tardèrent pas, grâce à la facilité avec laquelle ils savaient s'être emparés des cœurs, à s'apercevoir de la faiblesse des hommes, et à connaître la puissance de leurs propres ressources. Et comment l'évêque de la capitale du monde n'aurait-il pas enfin été conduit à étendre de plus en plus la puissance de sa *double clef merveilleuse ?* Par malheur pour le monde, on s'en servit avec si peu de discrétion que son influence et sa domination finit par être plus oppressive, plus nuisible, plus cruelle et plus funeste à l'humanité que ne l'avaient jamais été dans leur forme la plus naïve et *la moins déguisée*, au temps de leur plus grande puissance, le *démonisme* et le *magisme*.

XXVI.

On sait, mais le plus souvent on n'en tient pas assez compte dans les affaires les plus importantes, on sait assez quelle puissance les *habitudes* et les *préjugés* dans lesquels nous avons été nourris, tyrannisent le sens commun, et comment, puisqu'ils sont capables de nous faire *croire le contraire de ce que nos propres sens attestent*, comment serait-il possible qu'ils n'eussent pas le pouvoir d'*enchaîner* notre *raison*, et de nous *empêcher*, par exemple, de voir dans un livre, pour la *lettre* duquel nous sommes déjà pénétrés du plus profond respect, bien avant d'être capables non-seulement d'en saisir, mais seulement d'en présenter et d'en soupçonner le *sens* et l'esprit, de voir, dis-je, des choses qui sautent aux yeux de tout lecteur non prévenu?

Je ne dois donc pas m'étonner si ce que je vais dire ne manquera pas de choquer un grand nombre de personnes, quoique (suivant du moins ma conviction la plus intime) rien ne soit cependant plus vrai. C'est qu'il y a entre l'*esprit* et le *but* de l'œuvre de JÉSUS, d'un côté (tel qu'il nous est présenté dans la plus grande partie des quatre évangélistes, où se trouve contenu tout ce que nous savons de sa personne et de son histoire), et certains discours qu'on lui fait tenir, certaines actions qu'on lui fait faire, une telle discordance, une telle contradiction, qu'il est presque impossible, qu'il est du moins contraire à toutes les règles de la critique ordinaire, de croire qu'il ait réellement dit et fait ces choses.

Il serait trop long de développer ici mes idées sur ce *phénomène;* je le ferai dans une autre occasion. Je dis donc, pour revenir à mon dessein, et j'espère du moins que plusieurs de ceux qui ont lu les évangiles avec un peu plus de réflexion qu'on ne le fait d'ordinaire seront d'accord avec moi sur ce point,—je dis que le Christ a voulu *purifier* et *rendre meilleure* la religion de son pays, mais qu'il n'entrait nullement dans son intention d'en établir une *nouvelle,* et moins encore une *nouvelle constitution politique religieuse,* et moins que toute autre constitution de ce genre *celle* qui a été insensiblement introduite plusieurs siècles après lui, en partant du principe déjà posé par ses disciples.

La religion dont il a été tout à la fois le docteur et le modèle, celle qui mérite par excellence le nom de *religion chrétienne* ou *du Christ,* n'est pas une institution qui forme une partie de la constitution civile, mais une *simple disposition du cœur;* elle est entièrement fondée sur le rapport entre *Dieu, père commun des hommes,* et *ceux-ci,* considérés comme ses *enfants,* bons ou mauvais, obéissants ou indociles; elle exalte l'obscur *sentiment religieux,* sentiment uni à la nature humaine, et qui lui semble propre : elle en fait l'idée la plus simple, la plus humaine, la plus digne de la Divinité, et la plus conforme au besoin de l'humanité; elle purifie cette idée de toute superstition démonique et magique (1), et en fait, dans toute âme humaine où elle devient vivante et dominante, une source intarissable de confiance sans borne en Dieu, d'amour de tout bien, de philanthropie universelle, de force constante dans le malheur, de modération et de modestie dans le bonheur, de patience dans les peines, de mépris pour tout ce que la sagesse nous apprend à dédaigner, de paix intérieure du cœur, de contentement du présent, et d'espoir constant d'un avenir meilleur. — Sa religion était une *théosophie pure et véritable*, dans toute l'acception la plus simple du mot. — Pour lui, Dieu était *tout en tout*, tout dans la nature, tout dans lui-même. De là, le *royaume de Dieu*, dont il annonce l'*avénement prochain*, auquel il invite tous les hommes *à se préparer*, auquel tous sont *appelés*, mais pour lequel un petit nombre est *choisi*. Il savait bien qu'il y a peu d'hommes d'un sens assez simple et d'une volonté assez droite pour entrer, de toute leur âme,

---

(1) Que ce soit là l'esprit de la doctrine du Christ et le résultat incontestable de ses idées fondamentales, c'est ce que niera difficilement quiconque la connaît d'après les sources. Mais pourquoi ces sources elles-mêmes sont-elles infectées de la vase impure du démonisme ? Assurément le Christ n'en fut point souillé ; mais on n'en peut pas dire autant de ses disciples, auxquels *lui* et *sa doctrine*, malgré leur attachement pour sa personne, semblent toujours être restés une sorte d'énigme. Il fut séparé d'eux avant d'avoir pu les délivrer complètement de tous les préjugés et de toutes les idées chimériques de leur nation et de leur temps. C'est pour cette raison, je le crois, qu'il leur promit l'*esprit* qui devait les conduire dans toute vérité. Mais cet esprit n'habite que dans des cœurs purs, et il disparut vraisemblablement du jour où ils s'avisèrent d'écrire aux frères d'Antioche, de Syrie et de Cilicie : *Il plaît au Saint-Esprit et à nous*, etc.

dans cette manière de voir et de sentir, et pour devenir semblables à lui dans tout ce qu'il avait de *commun* avec les hommes les plus sages et les meilleurs qui l'avaient précédé, et avec ceux qui devaient le *suivre*, et pour mériter, par conséquent, de s'appeler proprement ses disciples. Tous pouvaient et devaient être invités à le devenir; mais la nature des choses voulait que ceux qui étaient réellement avec lui de sens et d'esprit, ne formassent qu'une *petite société fraternelle*, une espèce d'ordre (si j'ose dire ainsi), comme autrefois les disciples de Pythagore, ou comme les *Esséniens* chez les Juifs. — C'est précisément dans ce petit nombre et dans l'uniformité de leurs sentiments les plus intimes, qu'était la raison de l'égalité fraternelle qu'il introduisait entre eux, et du lien d'amour étroit dans lequel ils vivaient ou devaient vivre en *qualité d'enfants d'un même père*.

XXVII.

Puisque telle est l'idée que je me fais de la *religion du Christ* et de la *communauté fraternelle* qu'il fonda, je n'entends nier en aucune manière qu'il n'eût pas dû être *possible* par la suite d'établir une *religion publique et civile* d'accord avec les principes et la morale du Christ, religion qui aurait pu rester pure de toute *superstition démonique et magique*. Je ne crois même pas aller trop loin en disant qu'une *religion hiérarchiquement constituée*, et édifiée sur de semblables principes, *est très-concevable*, quoique *son établissement* le soit moins ; religion qui dès lors aurait été pure de toute pratique sacerdotale (*Priester Künsten*), de toute tyrannie des prêtres, de toute domination sur les consciences, de toute compression de la raison, de toute intolérance, de restrictions arbitraires et injustes apportées aux idées que l'on doit se faire de *choses surnaturelles et insaisissables*, de toute institution monastique, etc., en un mot de l'entière litanie des abus qui se sont établis depuis tant de siècles dans la chrétienté. Quelque chose d'analogue, quoique très-imparfait encore, se voit en Angleterre depuis le siècle de la reine Elisabeth.

Qu'il serait beau l'idéal de cette possibilité ! Mais il est incontestable que depuis l'époque de *Constantin*, et même longtemps auparavant, le christianisme, sa constitution ecclésiastique, s'éloigna toujours de plus en plus de l'*esprit* dont il continuait à prendre le nom ; qu'il a presque été de tous points le contraire de ce qu'il aurait dû être, et qu'une réforme générale et profonde fut enfin le grand objet de plus d'un concile, le vœu très-ardent de tous les laïques et même d'une partie notable du clergé.

XXVIII.

Cette *réforme de l'Église, jugée nécessaire* depuis si longtemps, plusieurs fois *entreprise*, toujours *em-*

pêchée par Rome, mais cependant non moins *préparée* par tous ces mouvements que par l'influence des lettres grecques et latines après leur renaissance, s'accomplit enfin dans la première moitié du seizième siècle avec le succès connu : car au milieu de si violentes secousses, avec une résistance si opiniâtre du côté du parti dominant, grâce encore aux emportements si nombreux des passions fanatiques, qui rendaient les avantages remportés si disproportionnés avec ce qu'ils coûtaient, la réforme est restée à moitié chemin, et l'*humanité* n'en a retiré d'autre *profit véritable* que d'entendre ceux qui s'en contentaient et qui trouvaient toute amélioration ultérieure inutile, déclarer téméraire et punissable la simple opinion *que l'œuvre commencée était encore loin d'avoir atteint son but.*

Nulle autre époque, plus que celle-là, même les siècles affreux des *croisades*, de la persécution des Vaudois, et de l'extermination des Templiers, ne vit dans toutes les parties de l'Europe plus de sacrifices humains exécutés en grand et comme par hécatombes. Aucun autre ne fournit matière plus riche en réflexions touchant l'influence puissante de la religion sur le *bonheur* ou le *malheur temporel* des *hommes !*

En jetant les regards sur les maux sans nombre dont l'Europe a été couverte dans ces temps affreux d'intolérance, de tyrannie hiérarchique, d'esprit fanatique d'innovation et de révolte, de zèle enragé dans le parti nouveau, de cruauté froide dans l'ancien parti, le tout soit par véritable *passion religieuse*, si je puis dire ainsi, soit *sous prétexte de religion* seulement. En voyant tout cela, disons-nous, est-il possible de désirer encore une preuve plus frappante, plus claire, de l'immense intérêt qu'aurait la société humaine à purifier le plus possible la religion, de manière à empêcher pour nous ou pour nos neveux le retour de ces inhumanités, de ces atrocités, de ces *traits d'enfer exécutés au nom et pour l'amour de Dieu*.

« On ne reviendra pas si facilement, dit-on, à
« de semblables excès. L'esprit de tolérance qui est
« devenu dominant de nos jours, dans les pays
« même où il n'a pas encore obtenu l'avantage, et
« où cependant il a singulièrement adouci la ma-
« nière de traiter les dissidents en matière reli-
« gieuse, nous en est un sûr garant. »

A merveille! Mais *quelle garantie avons-nous de la durée de cet esprit de tolérance lui-même?* combien *durera* son *règne?* quelle sera sa *puissance* et sa *force* contre la *superstition* et le *fanatisme*, si cette *indulgence*, dont le nom seul dépose déjà contre elle, n'est qu'une conséquence momentanée *d'impressions passées* de quelques *écrivains à la mode*, et non le *fruit naturel* de lumières et de convictions véritables et largement répandues? Si elle dépend uniquement de la *façon de penser*, de *l'humeur*, de la bonhomie, ou de *l'indifférence* du POUVOIR, et de la *faiblesse accidentelle* du PRÊTRE DE MOLOCH, qui soupire en secret sur son impuissance? combien ne serait-il pas préférable qu'elle eût pour fondement le *principe* solide *de la raison universelle et des lois civiles irrévocables?* En un mot, quel motif avons-nous d'être fort rassurés si le tigre féroce et indompté n'est seulement *qu'endormi*, au lieu *d'être attaché* comme le *Dedschial* des mahométans, au moins jusqu'au jugement dernier, *avec des chaînes qu'il ne puisse rompre?*

Notre puissance politique seule peut nous rassurer contre une secte qui professe une religion dont *l'intolérance* (en un certain sens) est *un article fondamental*, tant qu'elle persistera dans cette manière de penser. Mais sur quoi se fonde notre sûreté *intérieure?* Qu'est-ce qui nous protège contre l'intolérance résultant de l'attachement superstitieux à l'ancienne terminologie, aux anciennes formes, contre le zèle fanatique pour les prétendues choses de Dieu, etc., *dans notre propre sein?*

L'*indifférence* religieuse, qui est devenue parmi nous une affaire de mode, est un rempart très-peu sûr, et qui tomberait à la première attaque. Quiconque est un peu familiarisé avec l'histoire de l'humanité et de la religion, ne peut être assuré sur ce point, puisque notre tranquillité est entre les mains de la folie, du fanatisme et de l'hypocrisie, et qu'il suffit d'un homme revêtu de quelque autorité, environné d'une certaine considération, exerçant une certaine influence, pour que nous soyons exposés à une foule de maux. L'expérience de notre propre siècle pourrait et devrait nous apprendre que cette indifférence, qui a quelque temps fermé les yeux à la partie la plus importante et la plus éclairée de la société sur une foule de choses dignes de son attention, a été mise habilement à profit par les ennemis de la raison, et qu'elle est précisément comme l'ombre à la faveur de laquelle croissent et s'étendent à ravir toutes sortes de mauvaises plantes. Peut-être que dans moins de cinq siècles pareils à ceux qui viennent de s'écouler, les choses seront arrivées à un tel point que des fanatiques et des zélateurs ne laisseront pas plus de liberté de penser à nos successeurs, que la sainte inquisition aux habitants de *Goa*. Tant que l'usage de cette liberté n'est que pure *indulgence accidentelle*, tant que le *droit des protestants* « à une liberté de conscience illimitée, à « un examen complet de toutes les opinions *hu-« maines*, de toutes les interprétations et décisions « en matière de croyance, » ne sera pas reconnu comme quelque chose d'irrévocablement *décidé*, au lieu d'être encore un *problème* pour les uns, une *hérésie* pour les autres, nous aurons peu de raisons de nous croire à l'abri du danger d'être replacés sous le joug que nos pères n'ont pu porter.

XXIX.

Mais, demandera-t-on sans doute, comment *ce droit, sur lequel même* l'existence *des protestants repose*, peut-il encore être problématique parmi eux? Où est le *titre* par lequel ceux qui se sont mis en liberté auraient condamné leurs successeurs à des liens nouveaux et arbitraires? Ou, s'il existe un pareil titre, quelle *obligation* pourrait-il en résulter pour nous? Qui peut renoncer pour ses enfants à l'usage futur de leur raison? Sous quel prétexte une exhérédation si contraire à la nature serait-elle jamais possible? Le droit dont il s'agit, si des parents pouvaient l'avoir, *devrait* être abandonné, car il est *contre nature* ou il n'est *rien*.

Nos pères, au seizième siècle, secouèrent le joug de l'*aveugle foi*, que les leurs avaient porté si longtemps d'une manière assez paisible. Ils se ressouvinrent de l'utile remontrance du prophète : « Ne soyez pas comme des chevaux et des mulets qui sont sans intelligence! » Et ils commencèrent à remarquer que les maux très-réels dont ils étaient accablés n'étaient que des suites d'une espèce de *magie* et d'ensorcellement qui disparaît au moment où l'on commence à *s'apercevoir* du charme. Des préjugés qui étaient inculqués dans les esprits par tout ce qu'on voyait et entendait depuis l'enfance ; des *idées fausses*, qui avaient été si longtemps à l'abri du simple doute par l'effroi terrible du feu temporel et du feu éternel, furent citées *au tribunal de la raison*, soumises à l'examen, et rejetées, parce qu'elles furent reconnues pour ce qu'elles étaient, c'est-à-dire pour des préjugés et des chimères. Tradition, possession de temps immémorial, décisions pontificales depuis saint Pierre jusqu'à l'époque d'alors, opinions des SS. Pères et des docteurs de l'Église, tout jusqu'à cette formule imposante du concile de Jérusalem : « IL PLAIT AU SAINT-ESPRIT ET A NOUS, » formule qui se retrouve dans tous les conciles œcuméniques, tout cela, dis-je, fut regardé comme rien par les réformateurs et leurs adhérents dès qu'ils y eurent opposé leur *intime persuasion* et les arguments qui lui servaient de base.

XXX.

Mais tout ceci arriva *petit à petit*. On ne savait d'abord pas le chemin qu'on prendrait, ni jusqu'où l'on irait, et l'on ne pensait pas (les circonstances d'alors ne permettaient pas qu'il en fût autrement), à rejeter *d'un seul coup* toutes les autorités et du siége romain, et des Pères, et des conciles, et de la tradition. On s'éleva d'abord contre de simples *abus* touchant ce qu'on appelait la *discipline* de l'Église; mais on se vit bientôt forcé à s'en prendre aussi aux *points de foi*, à l'abri desquels se retranchaient les abus en question. Toute proposition reconnue fausse entraîna tout naturellement l'examen d'autres propositions auxquelles elle tenait plus ou moins étroitement. Il devait donc arriver qu'au bout de quelques années on trouvât une grande partie de l'ancien édifice dogmatique aussi vermoulu et aussi caduc qu'il l'était réellement. On s'en rapporta au *pape*, tant qu'on eut l'espoir qu'il remédierait aux abus contre lesquels avait été dirigée la première attaque; mais dès que le pape se fut prononcé contre ce que *Luther* et ses adhérents tenaient pour une vérité invinciblement établie, on se vit forcé d'examiner de plus près l'autorité de la sainteté papale (1), et l'on trouva à la fin que le pape est un *homme aussi faillible* qu'un autre, et que son *vicariat du Christ* n'est pas mieux établi que sa *succession à la chaire de saint Pierre* (qui n'avait jamais vu Rome), et sa succession aux titres et aux droits de *souverain* pontife, droits et titres qui appartenaient aux empereurs.

La nature des choses voulait qu'il en fût de même avec toutes les autres *autorités*. On se donna toutes sortes de peines pour mettre autant que possible de son côté les SS. Pères, les grands docteurs de l'Église, la tradition, les décisions des conciles; mais dès qu'ils témoignaient pour les adversaires,

---

(1) Loin de moi de vouloir *insinuer* par là quoi que ce soit de défavorable à la *sincérité* et à la *loyauté* du docteur Luther, de glorieuse mémoire. Lorsqu'il en appelait au pape, il était encore parfaitement persuadé de l'infaillibilité de ce chef de l'Église, parce qu'il ne l'avait pas encore examinée : il était convaincu de la vérité de ses thèses contre les indulgences par les meilleures raisons. Il ne faisait donc pas le moindre doute que le *juge infaillible* ne se prononçât *pour la vérité*. Mais le contraire étant arrivé, à son extrême surprise, et Léon X ayant fait si malhabilement le Jupiter que de lancer sa foudre contre des vérités palpables, pour soutenir des monstruosités qui n'étaient pas moins évidentes, l'honnête Luther se vit forcé de douter de l'infaillibilité papale, et de commencer à ce sujet un examen qui devait nécessairement aboutir à une conclusion défavorable au préjugé accrédité.

leur déposition était rejetée, et l'on faisait appel de leur autorité *à une autorité supérieure.*

Aussi l'appel si souvent réitéré à un futur *concile œcuménique,* s'il était quelque chose de plus qu'une excuse arrachée par la nécessité des circonstances, supposait une confiance en la *majorité* d'une pareille assemblée, confiance qui était égale à la persuasion des réformateurs en la bonté de leur cause. Car, en supposant que le concile se fût prononcé contre eux (ce que ne manqua pas de faire celui de Trente), que leur restait-il à faire sinon à reconnaître que toute la hiérarchie réunie ne se compose encore que d'*hommes* qui, *pris ensemble,* sont aussi peu infaillibles, aussi peu exempts d'erreur que de simples *individus?*

On se vit donc presque aussitôt dans la nécessité de regarder la *sainte Écriture* comme le *seul juge définitif en matière de foi,* et comme la source unique où la doctrine chrétienne doit être puisée, et de ne reconnaître de valeur aux autres autorités qu'autant qu'elles seraient parfaitement d'accord avec celle-là.

XXXI.

Il ne s'agit pas ici de savoir si l'on gagna peu ou beaucoup par là contre l'*Église romaine,* ni ce que celle-ci pouvait opposer, à tort ou à raison, contre ce qui se passait; il nous suffit de faire remarquer qu'on ne pouvait manquer, avec le temps, de s'apercevoir qu'*un livre*, quelque vrai et divin qu'il puisse être du reste, ne pourrait être pris pour juge définitif, en matière de foi, qu'autant que, pareil à des éléments de géométrie, sa rédaction, son enseignement serait si clair que tous les hommes qui le liraient et l'entendraient, non-seulement *tomberaient parfaitement d'accord sur son contenu*, mais encore seraient si *intuitivement* et si *intimement* persuadés de la *vérité* de ce contenu, présenté sans la moindre équivoque à tous les hommes d'une intelligence ordinaire, qu'il leur fût absolument impossible d'avoir à ce sujet le doute le plus léger, ou d'être partagés d'opinion sur le sens et la signification de tels ou tels passages.

De savoir *si un pareil livre est* POSSIBLE, c'est une question qu'il n'entre pas dans mon plan d'examiner, et que je n'entreprends par conséquent pas de résoudre : mais cependant personne ne sera tenté de nier *que la Bible n'est* PAS *ce livre*. Pour l'entendre, il faut incontestablement savoir beaucoup d'hébreu et de grec, avoir lu bien d'autres livres, et posséder une multitude de connaissances en histoire, en philosophie, en critique, en archéologie, en chronologie, en géographie, en physique, etc., et avec cela, elle renferme presque à toutes les pages, même pour les lecteurs qui sont munis de toutes ces connaissances, des passages qui sont entendus et interprétés *diversement* suivant les personnes. Je n'entends pas parler d'une foule de textes qui sont tellement *inintelligibles,* que tous les efforts réunis qu'on a faits jusqu'ici pour jeter sur les *points de foi* qui en sont cependant dérivés, *autant de lumière qu'il en faut pour qu'un dogme ne soit pas entièrement opposé à la raison, c'est-à-dire pour savoir ce qu'on croit,* ont été complétement perdus.

XXXII.

Dans cet état de choses, qui est *incontestable* et *connu de tout le monde*, il n'y a pas, autant du moins que je puis le comprendre, à choisir entre trois partis par rapport à tout ce qui est équivoque ou mystérieux dans la Bible, à tout ce qui est en opposition avec la vérité de raison ou d'expérience universelle, ou même avec d'autres passages de la Bible, en un mot par rapport à *ce qui n'est pas universellement saisissable et intelligible;* il ne reste en effet *que cette alternative* :

« *Ou se soumettre à un juge infaillible en matière
« de foi,* à un juge qui ait seul qualité pour pro-
« noncer sur le sens douteux des mots et des pro-
« positions; » ou

« Reconnaître à *tous ceux* qui s'accordent avec
« nous *à s'en tenir à la religion du Christ*, et qui
« *n'admettent aucun autre juge infaillible en matière
« de foi*, le droit de croire suivant leur propre
« conviction, ou (ce qui revient au même) le droit
« d'arrêter entre eux, sur tout ce qu'il y a d'obscur
« et d'inintelligible en religion, la *façon d'agir* qui

« leur semble *la plus juste ;* les regarder comme
« nos *frères malgré cette différence,* et, par cette
« manière de penser et d'agir, souverainement con-
« forme à l'esprit du Christ, mettre fin une fois et
« pour toujours à toutes les querelles haineuses, à
« toutes les accusations d'hérésie, à toutes les per-
« sécutions, et par suite à tout le mal qui en résulte
« pour la société civile et chrétienne. »

Si l'on se décide pour le *premier* de ces partis,
je ne vois pas alors deux alternatives ; il ne nous
en reste évidemment pas d'autre que d'aller nous
jeter aux pieds du *très-saint Père* dans le *sanctuaire
à la triple couronne,* de nous réconcilier avec notre
ancienne et bonne mère, la sainte Église catholique
romaine, et *de croire* ce qu'elle nous *commande* de
croire, quelque mal à l'aise que puisse se trouver
notre pauvre raison, soupirant dans les chaînes de
cette *foi aveugle* et de cette *obéissance passive.*

Autrement, *à quel docteur en théologie* pourrions-
nous, *par notre propre moyen* (par nous-mêmes),
reconnaître le droit de nous *prescrire* l'objet et le
mode de notre croyance, de tracer la *ligne* que *nous
ne pourrions jamais franchir* dans la recherche de la
vérité, dans nos élans vers la lumière, dans nos
efforts pour purger notre entendement de toute
opinion religieuse confuse, matérialiste, incompatible avec les premières et fondamentales vérités de
la raison ? Qui serait assez hardi pour faire de *son
intelligence,* de ses *idées,* non-seulement la *mesure,*
mais encore la *règle* et la *loi* de tous les autres ? Et s'il

était *permis*, il y a deux ou trois siècles, de se révolter, dans les choses de foi, contre une *autorité* et ses *décisions*, contre le *pape*, les *docteurs de l'Église* et les *conciles*, depuis quand serait-il *défendu* de faire la même chose à l'égard de l'autorité et des décisions d'un *aussi grand* nombre d'églises et de docteurs protestants, qui, selon moi, ne peuvent présenter à l'appui de *leur infaillibilité* aucun *motif de croyance* plus recevable que le très-saint synode de Trente?

Si nos pères ont eu le droit d'*examiner* et de *retenir* ce qu'ils ont trouvé de *mieux* (c'est-à-dire ce qui était le meilleur à leur point de vue d'*alors*, et suivant leur persuasion), pourquoi ne l'aurions-nous pas, *nous* aussi? pourquoi ne devrions-nous pas *continuer* ce qu'ils ont pu *commencer* mais pas *finir* ; ce qui, par la nature même des choses, ne *peut* jamais être *fini ?* Qui leur a donné le droit d'enchaîner la raison de leurs successeurs, d'emprisonner leur foi dans un formulaire, de leur inculquer des manières de voir qui sont incompatibles avec les idées et les connaissances qui sont résultées du progrès continuel des sciences, en un mot, de dominer sur leur intelligence et de tyranniser leur conscience?

XXXIII.

« C'est ce que nous ne voulons pas (disent les
« défenseurs des formulaires et de la règle de foi

« anciennement rédigée); il ne tient qu'à vous de
« croire ce que vous voudrez : seulement, éloi-
« gnez-vous, abandonnez vos emplois, vos reve-
« nus; quittez maison, pouvoir et patrie; renon-
« cez à tous vos droits civils, cherchez-vous, dans
« les déserts brûlants de l'Afrique, ou dans les
« îles encore inhabitées de la mer du Sud, un lieu
« où vous puissiez tranquillement philosopher,
« croire et avoir faim tant qu'il vous plaira; seu-
« lement, ne nous demandez pas de vous recon-
« connaître pour nos *frères* et *cochrétiens*, et de
« partager avec vous les *avantages de la société* ci-
« vile, avantages auxquels nous donnent droit nos
« terminologies et nos formulaires, mais dont vous
« devez être exclus, tant que vous vous montrerez
« dissidents. »

XXXIV.

Je n'ai rien à répondre *au protestant capable de tenir un pareil langage,* ou d'AGIR *comme s'il* PENSAIT *ainsi.*

Mais je demande à tout homme loyal et non prévenu, si une pareille conduite à l'égard de ceux qui pensent, sur des points de foi ténébreux et pleins de mystères, autrement que certains docteurs du seizième et du dix-septième siècles, que le concile de Nicée ou tout autre; je demande *si une pareille manière d'agir est conforme à* l'ESPRIT *du* PROTESTANTISME?

A l'époque où nos prédécesseurs ont secoué les chaînes d'une foi et d'une obéissance aveugle, ils ont pu se trouver forcés *par des circonstances politiques* et par les *nécessités de l'époque à rendre un compte public* de leur foi ; mais ni *eux* ni *aucune puissance humaine* ne pouvaient être en droit de faire d'une semblable confession une règle absolue de foi pour leurs successeurs encore à naître. *Leurs enfants* possèdent *comme eux* le droit de penser, d'examiner, de suivre leur propre conviction.

Je vais plus loin, et je dis que ni la *première communauté* chrétienne, ni aucune de celles *qui l'ont suivie, n'avait, ne pouvait* avoir le droit de décider par voie de *majorité,* comment les chrétiens devaient entendre les passages obscurs et équivoques des paroles du Christ et des écrits de ses apôtres, ni d'arrêter des formules relatives à la manière obligée de s'exprimer sur un article dont la clarté laisserait à désirer. Le *Christ lui-même n'a établi aucun formulaire de croyance.* Aussi le symbole qui porte le nom des apôtres, malgré son antiquité respectable, n'est pas, on le sait, l'œuvre des apôtres.

Si donc le nombre toujours croissant des confesseurs de la foi chrétienne faisait une nécessité de réduire les points essentiels sur lesquels ils étaient d'accord, en un système concis et populaire, qui pût servir à l'instruction de la jeunesse, on dut au moins conserver la liberté de *concevoir à sa manière* chaque article, manière qui *doit* varier suivant les *divers* esprits. Autrement il faudrait soutenir, et cela contre toute raison et contre tout ce qu'il y a de plus clair dans la doctrine du Christ, que « la « religion chrétienne ne peut pas subsister *sans* « *contraindre les consciences* et sans exercer une « *domination arbitraire sur l'entendement humain.* » Prétention abominable, et que ne peut avoir quiconque a le plus léger sentiment de la pensée et de l'esprit du Christ.

La *communauté* n'a donc jamais eu le droit ni de rien décider sur les *manières de concevoir*, de déterminer ce qui est indéterminé et problématique dans l'Ecriture, ni de donner, dans les cas douteux, une interprétation qui soit exclusive des autres opinions. De même, les *docteurs* n'ont jamais pu valablement donner leurs avis, leurs manières de voir particulières, pour les seules vraies, ni en faire des articles de foi.

C'est un NON SENS de prétendre *expliquer* des choses *inexplicables*, de vouloir *démontrer* des choses *indémontrables* : mais c'est un *non-sens* et un *outrage* tout à la fois, d'*imposer* sa preuve à d'*autres*, en pareil cas, *comme une vérité*. Les chefs de la communauté, ou plutôt de la justice, doivent réprimer avec soin de pareils attentats. Mais jamais ils n'ont été ni pu être autorisés à faire un *crime* d'une opinion qui n'est pas évidemment contraire aux lois fondamentales de la raison et aux deux articles capitaux de la véritable religion, qui était celle du

Christ même, et à *punir* comme tel ce prétendu crime.

Qu'il y ait eu un temps où l'on méconnaissait ces vérités aussi claires que le jour; — que des gens se soient mis à l'œuvre suivant d'autres principes, avec les idées et les sentiments qui animaient l'évêque d'Alexandrie, *Alexandre*, son fidèle écuyer *Athanase*, et tous leurs pareils; — que les *Ariens* n'aient pas mieux valu que leurs adversaires, et que, devenus les plus forts, ils ne se soient comportés ni plus humainement ni plus chrétiennement avec les orthodoxes, qui étaient alors hétérodoxes, que les Alexandriens et les Athanasiens, lorsqu'ils avaient pour eux la majorité des voix et la protection des puissances de ce monde, lorsqu'ils prenaient l'intrigue et la violence pour de l'orthodoxie; — que *Constantin*, appelé le *Grand*, à la honte du nom chrétien, ait si peu connu ses devoirs et ses droits que d'entretenir ces querelles impies, de les alimenter lui-même en soufflant le feu des discordes, au lieu de les étouffer dès leur naissance : tout cela, joint aux abominations qui furent la conséquence de ces sortes de disputes si funestes à l'humanité et de la conduite insensée des souverains, tout cela ne doit-il pas nous être fort indifférent, à nous autres protestants du dix-huitième siècle? Quel autre qu'un démon ennemi du genre humain pourrait encore vouloir renouveler ces horreurs parmi nous, dans des circonstances si complétement différentes, à une épo-

que qui surpasse si fort en lumières et en moralité
celle des Constantin et des Théodose ?

XXXV.

Heureux le pays où les lumières et la liberté religieuse marchent d'un *pas égal*, et où ceux qui sont préposés à l'instruction et au gouvernement des autres sont persuadés, la plupart au moins,

« Que la religion est une affaire du *cœur*, et non
« de la tête ;

« Qu'elle ne consiste pas à se quereller, à se dis-
« puter sur l'essence divine, mais à s'efforcer de
« suivre la volonté de Dieu ;

« Que, suivant l'expression claire du *Christ* et
« de son *disciple bien-aimé*, l'amour pur et agis-
« sant pour les HOMMES, que nous voyons, est la
« marque la plus certaine de notre amour pour
« DIEU, que nous ne *voyons pas*, et que nous de-
« vons savoir que notre foi doit se prouver non par
« des *professions* et des *formulaires*, mais par des
« œuvres ;

« Que Dieu n'a témoigné nulle part dans l'Écri-
« ture-Sainte qu'il prît plaisir à notre imbécile
« verbiage sur *ce* qu'il est ou n'est pas, à nos puérils
« bégayements sur son essence, ses attributs, ses
« actes, son administration, ses vues ; sur ce qu'il
« veut ou ne veut pas ; sur ce qu'il peut ou ne
« peut pas, quand il a dit, au contraire, de toutes

« les manières possibles, que l'homme pieux et
« juste lui est agréable;

« Qu'en un mot, ce n'est pas l'accord dans les
« opinions et les formules religieuses, mais bien
« la foi pratique en Dieu et au Christ envoyé par
« lui au monde dans les vues les plus salutaires,
« l'amour pratique de l'humanité, et l'espérance
« vivifiante d'une vie meilleure réservée à ceux
« qui s'en rendent dignes dans celle-ci, — qui
« constitue le *véritable point d'union des chrétiens,*
« et que celui qui veut mériter le titre honorable
« de docteur de la pure religion du Christ, doit
« s'attacher à produire en *lui-même ces sentiments.* »

XXXVI.

L'application des réflexions que je viens de faire au temps où nous vivons étant très-facile, je l'abandonne à la réflexion propre de mes lecteurs, et j'ajouterai seulement une chose afin de prévenir tout malentendu possible.

Mon opinion n'est point du tout de conseiller à un souverain protestant quelconque *d'appeler dans ses états*, par une proclamation publique, toutes les espèces et sous-espèces d'*Ariens*, de demi ou de complets *Pélagiens*, d'*Eutychiens*, de *Nestoriens*, de *Manichéens*, de *Gnostiques*, avec tous les autres sectaires qui ont paru dans l'aimable chrétienté depuis Jésus-Christ jusqu'à l'an 1789, de leur *bâtir des églises*, de *payer leurs docteurs*, et d'avoir à cœur de *faire naître et d'entretenir avec grande sollicitude le plus de différences possible dans les opinions religieuses* de ses peuples.

Mon avis, sauf un meilleur cependant, et supposé que j'en eusse un à donner, serait simplement :

1° Qu'on laissât aux savants et aux hommes éclairés, particulièrement à ceux qui sont appelés aux fonctions publiques de l'enseignement, une *liberté* parfaite d'exposer les doctrines religieuses suivant leur *manière de voir* et leur *conviction;*

2° D'interdire, sous des peines sévères, *l'application* publique de toute *dénomination de secte connue* jusqu'ici à un homme *vivant* quelconque, et l'*invention de nouvelles dénominations de ce genre* (1);

3° De ne pas souffrir qu'un *hérétique* des temps passés, à cause de sa dissidence en ce qui concerne la *doctrine* proclamée *véritable* par les conciles sur les articles *mystérieux* et *inexplicables* de la foi chrétienne, soit traité dans les chaires ou dans des écrits d'*ennemi de Dieu* et d'*antéchrist*, ou d'autres qualifications odieuses propres à faire croire au peuple chrétien que c'est un *péché* et un *crime* de se tromper en matière religieuse, ou de *penser autrement que nous*.

---

(1) Par exemple à la peine du *halage;* seulement je voudrais, *au nom de l'humanité*, qu'on fît en sorte que ces pauvres gens fussent mieux nourris et eussent une demeure et une table meilleure que les malheureux haleurs du Danube.

4° D'ordonner que l'on ne parle jamais des articles de foi mystérieux et qui *dépassent toute raison*, si ce n'est en se servant des *termes de l'Écriture;* que l'on s'abstienne de toute explication, de toute spéculation subtile sur ces choses, et de ne les exposer en général qu'autant qu'elles peuvent être nécessaires au but de la religion;

5° De ne pas se mêler (1) aux discussions savantes qui peuvent s'engager sur des propositions spéculatives, sur l'interprétation de tel ou tel passage de l'Écriture, etc.; de n'y prendre aucune couleur publique de parti, et de veiller seulement à ce que les maîtres disputants ne sortent pas des limites de la charité chrétienne et de la bienséance générales, et que de vrais *combats de taureaux* ne soient pas la conséquence d'une explication honnête.

6° De veiller à ce que l'enseignement public de la religion, dans les écoles et dans les églises, soit purgé de toutes les traces des l'ancienne barbarie, et qu'il soit en tout dirigé suivant la grande fin de l'*amélioration morale intérieure* des hommes, fin qui était évidemment celle de Jésus.

Je prendrais de plus la liberté de vous persuader autant que possible, que, de tous les *docteurs*, ceux qui affectent un grand zèle pour *les choses de Dieu*, une piété particulière, et un langage à eux, *composé de tout ce qu'il y a de plus inintelligible dans*

---

(1) Le pouvoir, s'entend. (*Note du traducteur.*)

l'*Ecriture*, sont toujours mal disposés contre les explications et ceux qui les donnent, gémissent sur les périls de la science chrétienne, et sur la décadence ou la chute de la pure doctrine, et provoquent le pauvre laïque contre de prétendus loups qui menaceraient la bergerie du Christ. Ce sont ou des *têtes mal organisées*, — ou de *pauvres malades*, qui devraient consulter leur médecin, ou des gens d'une espèce telle, que tout autre qui serait moins poli que moi les appellerait des hypocrites, des pharisiens, des prêtres de Baal et des tartufes ; gens qui, s'ils avaient eu l'honneur de siéger dans le grand sanhédrin de Jérusalem, animés d'un zèle réel ou affecté pour la maison du Seigneur, n'auraient pas manqué de crier aussi haut que le *Caïphe* et le Philon de Klopstock contre le plus innocent et le meilleur des hommes, mais aussi l'adversaire le plus prononcé de toutes les hypocrisies : *Crucifiez-le!* Je conseillerais aux princes de bien prendre garde à *cette espèce d'hommes* ; et je suis du reste assuré qu'en suivant cette marche, il y aurait enfin plus d'*harmonie dans les croyances* qu'en s'engageant dans celle que voudraient prendre quelques zélateurs.

XXXVII.

Maintenant, un mot encore aux *philosophes*, pour la liberté desquels j'ai parlé jusqu'ici si clairement.

Au lieu de définir la philosophie avec *Cicéron* : la *science des choses divines et humaines*, je l'appellerais plus volontiers la science de toutes les *idées* que les hommes *peuvent* se faire des choses naturelles et divines, et la critique de toutes les idées qu'ils *s'en sont faites jusqu'ici*.

Il est impossible que je manque à Dieu ou au Christ, que je pèche contre l'immortalité de l'âme, le ciel et l'enfer, contre les bons et les mauvais esprits, le soleil et la lune, et même contre l'habitant de la lune (s'il y en a), en mettant dans la coupelle philosophique, les *représentations*, les *opinions*, les *images* que tels ou tels enfants des hommes s'en sont faites ; en examinant suivant les lois d'une pensée rationnelle, ce qui doit en être vrai ou faux, ce qui doit s'en évanouir ou surnager comme l'écume ou la crasse, ou s'en précipiter comme le *caput mortuum*.

Tel est donc l'état éternel des choses : rien dans le monde n'est si saint qu'il puisse se soustraire au tribunal de la raison, qu'il ne puisse être examiné par la philosophie et soumis à l'épreuve de la critique ; car ce ne sont pas les *choses*, mais les *idées* et les *opinions des hommes* concernant les choses que nous soumettons à l'investigation.

Mais, messieurs et chers frères, quoiqu'en un certain sens nous *puissions* tout faire, *tout* cependant n'est *pas utile* à faire.

En tout, nous dit Horace, gardez une juste mesure ; car partout il y a un milieu dont la ligne indique ce qui est juste ; tout ce qui la dépasse d'un côté ou de l'autre, est manqué. Un homme sage s'interdit toutes les spéculations qui ne servent à rien, et qui peuvent même être accidentellement très-nuisibles.

Dans un état chrétien, soulever la question de savoir *s'il y a un Dieu*, ou, ce qui revient au même, parler de l'existence de Dieu comme d'un problème philosophique, sous prétexte qu'on n'en a pas de preuves mathématiques, ou de démonstrations apodictiques, est quelque chose d'aussi peu sage que de se demander à *Rome* ce qu'est le pape, ou de vouloir disputer publiquement à *Francfort-sur-le-Mein* sur la question de savoir s'il ne conviendrait pas de rétablir la dignité impériale.

La croyance en un Dieu, non-seulement cause fondamentale et première de toutes choses, mais aussi législateur suprême et absolu, souverain et juge des hommes ; cette croyance, disons-nous, jointe à celle d'un état futur après la mort, constitue les dogmes premiers et fondamentaux de la religion. Fortifier et appuyer cette croyance de toutes les manières possibles, est une des tâches les plus dignes et les plus utiles de la philosophie ; et, comme elle est nécessaire, c'est un *devoir*. Attaquer cette croyance, la rendre chancelante ou la détruire dans les esprits par toutes sortes de doutes et de raisons spécieuses, c'est non-seulement ne rien faire d'utile ; mais au fond, c'est attaquer publiquement les bases de la société, dont la religion forme une partie essentielle ;

c'est porter atteinte au repos et à la sûreté publique, dont la religion est l'appui.

XXXVIII.

Je ne fais donc aucune difficulté d'ajouter encore cet article à mon avis provisoire au roi ou au prince qui pourra peut-être (contre toute vraisemblance du reste) me demander mon sentiment sur ce point, dans cinquante ans d'ici.

Que la dispute sophistique et absurde contre l'existence de Dieu, ou contre les preuves reçues de cette croyance, *à moins qu'on n'en ait de meilleures à donner*; que les discussions publiques relatives à l'immortalité de l'âme, soient déclarées un attentat contre l'humanité et contre la société civile, et soient défendues par une loi pénale expresse.

La philosophie a des choses plus utiles à faire que d'éprouver la puissance de son instrument contre les colonnes de l'ordre moral, et contre ce qui a été dans tous les temps la consolation et l'espoir des hommes de bien; et l'on mérite à peine le nom de philosophe, si l'on ne fait pas attention que, pour *un* homme qui peut se passer *de la religion* sans préjudice pour sa moralité, pour sa tranquillité d'âme, il y en a *dix mille* qui, par cela qu'elle manquerait en eux son *plus noble but*, seraient cependant, sans le *frein* qu'elle impose et sans *l'espérance* qu'elle donne, plus *malheureux* qu'ils ne le sont réellement.

FIN.

RÉFLEXIONS DU TRADUCTEUR

SUR

LA LIBERTÉ DE CONSCIENCE

ET SUR CELLE

DE L'ENSEIGNEMENT.

1.

On peut et l'on doit en conscience soumettre à l'examen l'enseignement religieux.

Ce n'est pas l'homme de foi qui niera l'importance des idées religieuses, et qui pourrait nous contester le droit de les examiner, sous le faux prétexte de leur insignifiance. Si donc nous n'avons pas le droit d'examiner, dès que nous le pouvons et suivant la mesure de nos forces, les croyances qui nous sont inculquées dans le jeune âge, ce n'est assurément pas qu'elles soient indignes de notre attention. Seraient-elles toutes également vraies ou également fausses, et par conséquent serait-il indifférent d'adopter les unes ou les autres? Nul croyant, nul homme de sens même ne le prétendra jamais.

Quant à l'incrédule en matière de religion positive, il ne peut disconvenir de la vérité ou de la fausseté des idées religieuses, de leur influence salutaire ou nuisible, et par conséquent encore de leur importance. Il doit avouer de plus que son incrédulité même a besoin d'être légitimée à ses propres yeux, et que lui aussi est tenu à l'examen.

Que l'on croie ou que l'on ne croie pas, et quelle que soit la formule de foi que l'on ait adoptée d'abord, et d'une manière presque toute passive, on ne peut pas raisonnablement s'endormir dans son incrédulité ou dans sa foi : ne pas l'examiner, ce serait ne pas y penser, ou n'y penser qu'avec la résolution de n'y rien voir, ou de n'y voir que ce qu'on veut y voir par suite d'un parti pris sans examen. Cette résolution serait fanatique, et aussi indigne d'un être raisonnable qu'elle est contraire à la raison même. Elle aurait pour principe de fermer les yeux à la lumière, de repousser aveuglément toute idée religieuse qui peut se présenter spontanément à l'esprit, d'admettre sans raison suffisante que telle proposition est vraie, et que la proposition contraire est fausse. Ce serait donc faire un usage déraisonnable de sa raison, et se mettre en contradiction manifeste avec les lois de la nature, qui ne sont autre chose que les lois de Dieu. — Je sais que plus d'une objection peut se présenter ici à l'esprit de beaucoup de lecteurs; mais ne pouvant pas tout dire à la fois, je les prie de vouloir bien suivre avec moi le fil naturel de mes idées, et d'attendre avec quelque patience les réponses que je réserve aux difficultés qu'on pourrait me faire. Je continue donc.

Si une religion positive quelconque dans laquelle on est né, est assez imposante pour mériter d'être examinée, suivant la mesure des moyens de chacun de nous, il faut convenir aussi qu'il n'en est aucune qui soit si claire que la vérité en ressorte pleinement au premier aspect. Le fait seul de la multiplicité de ces religions, de la bonne foi de beaucoup de leurs sectateurs, même éclairés, est plus que suffisant pour démontrer ce que j'avance. Certaines religions ne nous paraissent si absurdes au premier abord que parce que nous les jugeons du point de vue de la nôtre, de celui d'une raison ou très-cultivée, ou tout au moins dégagée à cet égard des préjugés d'une première éducation religieuse ; car souvent on pourrait dire ici : *Mutato nomine de te fabula narratur*.

La religion chrétienne, de toutes les religions positives celle qui compte dans son sein les intelligences les plus développées, n'a-t-elle pas ses divisions, ses sectes, et dans chacune d'elles ses difficultés et ses obscurités impénétrables ? Demandez plutôt à Pascal. Or, puisque toute religion positive est plus ou moins obscure, c'est évidemment une raison de plus de la soumettre à l'examen, d'essayer d'en bien comprendre d'abord l'enseignement traditionnel, et de voir ensuite si cet enseignement, tel qu'il est présenté et compris, remonte bien à la source d'où on le fait dériver ; s'il ne s'est pas altéré en descendant jusqu'à nous ; et enfin si, comme dernière épreuve de son origine surnaturelle et de sa pureté constante, il n'est point en contradiction avec cet autre enseignement d'une origine incontestablement divine, les idées universelles et primitives qui sont le fruit spontané de la raison humaine telle qu'elle se manifeste dans chacun de nous.

Il est clair que le fait d'être né dans telle ou telle religion n'a rien de commun, absolument rien, avec la vérité ou la fausseté de cette religion, et par conséquent ne prive point du droit d'examiner, ne dispense pas du devoir de le faire. Dire que l'examen n'est permis, parce qu'il n'est utile, que dans les religions fausses, c'est mettre en principe ce qui est en question; c'est supposer de prime abord que la religion dans laquelle on est né est la véritable; c'est conclure sans raisonner; c'est substituer sa foi, bien ou mal fondée, au doute légitime que d'autres peuvent avoir; c'est faire violence à leur conscience, et manquer à l'un des premiers devoirs.

L'examen en matière religieuse est une œuvre essentiellement personnelle, parce que la conscience est individuelle, et que nul ne sent, ne pense et ne veut que par ses facultés propres. La conscience d'autrui ne peut en rien me servir de règle immédiate, puisqu'elle n'est point la mienne. Si je règle mes croyances sur celles des hommes qui me paraissent convaincus, qui sont plus éclairés que moi, et dont la moralité fait honneur à leur foi, c'est encore suivre ma raison, ma conscience; c'est encore examiner, mais d'une manière imparfaite et médiate. Toutefois cet examen suffit lorsqu'on ne se sent pas capable d'en faire un autre.

Voilà pourquoi tant d'hommes restent et *peuvent rester en sûreté de conscience* dans la religion de leurs pères.

Il est heureux, il est raisonnable et juste qu'on puisse se dire : Un grand nombre de personnages éminents ont cru ce que je crois; je ne puis ni mieux voir, ni mieux juger, ni mieux raisonner qu'eux; je me résigne donc à penser et à croire ce qu'ils ont cru et pensé.

Mais ce genre d'examen n'est suffisant qu'à la condition qu'on ne puisse pas voir et juger par soi-même; à la condition que, voyant et jugeant ainsi, on ne rencontre d'ailleurs rien d'impossible à admettre dans la formule de foi qui distingue l'église à laquelle on appartient. Car autrement on ne ferait pas un usage raisonnable de sa raison, et sous prétexte d'humilité, ou par crainte de tomber dans l'erreur, on sacrifierait, de son autorité privée, à l'opinion de quelques hommes, la vérité telle que Dieu la révèle à notre raison naturelle; on resterait dans l'erreur crainte d'y tomber.

La confiance qu'inspirent naturellement les lumières et les vertus d'hommes supérieurs, n'est pas un argument péremptoire de la vérité de leurs opinions. Il peut arriver qu'on soit plus frappé de la fausseté de ce qu'on regarde comme étant leurs croyances, qu'on ne l'est soit de leur clairvoyance en général, soit de leur sincérité, soit enfin de la vérité de l'idée qu'on se fait de leur foi. Et comme la raison fait un devoir de suivre la plus grande évidence, on doit, ou l'on peut tout au moins, abandonner l'apparence de l'autorité pour suivre l'évidence du sens commun.

Une chose bien propre à réduire la force de l'autorité à sa juste valeur, c'est qu'on voit des hommes du plus grand mérite, d'une même bonne foi, d'une vertu également pure, professer des croyances si différentes qu'elles sont entre elles comme le *oui* et le *non*. C'est donc assez peu de chose que cette autorité, puisqu'elle eût fait jouer à Bossuet le rôle de Claude, et à Claude celui de Bossuet, si ces deux grands champions étaient nés dans la religion l'un de l'autre.

La raison individuelle est faible sans doute, mais l'autorité n'est pas forte ; elle ne se compose encore, jusqu'ici du moins, que de cette même raison dont on dit tant de mal, et à laquelle il faut bien définitivement se soumettre, puisqu'on n'en a pas d'autre et que rien ne se fait sciemment si ce n'est en son nom. Se soumettre à sa propre raison est donc plus qu'un droit, c'est une nécessité. Ne vouloir pas s'y soumettre de peur de se tromper, et suivre aveuglément celle des autres, c'est encore s'y soumettre, mais non peut-être de la manière la plus sage, puisque ce n'est pas avec une suffisante connaissance de cause.

Et puis, s'entendrait-on bien ici sur ce qu'on appelle raison individuelle? Ne confondrait-on pas la manifestation de la raison avec elle-même, le phénomène des idées (qui est circonscrit dans le temps), avec la faculté même (qui ne s'exerce que dans un sujet spécial), avec l'essence même de la raison? Sa nature ne laisse pas d'être la même pour tous les hommes, malgré la multiplicité des centres d'action. Ce qui est multiple, ce n'est pas ce qui constitue la raison, c'est quelque chose au contraire qui lui est complétement étranger.

Or, si une raison est identique à une autre; si ses produits natifs ou spontanés sont les mêmes pour tous; s'il y a sous ce rapport identité entre toutes les intelligences, quelque individuelles qu'elles soient à d'autres égards, par exemple dans la manière dont elles appliquent et combinent les idées; que devient alors le reproche d'individualité fait à la raison, lorsqu'il s'agit des idées universelles?

Mais sans entrer dans des considérations métaphysiques, qui ne sont pas toujours aussi vraies qu'on le suppose, et qui font généralement peu d'impression sur la plupart des esprits, n'est-il pas évident que chacun de nous n'a que la raison qu'il a reçue en partage de la Divinité, qu'elle soit ou ne soit pas marquée d'un caractère particulier; qu'il l'a reçue pour lui servir de règle de conduite; qu'il ne peut la laisser pour en suivre une autre, puisqu'elle fait partie de son être; qu'il est obligé, forcé de la suivre; qu'il n'est pas coupable s'il s'égare en la suivant de bonne foi; que la possibilité de nous tromper en jugeant et en raisonnant sur des matières aussi importantes que celles de la religion, n'est pas plus un motif de ne pas nous servir de notre raison en pareil cas, que ce n'est un motif de ne pas sortir d'un bâtiment qui s'écroule, sous prétexte qu'on peut tomber en prenant la fuite? N'est-il pas évident que se défier de sa raison, qui est un présent de Dieu, c'est se défier pour ainsi dire de Dieu même; c'est se jeter dans un scepticisme plus ou moins radical, plus ou moins logique, et par conséquent renoncer à la vie intellectuelle?

S'il y a une révélation proprement dite, ne doit-elle pas être d'accord, au moins négativement (ne pas être en opposition), avec les idées naturelles qui sont le produit immédiat de notre nature intellectuelle, puisque ces idées sont en nous l'œuvre nécessaire de celui qui nous a faits, et qu'il n'y a pas de vérité possible, ou qu'elle doit être dans les idées que Dieu met en nous? Si cet accord, au moins négatif, n'existe pas, comme il est parfaitement certain que nos idées primitives sont du fait de Dieu, tandis qu'il ne l'est pas que ce que nous sommes d'abord disposés à prendre pour une révélation d'une autre espèce en soit une réellement, il faut de toute évidence se rattacher exclusivement aux idées naturelles et universelles.

Notre raison ayant des limites, quelque restreintes qu'elles soient, nous ne devons pas chercher à les franchir. Il était convenable, et peut-être nécessaire dans le plan du monde, que nos connaissances ne fussent pas plus étendues; et il est aussi impossible que nous les dépassions qu'il l'est que nous sortions de notre nature. Mais aussi ces limites seules indiquent le terme légitime où la raison doit s'arrêter dans ses efforts ; son droit de rechercher et de connaître n'a par conséquent d'autre mesure que sa puissance, et vouloir empêcher la raison d'aller jusque-là, c'est vouloir l'amoindrir; c'est défigurer l'œuvre divine, puisqu'on pose ainsi à nos moyens de connaître des limites arbitraires, et qu'on ajoute encore à notre impuissance.

Et cependant si la raison est l'attribut distinctif et le plus élevé de l'humanité; la valeur intellectuelle de l'homme, celle de chacun de nous, est proportionnée au degré d'énergie naturelle de cette faculté, à celui de son développement, à la mesure de connaissances que nous avons acquises, à la netteté, à la vivacité et à la force de nos idées.

Or, sans le libre exercice de la raison, ces avantages ne peuvent être obtenus au plus haut point possible; sans la réflexion libre on reste toujours dans une certaine ignorance, et les connaissances qu'on acquiert conservent un caractère d'emprunt, ne sont qu'un dépôt de la mémoire, au lieu d'être la propriété de l'intelligence active et productive. Elles n'ont plus dès lors ni le même charme ni le même empire; ou si elles passionnent, c'est qu'un enthousiasme très-compatible avec l'ignorance, et par conséquent passionné et aveugle comme elle, excite vivement l'imagination et produit toujours à son tour l'ignorance et le fanatisme.

Il est donc bien étrange que l'entier usage de la raison soit contesté; c'est montrer trop de défiance pour la bonté de la cause qu'on soutient, ou pour la rectitude naturelle de l'esprit humain. Ce n'est pas ainsi qu'en usaient les premiers chrétiens. Nés au sein de religions qu'ils avaient aussi regardées comme des institutions divines, ils osèrent cependant y arrêter les regards de leur esprit, les soumettre à un sévère examen, et les rejeter.

Ils pouvaient aller jusque-là, car il faut reconnaître que le droit d'examen emporte celui de conclure.

Mais il y a trois conclusions possibles, suivant qu'on trouve ou qu'on croit trouver que les croyances soumises à la réflexion sont vraies, ou qu'elles sont fausses, ou qu'elles sont douteuses. Si elles sont trouvées vraies en quelques points et fausses en quelques autres, elles sont surprises en erreur, et ne méritent plus d'être regardées dans leur ensemble comme l'œuvre d'un Dieu; il n'y a plus d'infaillibilité, plus de garantie surnaturelle; les symboles de foi ne sont plus que des œuvres humaines où l'erreur a pu pénétrer. En matière d'enseignement dogmatique, on peut dire tout aussi bien qu'en matière de foi pratique : *Qui peccat in uno omnium reus est*. Celui qui se trompe sur un point peut en effet se tromper sur un plus grand nombre, et même sur tous, et cela d'autant plus aisément qu'il y aura plus de liaison entre chacun d'eux.

On pourra sans doute se tromper en concluant d'une manière ou d'une autre; mais celui qui nous a donné l'usage de la raison a voulu aussi qu'elle ne fût pas infaillible. On se sert donc toujours moralement bien de cette faculté, quand l'usage qu'on en fait est sincère. L'essentiel n'est donc pas d'avoir raison objectivement, de ne pas se tromper matériellement, mais bien d'user prudemment et sincèrement de son intelligence, quelles que puissent être les conséquences auxquelles on doit aboutir. La vérité subjective est ici, comme partout en morale, réputée vérité objective. C'est là un principe de la plus grande importance, et qui a été beaucoup trop méconnu. Disons-le donc, si c'est la foi qui sauve, ce n'est pas la foi objectivement vraie ; ce n'est pas, si je puis dire ainsi, la vérité vraie, mais seulement la foi subjectivement vraie, la vérité qui n'est telle que dans notre esprit.

En voyant le grand nombre de religions qui se sont disputé et qui se disputent encore la croyance des hommes, si l'on n'a pas encore fait de choix définitif entre elles ou même en dehors d'elles, et qu'on se demande ce qu'elles peuvent être sous le rapport de la vérité, on est obligé de convenir qu'elles ne sauraient être toutes entièrement vraies, mais qu'il peut y en avoir d'entièrement fausses (1) ; qu'une seule tout au plus pourrait être

(1) En prenant leurs dogmes avec la détermination ou la précision qui les caractérise, car autrement ce n'est plus qu'une abstraction, un fragment de ces dogmes. C'est ainsi qu'on a soutenu que toute religion est vraie, parce que toute religion implique la croyance en la Divinité. Mais ce n'est là qu'une abstraction et non le dogme qui caractérise chaque religion. Il y a sans doute *de la* religion dans toutes *les* religions ; mais *ces* religions ne se distinguent pas par *la* religion. Ce n'est pas même là ce qui intéresse le plus leurs sectateurs, autrement ces religions n'existeraient pas, il n'y en aurait qu'une, le déisme pur.

entièrement vraie, et que toutes pourraient être en partie vraies, en partie fausses.

Qui peut dire maintenant s'il y en a une seule qui soit entièrement vraie, ou quelle est la plus vraie ? — Chaque secte, je le sais, va répondre : Ma religion est la seule véritable, ou celle du moins dont la vérité est le moins mélangée d'erreurs.—Il n'est pas possible de les croire toutes, puisqu'elles sont en contradiction mutuelle. Impossible encore de prendre l'une d'elles pour apprécier la vérité des autres, puisqu'il s'agit précisément de savoir s'il y en a une seule de vraie, et jusqu'à quel degré. Si les ennemis fanatiques de la raison ne se trompent pas, c'est-à-dire, si l'homme n'a pas naturellement une certaine rectitude de sens moral et religieux ; si la vérité ne se dégage pas sous ce double rapport à un degré plus ou moins élevé à la faveur de la réflexion ; si les monstruosités religieuses et morales ne sont pas le fruit de l'ignorance, de l'intérêt et de la fourberie ; alors il n'y aura pas même de raison suffisante pour qu'on ne préfère pas la religion dont le symbole de foi est le plus absurde, dont les pratiques sont les plus superstitieuses, dont la morale est la plus infâme, à celle qui serait la plus raisonnable dans ses croyances, dans son culte et dans ses maximes.

Il faut donc absolument que la raison se règle sur elle-même, sur ses propres idées spéculatives et pratiques, et qu'elle suive ses propres lois, pour écarter d'abord les religions les plus fausses et les plus grossières.

Mais quel autre moyen pourrait-elle avoir de juger entre celles qui resteraient après cette première élimination ? Ne faudra-t-il pas que la raison vienne encore les éliminer toutes successivement, moins une dernière, qu'elle retiendra d'abord comme préférable à toutes les autres ? Arrivée là, ne peut-elle pas, ne doit-elle pas se demander encore : Et celle-ci, pour valoir mieux que celles qui viennent d'être mises à l'écart, est-elle donc nécessairement parfaite, sans mélange d'erreurs ?

Il est clair que jusque-là cette religion n'a qu'une bonté relative, et qu'on n'en peut conclure la bonté absolue. Il n'est pas moins clair encore, que, dans le cas même où elle serait trouvée de tous points raisonnable, elle ne serait pas pour cela nécessairement la meilleure des religions possibles. Il n'est pas douteux enfin, que si la meilleure des religions possibles avait été donnée aux hommes, elle ne pourrait être reconnue comme telle, puisque nous n'avons pas de prototype de cette religion naturellement imprimé dans l'esprit. Nous pourrions encore en supposer une meilleure possible, sans du reste nous en faire aucune idée positive. Nous pourrions même, si nous cherchions en quoi cette meilleure religion possible *en soi* pourrait, *à notre sens*, être meilleure encore ; nous pourrions nous tromper et imaginer, à titre de qualités, de véritables défauts ; car ici, pas plus qu'ailleurs, nous ne sommes infaillibles.

Mais, tout faillibles que nous sommes, il est bon, il est juste, il est nécessaire que nous nous servions de notre raison en matière religieuse comme partout, sauf à nous tromper. C'est encore à cette condition que nous nous tromperons le moins, et que si nous tombons dans l'erreur, nous aurons le plus de moyens et de chances d'en sortir ; le principe opposé nous y aurait au contraire condamnés à tout jamais. Quoi de plus incontestable que les propositions suivantes :

Il y a plusieurs systèmes religieux qui se présentent comme révélés ;

Tous s'adressent à la raison pour en être acceptés ;

La raison ne peut les croire sur parole, quand ils se disent tous révélés ;

Elle est donc obligée de les juger et de s'assurer, ou tout au moins de chercher à s'assurer par elle-même, s'ils sont révélés ;

Si elle n'en peut venir à bout que par l'examen même de la vérité ou de la pureté de la doctrine, c'est-à-dire en recherchant si cette doctrine est digne d'un Dieu, si elle ne peut être aussi le fruit de la raison de l'homme ; il est nécessaire qu'elle juge la doctrine qui se présente comme révélée, avant d'être sûre et pour s'assurer s'il est *possible,* s'il est *nécessaire* même qu'elle le soit.

Il serait contradictoire de commencer par regarder un système religieux comme révélé, afin de s'en servir ensuite comme d'une pierre de touche pour éprouver s'il est révélé. Ce serait dire : Je ne sais si telle religion vient de Dieu, et je veux m'en assurer. Or, elle en vient ; donc elle en vient.

C'est là un raisonnement inepte sans doute. Mais est-il bien plus sage de n'en faire aucun, et d'accepter comme révélée, une religion quelconque qui nous est enseignée comme telle?

Aussi tous les théologiens, ou presque tous, accordent-ils le droit d'examiner, mais seulement jusqu'à ce qu'on soit assuré qu'il existe une révélation, et qu'on sache où la prendre ; passé ce point, les théologiens catholiques ne veulent plus entendre parler d'examen.

On sent que c'est ici un des nœuds de la question et que nous devons y insister quelque peu. Comme tous les docteurs ne sont pas assez libéraux, ou plutôt pas assez clairvoyants ni assez équitables pour accorder le droit d'examen jusquelà, nous prouverons d'abord qu'ils auraient encore de grandes autorités contre eux, quand même la raison ne suffirait déjà pas à elle seule pour les condamner ; nous verrons ensuite quelles seraient les conséquences du principe contraire ; et enfin s'il n'est pas nécessaire d'examiner en lui-même l'enseignement présenté comme venant de Dieu, pour s'assurer qu'il *peut avoir* réellement une semblable origine, et qu'il l'a sans doute en effet parce qu'il *doit* l'avoir.

I. « La révélation permet, recommande même,

dit le cardinal de la Luzerne (1), un examen sage et raisonnable; elle ne proscrit qu'un examen inutile et dangereux. » A l'appui de cette vérité, le savant évêque cite : « le pape saint Clément, qui annonce que ce n'est pas par la foi seule qu'on reçoit la religion, mais aussi par la raison; que la vérité est toujours appuyée par la raison; — saint Justin, qui pose en principe que les hommes véritablement pieux et philosophes suivent et cherchent la vérité, rejetant les opinions des anciens, s'ils les trouvent mauvaises; — Théophile d'Antioche, qui invitait les païens à méditer les prophéties et les autres preuves du christianisme, à comparer ces preuves avec les raisons contraires; — Tertullien, déclarant que toute loi doit compte de ses motifs à ceux dont elle exige l'obéissance, qu'elle est suspecte quand elle se refuse à l'examen, vicieuse si elle prétend dominer sans examen; — saint Clément d'Alexandrie, enseignant, suivant la propre doctrine du Christ et de saint Paul, que la foi doit être accompagnée de recherche; — Lactance, réclamant dans la recherche de la religion, les droits de la raison que Dieu a donnée à l'homme pour lui faire découvrir le vrai; — saint Ambroise, reconnaissant qu'il est dans la nature de tous les hommes de rechercher la vérité selon leurs moyens; — saint Augustin, déclarant que tous les droits divins et humains permettent cette recherche de la foi catholique, et que deux sortes

(1) *Instruction pastorale*, pag. 66 et suivantes.

d'hommes sont heureux dans la religion, ceux qui l'ont trouvée et ceux qui la recherchent avec ardeur et sincérité (1). »

Nul doute, comme on le voit, que l'examen des bases de la religion chrétienne ou de ses motifs ne soit permis par cette religion même. Ceux donc qui prétendent que c'est déjà faire acte d'insubordination et de protestantisme que de se livrer à ce premier examen, semblent bien être tombés dans une erreur dogmatique et sont incontestablement tombés dans une erreur philosophique (2). Ce qui veut dire tout simplement que si leur opinion est bien celle de l'église à laquelle ils appartiennent, malgré les autorités que nous venons de citer d'après le cardinal de la Luzerne, l'Église se tromperait, car il n'y a pas deux sortes de vérités.

II. Quelle serait en effet la conséquence de l'impossibilité morale d'examiner, même les fondements de la croyance à une révélation ? Ce principe est absolu, et doit être tel sous peine de contradiction ; il ne souffre par conséquent point d'exception suivant les temps et les lieux. Voici maintenant ce qui en résulte :

---

(1) S. Clément, *Recogn.*, lib. II.—S. Justin, *Apol.*, 1. 2.—S. Théoph. Antioch., ad *Autolyc.*, lib. II, c. 34.—Tertull., *Apol.*, c. 3.—S. Clem. Al. *Strom.*, v. 1.— Orig., *contra Cels.*, vi, n. 10. — Arnob., *adv. gentes*, III, 1.—Lact., *div. Instit.*, II, c. 8.— S. Ambr., *de Offic. min.*, I, c. 26, nos 124 et 125.—S. Aug., *de Utilit. cred.*, c. 7, n° 18, c. 1, n° 2.— Id. *contra Acad.*, III, c. 1, n° 1.— Petr. I. *Thessal.*, v. 21. — 1. Joann. IV. 1.— *Rom.*, XII. 1.— *Act.*, XVII. 11.— Joann., v. 31, 32, 33, 36, 39, 46.

(2) Tels sont, par exemple, Bossuet, dans ses *Conférences avec Claude*; M. Gerbet, *des Doctrines philosophiques sur la certitude*, etc.

1° Les hommes devraient encore avoir les opinions religieuses qui ont été enseignées à leurs ancêtres les plus reculés : et en vain la révélation devait être progressive comme l'éducation du genre humain, la première seule aurait dû rendre impossible la seconde, et à plus forte raison, la troisième ou toute autre subséquente, qui s'en serait encore éloignée davantage.

2° L'esprit humain ayant dû être condamné à une immobilité absolue sous le rapport religieux, cette immobilité aurait dû s'étendre aussi à tous les autres mouvements possibles, puisque tout se tient dans la nature humaine comme dans la nature physique, et qu'un progrès dans un sens en provoque un autre d'une espèce différente.

3° En supposant que tout ce qui s'annonce à nous comme autorité infaillible doive être cru sur parole, il faut reconnaître que toutes les religions sont également respectables et obligatoires, également bonnes ou mauvaises, et qu'il est indifférent d'appartenir par sa naissance à l'une quelconque plutôt qu'à toute autre; ou que, s'il faut faire choix de l'une d'elles, c'est dans les bras de la plus audacieuse et de la plus despotique qu'il convient de se jeter aveuglément; car tant qu'on n'a point examiné les fondements d'une religion quelconque, elles sont toutes également incertaines, et le fait d'être né dans l'une d'elles est complétement étranger à la vérité intrinsèque ou objective de cette religion.

4° Les religions qui se disent révélées, qui ont

un sacerdoce plus ou moins explicite sur ses prétentions à l'infaillibilité, étant contradictoires entre elles, enseignant toutes, ou toutes moins une peut-être, des erreurs plus ou moins nombreuses, plus ou moins grossières, ces religions dans lesquelles il faut vivre et mourir, au nom d'un respect fanatique pour l'autorité, sont donc également vraies; ou la raison humaine, malgré tous ses efforts, ne peut sans le plus grand danger de se tromper les examiner et les juger; et alors, on professe le scepticisme en religion et en philosophie, le scepticisme le plus absolu. Peut-on faire en effet des réserves en faveur d'une religion quelconque, et permettre l'examen dans toutes les autres? Pourquoi, moi qui suis né dans le catholicisme, ne devrais-je pas examiner s'il existe véritablement une autorité religieuse infaillible, etc.? pourquoi le protestant ne pourrait-il pas chercher à s'assurer des fondements du christianisme? pourquoi le juif n'aurait-il pas le même droit? pourquoi le contesterait-on au mahométan?

Mais on ne le conteste qu'au catholique, et j'en demande la raison. Ou cette raison existe, ou elle n'existe pas. Si elle n'existe pas, c'est de l'arbitraire et du despotisme qu'on veut établir. Si elle existe, j'ai le droit de la connaître, car tant que je ne la connaîtrai pas, elle ne sera rien pour moi. Il faut de plus qu'elle me paraisse suffisante, car autrement elle sera encore pour moi comme n'étant pas. D'autres s'en sont contentés, je le veux, c'était leur affaire; mais je ne juge, je ne puis juger, je ne dois juger que par mon entendement, par ma raison propre; et je le ferais encore si je sacrifiais ma manière personnelle de voir et de sentir à celle de quelques autres qui m'imposent à tort ou à raison. Il est donc absolument nécessaire, de droit et de fait, qu'il y ait examen s'il y a réflexion, c'est-à-dire, pour peu qu'il y ait acte d'être raisonnable dans le choix d'une religion, ou simplement dans la persévérance à croire ce qu'on a cru d'abord.

5° C'est être non-seulement sceptique au plus haut degré, mais encore impie, que d'admettre que l'esprit humain a plus à perdre qu'à gagner à l'examen de bonne foi. Et si l'on redoute que l'examen n'ait pas ce caractère, n'accuse-t-on pas par là même la sincérité actuelle des croyances de ceux qui pourraient en manquer s'ils venaient à rechercher la vérité religieuse?

6° C'est être impie, dans le sens chrétien comme au point de vue du déisme, que d'interdire tout examen, puisque c'est condamner Jésus-Christ et ceux qui ont suivi sa réforme; c'est condamner ceux qui ont prêché l'Évangile aux païens et aux infidèles; c'est rendre tout apostolat moralement impossible, puisque c'est un crime d'enseigner si c'en est un d'écouter.

III. Mais si ceux qui ne veulent point d'examen manquent aux règles de la justice, de la raison et de l'Évangile même, ceux qui n'en veulent qu'à demi pèchent de plus contre celles de la logique. En effet, quand ils permettent de s'assurer de l'existence de la révélation sous le rapport historique, c'est-à-dire par les miracles et les prophéties, peuvent-ils ignorer que la conclusion d'une semblable recherche peut être, ou la négation de la révélation, ou la reconnaissance de son existence, ou bien le plus ordinairement, l'incertitude? Laissons de côté la première de ces conclusions, toute négative et qui ne laisse plus rien à faire avec la révélation ; retenons seulement les deux dernières, et voyons ce qui doit arriver en conséquence.

Supposons d'abord, comme cas le plus simple, qu'on ne puisse s'assurer par l'histoire si une révélation existe. Il peut se faire alors qu'on trouve ou qu'on croie trouver des raisons d'une force en apparence égale pour et contre, ou plus de raison contre, ou plus de raison pour. L'examen de la doctrine révélée ne pourrait-il pas faire sortir de l'incertitude, et achever la persuasion, la foi en l'existence d'une révélation, ou la conviction qu'elle n'existe pas ou qu'elle est mal entendue? Ne donne-t-on pas tous les jours l'enseignement révélé lui-même, sa haute sagesse, comme un argument intrinsèque en faveur de son origine divine? Comment donc ne serait-il pas permis de peser la valeur d'un semblable argument, de l'appliquer en examinant au poids de la raison l'enseignement dogmatique et moral dont l'origine est en question?

A coup sûr on peut se tromper dans cette opération ; mais depuis quand l'usage de la raison n'est-il permis qu'à la condition d'être infaillible?

N'a-t-on pas pu se tromper aussi dans ce qu'on appelle l'examen des motifs de croire à la révélation, examen dont la légitimité est cependant reconnue? La raison, à laquelle on s'est confié lorsqu'il s'agissait de savoir si en tel temps, en tel lieu il a existé un ou plusieurs hommes enseignant telle doctrine au nom de Dieu; si cette doctrine nous a été fidèlement transmise; si les prophéties qu'on applique à ces personnages sont authentiques, si elles sont entendues comme elles doivent l'être, si elles ont le caractère positif qu'on se plaît à leur reconnaître, etc.; si les faits miraculeux qu'on attribue à ces mêmes hommes pour prouver leur mission sont bien avérés, s'ils ne sont pas en partie l'effet de l'art, en partie celui de l'imagination et de l'enthousiasme des spectateurs, et surtout des disciples : cette raison qui est appelée à prononcer sur toutes ces questions principales, sur toutes les questions accessoires qui s'y rattachent, n'est-elle plus la même lorsqu'il s'agit de juger la doctrine? La récuserions-nous lorsqu'elle est le plus compétente, c'est-à-dire, quand il s'agit de savoir si un enseignement moral et religieux est d'accord avec ces idées naturelles et fondamentales, quoique un peu confuses sans doute (comme tout idéal), de l'existence et des attributs de Dieu, de la loi morale qui doit présider à toutes nos actions? L'erreur est-elle donc plus à craindre ici que dans la question de fait? Serait-il plus difficile de juger si un dogme ou une maxime n'est pas en contradiction avec le sens commun, que de juger si les Évangiles, par exemple, sont bien authentiques, ou si la tradition qui leur est antérieure et parallèle n'a subi aucune altération grave?

Qu'on ne nous dise point que ces preuves historiques ont été faites, qu'elles ont été trouvées suffisantes, certaines par les meilleurs esprits. La certitude est un fait subjectif personnel, qui n'exclut pas l'erreur. Et si ces preuves avaient réellement une force objective, une valeur absolue qui dût emporter l'assentiment de tous les hommes de bonne foi, d'où vient qu'il en a été autrement? Qui est-ce qui reste *volontairement* dans l'erreur; et n'y a-t-il pas dans les termes mêmes une contradiction palpable? D'excellents esprits que vous ne comptez point, et en très-grand nombre, n'ont pas été convaincus de ce qui a paru péremptoire à ceux que vous regardez comme les meilleurs, parce que votre foi est la leur. N'en serait-il pas ici comme des *ex-voto?* Non-seulement ils ne prouvent rien pour ceux qui n'ont pas échappé au naufrage tout en invoquant le ciel, mais ils ne prouvent pas même pour ceux qui ont été plus heureux; car il est possible, pour ne rien dire de plus fort, qu'ils eussent été sauvés quand même ils n'auraient pas invoqué le secours d'en-haut. On connaît la valeur logique de ce raisonnement : *Post hoc, ergo propter hoc.* Il en est souvent de même des persuasions et des preuves. Ainsi le très-grand nombre de ceux qui n'ont pas admis la révélation prouve beaucoup contre elle, et le petit nombre de ceux qui l'ont reçue d'abord prouve d'autant moins pour elle qu'ils étaient moins éclairés, qu'ils appartenaient à une nation et à un temps où l'imagination et la crédulité laissaient infiniment peu de place à une saine critique.

Il ne peut donc être ici question d'une autorité humaine, pour établir une autorité divine; car outre qu'elle présente peu ou point de garantie dans ce cas, il faudrait toujours permettre à la raison individuelle de la peser, et par conséquent de la rejeter si elle la trouvait trop légère.

Je comprendrais encore qu'on nous dît : N'examinez pas la doctrine comme preuve subsidiaire de celle des faits, car vous n'en pourrez tirer aucune conclusion certaine en faveur de la foi. En effet, ou cette doctrine se trouve d'accord avec la raison, ou elle est au-dessus d'elle, ou elle y est contraire. Dans le premier cas, c'est-à-dire, si l'enseignement qui se donne comme révélé est en accord positif avec la raison, il ne s'ensuivra nullement qu'il soit divin. Si cet accord n'est que négatif, c'est-à-dire s'il est simplement au-dessus, ou plutôt en dehors des idées naturelles de la raison, celle-ci n'y verra qu'une proposition étrange, une affirmation qu'elle ne peut juger, qui ne peut lui être démontrée, et qui dès lors peut être vraie sans doute, mais aussi qui peut être fausse; et alors encore nulle conclusion positive n'est possible en faveur d'une révélation. C'est bien pis encore si l'enseignement prétendu révélé répugne à la raison et se trouve contredit par nos idées naturelles et universelles.

Les trois propositions précédentes reviennent aux deux que voici : Ou l'enseignement dit révélé est trouvé en accord positif ou négatif avec la raison, et alors il *peut être* révélé, mais on n'est pas pour cela certain qu'il le soit; il serait plus raisonnable au contraire de penser qu'il ne l'est pas, puisqu'il ne faut admettre le surnaturel qu'au nom de la nécessité logique; — Ou bien au contraire cet enseignement se trouve être contraire à la raison, et alors il *doit* être regardé comme faussement attribué à Dieu, en vînt-il en réalité.

C'est sans doute à cause de la possibilité de ce résultat et de l'impossibilité du résultat contraire, que nos docteurs ne se soucient point qu'on examine la doctrine en elle-même pour s'assurer si son origine est divine ou si elle ne l'est pas. Mais puisqu'il est possible de résoudre la question, au moins en un sens, comme aussi de fortifier la persuasion dans le sens contraire, et d'arriver peut-être soit à la conviction que l'enseignement qui se dit révélé ne l'est réellement point, parce qu'il ne peut pas l'être, soit à la croyance qu'il l'est réellement, parce qu'il mérite de l'être; il est évident que ces résultats pouvant être obtenus par l'examen de la doctrine, cet examen n'est pas aussi inutile qu'on veut bien le dire. Prétendre maintenant qu'il est dangereux, ce serait avouer que les arguments intrinsèques de la révélation ne sont pas des arguments, que l'enseignement religieux a plus à perdre qu'à gagner à être examiné en lui-même; qu'il contient par conséquent des propositions qui doivent sembler fausses, inacceptables à la généralité des hommes, et dès lors qu'il est en opposition avec la raison universelle.

Il ne faut pas dire qu'il est si peu en harmonie avec la raison commune, qu'il a été professé, sinon par la majorité du genre humain, du moins par la partie la plus éclairée : car d'abord, aucune religion positive n'a jamais été professée par la plus grande partie du globe. Ensuite, si l'une d'elles l'a été par les hommes les plus éclairés de leur temps, c'est, ou qu'ils croyaient sans examen, comme on soutient qu'il faut le faire; ou que, s'ils examinaient, ils cessaient de penser comme les autres fidèles. De là, les nombreuses hérésies connues, et les hérésies sans doute bien autrement nombreuses encore qui ne se sont point montrées au grand jour. La croyance de vos grands hommes qui n'étaient point partisans du libre examen, ne prouve donc rien au fond sur l'accord de la foi avec la raison, et les hérésies sans nombre, latentes ou patentes, de ceux qui se sont livrés à cette recherche, prouve d'autant plus contre vous, que les hérésiarques ont toujours été nécessairement des hommes d'une intelligence et d'un caractère supérieurs. On n'est pas chef de secte si l'on n'a au moins l'un de ces genres de mérite à un très-haut degré.

De quoi s'agit-il donc? D'admettre sans preuves

ou avec des preuves une doctrine qui se dit révélée.

Il est impossible de l'en croire sur parole, le bon sens ne le permet pas.

Il faut donc des preuves.

Or une révélation, si elle peut être prouvée, ne saurait l'être que par des arguments de fait ou par des arguments de droit.

En suivant la première manière, on *constaterait* son existence; en suivant la seconde, on la *conclurait*. Dans le premier cas on dirait : Elle existe, la voilà, c'est un fait. Dans le second cas, au contraire, on ne la constaterait pas, on ne l'affirmerait pas comme étant ou ayant été ; mais on l'affirmerait comme existante, parce qu'elle ne pourrait pas ne pas être : Elle est *logiquement* nécessaire, dirait-on; donc elle est.

Une preuve de cette dernière espèce n'est pas possible, car il n'implique pas contradiction, ou il n'est pas logiquement impossible, qu'il n'y ait jamais eu de révélation. Je ne rapporte pas tous les beaux raisonnements qu'on a faits pour essayer d'établir cette nécessité, ce n'est pas ici le lieu; mais je déclare solennellement, sincèrement, qu'aucun ne m'a paru conclure d'une manière décisive. D'ailleurs, ne faut-il pas que celui qu'on veut par là convaincre de l'existence d'une révélation soit reçu à discuter ces raisonnements, à les examiner? Les lui adresse-t-on dans un autre but que celui de le convaincre? On reconnaît donc par là même la liberté d'examen.

Quant à la preuve de fait, elle est impossible encore si ceux qui prétendent l'administrer n'établissent aussi clair que le jour, de manière à soumettre tous les esprits justes et de bonne foi, en quoi consiste une révélation, à quel caractère on peut la reconnaître.

Je suppose qu'on puisse la définir d'une manière satisfaisante; il ne s'agit donc plus que du *critérium* propre à la faire reconnaître. Or, ce critérium est externe ou interne. Celui-ci c'est la doctrine, qu'on ne nous permet pas d'examiner, et qui, nous l'avons vu, ne nous permettrait jamais de rien conclure de rigoureux en faveur de la révélation. *Premier* critérium insuffisant.

L'autre critérium, ou le critérium externe, est de deux sortes, suivant qu'il est pris des prophéties et des miracles en dehors de l'Église, ou des mains de l'Église elle-même.

Quant aux prophètes et aux miracles, nous l'avons vu encore, leur appréciation n'est ni facile ni certaine, et l'on pourrait fort bien se tromper en les discutant; ce qui n'est pas d'ailleurs chose facile à faire pour tout le monde. L'Église ne soutient-elle pas elle-même que l'intelligence des Écritures, et par conséquent la croyance aux prophéties et aux miracles, n'est certaine qu'autant qu'elle vient d'elle? Si bien qu'en raisonnant sur les Écritures en dehors de l'Église, et pour rechercher s'il y a une révélation, si elle a laissé après elle une église infaillible et quelle église, je puis me tromper tout en concluant suivant le sens de l'église qui a élevé ces prétentions. Si je viens à reconnaître cette église, fût-ce avec raison, comme les bases de ma foi auront été incertaines, d'après le propre enseignement de l'Église, que je regarde maintenant comme infaillible, je ne puis pas être assuré, *convaincu* de la vérité de mes opérations et de celle de leur résultat. *Deuxième* critérium également impuissant.

Il n'en reste plus qu'un seul : c'est l'existence même d'une Église infaillible, héritière et interprète légitime de la révélation.

Eh quoi! je cherche à m'assurer si une révélation existe, et l'on me montre l'Église, qui ne pourrait en être que la conséquence, comme un moyen de mettre fin à mes incertitudes! Mais il s'agit, entre autres choses précisément, de savoir si une église quelconque a pour elle le droit d'être, si elle a pour elle plus que le *fait*. Oh! si le droit accompagnait ici nécessairement le fait, tout serait dit; mais il n'en est rien, et de pareilles conséquences n'ont pas toujours les prémisses qu'elles prétendent avoir; de pareils faits ne sont pas toujours des effets des causes auxquelles on les rapporte. Combien de prétendues révélations de fait, crues comme telles par une infinité d'hommes, et qui n'étaient ou que des impostures ou des erreurs! Vous prétendez que la vôtre en diffère et a son avantage, je le veux ; mais est-ce une raison suffisante pour qu'elle passe à mes yeux, pour qu'elle doive passer auprès de tout homme raisonnable pour avoir le caractère divin que vous lui reconnaissez? Depuis quand les prétentions de sectaires quelconques seraient-elles des preuves suffisantes de leur vérité? Donnez-moi donc des preuves si vous voulez que je vous croie. Dieu est avec vous, il y sera toujours, dites-vous. Faites donc des miracles, tenez-nous le langage que vous dites vous avoir été tenu à vous-mêmes, si vous voulez que nous ayons la même foi que vous. Vous nous assurez, il est vrai, que des miracles ont été faits autrefois pour établir la doctrine que vous enseignez, pour établir votre Église; mais vous le savez déjà, ces miracles, ces prophéties ne m'ont point paru établir suffisamment le droit que vous revendiquez. Nous voulons bien continuer à vous écouter sur ce point; mais vous n'êtes et vous ne pouvez être encore pour nous qu'une autorité tout humaine, puisqu'il s'agit, entre vous et nous, de savoir si vous êtes quelque chose de plus : faites donc vos preuves. Et puisqu'il ne vous plaît pas de faire des miracles, ou que vous avouez n'en avoir pas le pouvoir, tout en soutenant que Dieu est avec vous, montrez-nous, du moins, que les miracles dont vous nous parlez ont eu lieu bien réellement, qu'il n'y a rien d'exagéré, de controuvé, qu'ils sont bien des miracles, que l'art, un art quelconque, joint aux forces de la nature, ne peut pas produire des phénomènes analogues. Mais comme nous ne connaissons pas la mesure des forces de la nature, ni l'empire que l'homme a pu exercer ou qu'il peut acquérir sur elles, nous devons dire que nous en croirions difficilement vos démonstrations, nous eussiez-vous bien établi du reste les faits miraculeux en eux-mêmes, premier point sur lequel la juste défiance que nous inspire le sentiment de notre insuffisance à reconnaître comme vrais les faits en question, nous oblige de suspendre encore notre jugement.

Une seule chose pourrait nous permettre de croire ce que vous croyez, sans cependant savoir jamais que penser de l'origine surnaturelle ou non de cet enseignement : ce serait de le trouver en tout, sinon conforme, du moins nullement contraire à la raison commune telle qu'elle se manifeste en nous, car elle n'est quelque chose pour nous qu'à ce titre. Mais vous ne souffrez pas qu'on examine cette doctrine regardée par vous comme révélée, et que vous ne devez plus examiner, en effet, parce que vous ne devez plus douter de sa vérité. Quant à nous, qui ne partageons point cette conviction, nous n'avons pas la même raison que vous de nous abstenir; et nous appliquer votre règle de conduite à cet égard, c'est tout simplement confondre les positions et commettre une pétition de principes. Vous voulez nous convaincre, et vous raisonnez avec nous comme si nous étions déjà convaincus! c'est de plus une contradiction, puisque vous supposez que nous sommes et que nous ne sommes pas convaincus.

Nous permettez-vous, au contraire, d'examiner ce que vous enseignez comme révélé ? vous permettez donc l'examen de la révélation, et c'est ce que nous demandons. L'examen de la révélation en elle-même est donc légitime et nécessaire, ne fût-ce que pour chercher à s'assurer s'il doit y avoir une église infaillible, et quelle doit être cette église. Donc quand une église se dit infaillible et se présente comme garantie de l'existence d'une révélation, elle nous offre un *troisième* critérium pour le moins aussi insuffisant que les deux autres.

Alors même qu'il existerait une autorité infaillible, elle ne pourrait logiquement s'interposer, entre la révélation et celui qui la cherche, autrement que comme un guide humain, et non comme un maître, car il s'agit aussi de savoir si elle a cette dernière qualité.

Il y a bien plus, c'est que la question de l'existence d'une autorité infaillible remise à des hommes n'a aucune liaison nécessaire avec celle de la révélation; en sorte que l'on peut très-bien croire à l'existence d'une doctrine révélée, sans croire à l'infaillibilité d'une église quelconque.

Ne pourrait-on pas dire en effet à une église qui se prétendrait infaillible : Où sont vos preuves ? Faites-vous des miracles ? prophétisez-vous ? Vous prétendez avoir eu des miracles et des thaumaturges, je le sais. Mais en supposant provisoirement ces faits, n'étaient-ce pas des dons personnels, récompense de mérites personnels ? Et puis, ces dons eussent-ils été faits à quelques-uns des vôtres en considération de la foi commune, et pour en confirmer la vérité, il est à présumer alors que vous l'avez perdue, puisque Dieu ne fait plus éclater sa puissance par votre organe; il s'est retiré de vous, parce que sans doute vous l'avez quitté les premiers, parce que vous n'êtes plus son église, parce que vous avez erré.

Mais allons plus loin : pourriez-vous prouver qu'il répugne à la sainteté divine que l'ivraie de la doctrine se mêle au bon grain, et qu'il doive avoir laissé une église infaillible? pourriez-vous prouver que ce privilége vous appartient? Vous ne pouvez tenter ce dernier coup d'audace que de deux manières. Ou vous direz : Nous sommes infaillibles parce que nous en avons reçu la promesse de Dieu même; ou bien vous direz que vous êtes infaillibles et que vous vous jugez tels indépendamment de cette promesse. Dans le premier cas vous en appelez à l'Écriture, dans le second à vous-mêmes.

Si vous en appelez à l'Écriture pour établir votre infaillibilité, il faut que vous laissiez établir l'Écriture en dehors de votre infaillibilité même; première opération dans laquelle on peut se tromper de plus d'une manière. Il faut que vous laissiez interpréter cette même Écriture sans vous, et quiconque n'y lit pas vos titres à l'infaillibilité est irréprochable. Vous prétendez les y trouver, vous, je le sais; mais de deux choses l'une : ou vous vous croyez déjà infaillibles avant d'interpréter comme vous le faites les passages que vous jugez établir votre infaillibilité, ou vous ne vous croyez infaillibles que par suite de cette interprétation même. Dans le premier cas, c'est-à-dire, si vous vous donnez comme infaillibles pour interpréter vos titres équivoques à l'infaillibilité, vous tombez en contradiction avec vous-mêmes, puisque vous vous regardez tout à la fois comme faillibles et comme infaillibles; vous faites de plus une pétition de principe et un cercle vicieux : une pétition de principe puisque vous prouvez votre infaillibilité au nom de votre infaillibilité même; un cercle vicieux, puisque vous établissez votre autorité par l'Écriture, et l'Écriture par votre autorité.

Vous ne pouvez pas échapper à ces contradictions en vous jetant à côté de l'Écriture, en vous réfugiant dans la tradition; car outre que je raisonnerais contre vous à l'égard de la tradition comme à l'égard de l'Écriture, la tradition ne dit rien de plus, dit beaucoup moins peut-être que l'Écriture. L'histoire de l'Église, qui fait partie de la tradition, qui la représente, ne serait, pourrait n'être pas très-favorable à la prétention de l'infaillibilité.

Conviendrez-vous au contraire que vous ne vous êtes reconnus infaillibles que dans l'Écriture et la tradition? Mais alors n'avez-vous pas pu vous tromper en croyant que l'infaillibilité vous y était promise? Si vous convenez de la possibilité de l'erreur en ce point, votre infaillibilité est loin d'être bien établie. Si vous n'en convenez pas, vous vous faites infaillibles pour démontrer que vous l'êtes, et vous retombez alors dans la contradiction que je vous reprochais tout à l'heure.

Comment donc voudriez-vous qu'on vous crût infaillibles, puisqu'il faudrait ou vous en croire sur parole, ce que Jésus-Christ lui-même ne voulait pas en ce qui le concernait personnellement; ou vous croire tout d'abord infaillibles pour admettre ensuite que vous l'êtes en effet. Ne serait-ce pas vous dire qu'on vous croit infaillibles parce qu'on vous croit infaillibles, c'est-à-dire sans raison ?

Puisque votre infaillibilité n'est point démontrée, et que vous ne pouvez, sans contradiction, tenter de l'établir; il ne reste qu'un seul moyen, non pas de savoir si vous êtes infaillibles en effet, mais simplement de savoir si l'on peut croire que vous avez été dans le vrai jusqu'ici, que vous ne vous êtes pas trompés, et par conséquent que vous méritez un degré de confiance plus ou moins élevé pour l'avenir. Ce moyen que tout chrétien est obligé d'employer dès qu'il croit être assuré de l'existence d'une révélation, et pour s'assurer si elle a été réellement bien entendue par l'église qui se dit infaillible, si cette église mérite plus de confiance que d'autres qui se rattachent à la même souche, mais qui ne se disent pas infaillibles; ce moyen, c'est d'examiner la révélation telle qu'elle est entendue par cette église, et de voir si elle ne renferme du moins rien de contraire à la raison.

Qu'on ne nous objecte pas que celui qui fait cet examen peut se tromper, et qu'il devrait posséder lui-même le don de l'infaillibilité pour être convaincu qu'il a parfaitement, objectivement raison. Nous n'en disconvenons nullement; mais nous prétendons que c'est là une position rendue nécessaire par la seule force des choses, et nous faisons de cette incertitude objective même une raison de plus, et une raison des plus fortes, en faveur du droit et du devoir d'examen en matière religieuse.

Concluons donc que l'autorité n'est qu'une usurpation ou un vain nom tant qu'elle n'est pas reconnue, et que c'est par la raison seule et non par la crainte qu'elle peut l'être; qu'on peut la reconnaître d'une manière provisoire ou hypothétique d'abord, ou d'une manière probable, et qu'alors il est nécessaire d'examiner son histoire et sa doctrine pour s'assurer si cette hypothèse peut raisonnablement subsister, sans du reste qu'on puisse espérer qu'elle devienne jamais une certitude.

Nous ne nous sommes pas attaché à discuter la possibilité même de l'autorité, sa nature ou son essence. Nous aurions pu cependant nous demander comment il serait possible que l'Église fût infaillible quand chaque individu pris en particulier ne l'est pas; — si c'est une question indifférente que celle de savoir si le pape est ou n'est pas personnellement infaillible quand il parle comme pape; — comment la monarchie spirituelle du pape a pris naissance et s'est développée (1); — com-

(1) On peut lire sur ce point Ancillon, *Tableau des révolutions du système politique de l'Europe, depuis la fin du xv⁰ siècle*, t. I, pag. 114.

ment les papes ont fini par vouloir faire une sorte d'article de foi de leur infaillibilité personnelle; — comment, si l'infaillibilité appartient au corps tout entier de l'Église avec ou sans le pape, il est possible que des parties de ce corps tombent dans l'erreur; — comment, si elle n'appartient pas aux parties, elle peut appartenir au tout; — comment, si le corps tout entier, qui ne se composait d'abord que d'un petit nombre d'hommes parmi lesquels la plupart étaient passifs, comment, si ce corps s'était une fois trompé, son erreur ne passerait pas nécessairement pour vérité à ses yeux, et la vérité pour erreur; — comment ce qui est traité d'hérésie ne pourrait par conséquent pas absolument avoir raison contre ce qui s'appelle soi-même l'orthodoxie; — comment il serait absolument impossible que l'erreur se mît à la place de la vérité, tout en supposant que la vérité ait été connue d'abord, puisqu'il est incontestable que des dogmes obscurs et indéterminés dans le principe ont pris, avec le temps, un caractère si positif qu'ils en ont contracté comme une physionomie nouvelle, et qu'ils auraient pu recevoir une détermination différente sans que le fond primitif en eût été plus altéré. Nous pourrions élever toutes ces questions et beaucoup d'autres encore sur l'autorité dont on parle; mais elles appartiennent plutôt à l'examen de l'autorité qu'à la question de la liberté de penser.

Nous pouvons donc très-bien supposer qu'une semblable autorité est possible; il sera toujours question de savoir comment on pourra s'assurer qu'elle existe réellement. Que l'on procède dans cette recherche, soit *à priori*, soit *à posteriori*, c'est-à-dire, en cherchant dans les monuments mêmes de la révélation qu'on admet, par hypothèse, des raisons suffisantes de croire à une semblable autorité toujours visible, et les caractères auxquels on peut la reconnaître ; — ou qu'on examine tout corps religieux enseignant, pour s'assurer si sa doctrine est conforme à la révélation et à la raison, c'est toujours examiner. Le premier mode n'est pas plus certain que le second ; et le fût-il davantage, il pourrait fort bien arriver encore qu'il ne fût pas suffisant. Il deviendrait donc nécessaire de recourir à l'examen de la doctrine de cette autorité de fait pour s'assurer si elle est vraie. Mais la trouvât-on sans défaut, rien ne prouverait cependant l'infaillibilité de ceux qui l'enseignent, parce qu'on n'est pas infaillible soi-même, et qu'on a pu se tromper dans cet examen ; — parce que cet enseignement comprend des propositions qui semblent possibles absolument, mais de la vérité de fait desquelles on ne pourra jamais être certain ; — enfin, parce que l'infaillibilité reconnue jusqu'ici ne prouverait point l'infaillibilité absolue.

Mais comment donc raisonnent ceux qui interdisent le droit d'examen quant au fond ?

1° Ils supposent que « Dieu n'aurait pas agi « conséquemment ni sagement, s'il n'avait pas

« laissé après lui une autorité visible et infail-
« lible. »

A quoi l'on peut répondre :

a. La révélation primitive, qu'on suppose avoir été faite au premier homme, n'eut pas des interprètes visibles et infaillibles ayant caractère et mission spéciale de maintenir la pureté des croyances.

b. La seconde révélation, la révélation mosaïque, n'a pas non plus présenté ce caractère ; car la Synagogue ne s'est point dite aussi ouvertement infaillible.

c. Cette prétendue nécessité d'un phare constamment allumé pour rallier les chrétiens, est peu d'accord avec une autre nécessité dont on parle, celle de l'obscurité de la religion. (*Voy.* Pascal.)

d. Dieu a voulu très-évidemment, puisque l'histoire des hérésies le prouve d'une manière frappante et invincible, que sa *parole* ou ce qui est regardé comme tel *fût livrée*, elle aussi, *à la dispute des hommes ;* c'est là bien certainement un décret de sa Providence.

e. S'il avait voulu que sa révélation fût entendue d'une manière infaillible par tous les hommes de bonne foi ; si cette parfaite intelligence, l'intelligence dans le sens objectif, avait été une condition nécessaire de salut, il aurait parlé plus clairement, ou assisterait d'une manière spéciale ceux qui lisent sa parole avec un pur désir de l'entendre. S'il a préféré un moyen moins propre à atteindre le but de la révélation, c'est qu'évidemment il n'entrait pas dans ses plans de se conduire ici comme on suppose que l'aurait fait en sa place un homme sage et conséquent. Il s'en faut donc bien qu'on prouve ainsi *à priori* l'existence d'une autorité visible et infaillible.

f. C'est courir le danger de se tromper lourdement que de faire raisonner et agir Dieu comme le ferait un homme : on arriverait souvent à des conclusions fort peu religieuses au fond, en appliquant à Dieu la mesure de notre ignorance et de nos passions ; car que sommes-nous, comparés à lui, que ténèbres et faiblesses? Ne nous dit-on pas, d'ailleurs, et avec infiniment de raison, que les desseins de Dieu sont cachés, incompréhensibles? Pourquoi lui prêter si souvent les nôtres? Témérité, impiété.

g. Qui peut dire encore que l'erreur objective dans laquelle nous pouvons tomber, en matière de révélation, soit incompatible avec la sainteté de Dieu, quand tant d'hommes de bonne foi s'y trompent, quand tous se trompent plus ou moins à d'autres égards, quoique la vérité, comme vérité, doive être également précieuse aux yeux de Dieu? La promesse d'une assistance divine, dans l'œuvre de la religion, n'emporte donc pas plus nécessairement l'infaillibilité, que l'assistance individuelle et naturelle qui nous vient de Dieu dans tous nos mouvements vers le vrai n'emporte la nécessité de ne nous tromper jamais. Peu importe qu'il s'agisse là du salut, et ici d'autre chose; la vérité est la même comme vérité, et si l'erreur involontaire de l'homme répugne à la sainteté divine, l'homme individuel, l'homme collectif ou l'humanité devraient être infaillibles. Peu importe encore cette distinction, si c'est, comme le veut la justice, la foi intentionnelle ou formelle qui sauve, et non la foi matérielle ou objective.

2° « Il serait, dit-on, contraire à la raison d'examiner les objets de la foi. » — C'est là une confusion de positions. La raison n'a plus rien à examiner quand elle est sûre que Dieu a parlé, et que ses propres lois ne l'obligent pas à regarder ce langage comme indigne de lui; mais si elle n'est pas certaine qu'il ait parlé, il faut bien qu'elle cherche à s'assurer au moins si le langage qu'on lui prête n'est pas indigne de l'origine qu'on lui en donne. Si, au contraire, elle croit à l'existence de cette parole, il faut encore qu'elle la comprenne dans la mesure de ses forces. Mais si, en cherchant à l'entendre, il se présente un sens qui la révolte, faut-il donc qu'elle l'accepte, qu'elle renonce à ses propres lois, à elle-même, qu'elle se fasse sceptique pour devenir ou rester croyante?

On reconnaît comme un principe que la révélation ne peut rien renfermer de contraire à la raison; mais ce principe ne serait d'aucune application possible; il serait inutile à reconnaître par conséquent, si l'on ne pouvait en sûreté de conscience regarder un dogme en face, et affirmer qu'il est au moins malentendu, par le fait qu'il se trouve contraire à la raison. Sans la faculté de se poser cette question : N'y a-t-il rien là qu'un esprit droit ne puisse admettre, au moins comme possible, qui ne voit que les absurdités les plus monstrueuses pourraient se glisser dans les croyances sous le manteau de la foi? Et comme on ne fait valablement d'exception en faveur d'aucun croyant, ceux-là mêmes qui sont appelés à diriger les autres dans la foi n'ayant pas le droit moral d'examiner sincèrement, ne sont plus que des aveugles qui conduisent d'autres aveugles. Auraient-ils, au contraire, ce droit d'examen qu'ils refusent à tous les fidèles de leur communion? Mais d'où leur viendrait ce privilége? leur foi est-elle donc à l'abri du naufrage? Combien n'en est-il pas chez lesquels l'examen l'a fait péricliter ou même périr? N'a-t-il donc pas fallu examiner pour décider qu'une certaine église devant être infaillible, elle l'était réellement? Quelle serait la valeur d'une décision semblable, ou de toute autre, si elle était portée sans examen? Les débats des conciles, quoique roulant le plus souvent sur des autorités, ne sont-ils pas encore une sorte d'examen, au fond, des doctrines, puisque chaque père est porté à entendre les textes et les traditions de la manière qui lui semble la plus raisonnable? Or, dès qu'une fois l'autorité est constituée de droit à ses propres yeux, elle ne l'est pas encore au même titre aux yeux de tous les autres, et ceux-ci ne peuvent ni ne doivent lui accorder leur confiance qu'autant qu'elle la mérite. Or, pour reconnaître ses titres à la foi et leurs degrés de valeur, il peut être nécessaire d'examiner la doctrine en elle-même. On peut se tromper, sans doute, dans cet examen ; mais tout en se trompant on aura fait acte d'être raisonnable, tandis qu'en croyant sans examen on n'aurait fait qu'un acte de fanatisme.

3° « Il est injuste, dit-on enfin, de combattre la religion par ses dogmes. »— De la *combattre*, peut-être ; de l'*examiner*, non. Nous venons de voir, au contraire, que c'est un devoir et une nécessité : un devoir, pour ne pas l'entendre mal, et pour s'assurer, au moins négativement, que l'Église ne s'est pas trompée ; une nécessité, surtout pour ceux qui ne trouvent pas la preuve historique de l'existence d'une révélation subjectivement suffisante, ou qui ne peuvent pas en prendre promptement une entière connaissance. Il est faux que la preuve historique soit plus facile à acquérir, plus satisfaisante que la preuve *à priori* qui résulte de l'examen du dogme ; et si celle-ci ne doit jamais aller plus loin que la possibilité ou tout au plus la vraisemblance d'une révélation, celle-là n'en dépassera jamais la probabilité, et il restera toujours à savoir encore qui a été révélé, et comment il faut l'entendre. Mais nous convenons que si le fait d'une révélation était une fois suffisamment établi, si l'on était certain de bien *entendre* cette révélation, son *incompréhensibilité* ne devrait pas la faire rejeter. Cette incompréhensibilité peut tenir à un comment ou à un pourquoi, et ce n'est évidemment pas là une raison de rejeter un fait; voilà tout ce que nous pouvons accorder. Mais, et l'on en conviendrait si le fait énoncé était en lui-même en contradiction avec les notions universelles de l'entendement humain, ce fait devrait être rejeté comme illusoire, comme faux, comme tendant à mettre Dieu en contradiction avec lui-même, d'un côté comme créateur, de l'autre comme révélateur. Ceux qui rejettent les mystères avec une raison suffisante ne sont donc pas ceux qui ne les comprennent pas purement et simplement, mais ceux qui en trouvent l'énoncé absurde. Il ne faut pas dire que cette absurdité est impossible à établir, par la raison seule que les mystères sont incompréhensibles; ce n'est là qu'un pur sophisme : l'incompréhensibilité porte, dans les choses qui ne sont qu'au-dessus de la raison, sur le comment ou le pourquoi; dans les propositions qui lui sont contraires, l'incompréhensibilité ne peut être que la conséquence même de l'absurdité. Encore est-il vrai de dire que, dans ce cas, il n'y a pas incompréhensibilité proprement dite, puisque l'on comprend, au contraire, bien nettement l'impossibilité du fait énoncé. Si je dis que je ne comprends pas comment deux lignes droites pourraient renfermer un espace, je m'exprime improprement, puisque je conçois très-clairement que la chose est impossible. Un espace compris entre deux lignes droites ne peut donc jamais être un mystère pour moi, parce que ce ne sera jamais qu'une impossibilité absolue. Le mystère qui suppose l'obscurité, et une certaine obscurité seulement, celle de la *manière* ou de la *raison*, suppose aussi et nécessairement la possibilité au moins négative (1). Ce qui n'est pas possible, ne peut être mystérieux; il n'est qu'impossible, et la supposition de son existence n'est qu'absurde.

Je disais tout à l'heure qu'un mystère ne peut être obscur que par un côté seulement, c'est-à-dire, par le rapport de l'attribut au sujet, ou par celui de l'effet à la cause. Ce sont les propositions énonciatives de mystères, ou le rapport dynamique de l'effet à la cause (suivant que le mystère a pour objet la qualité actuelle d'*être*, ou le *devenir*) qui sont obscures ; mais les termes de ces rapports, les idées constitutives de la proposition mystérieuse, l'effet mystérieux produit, doivent être intelligibles pour nous; autrement la proposition n'aurait absolument aucun sens, et ne pourrait plus être un objet de foi, parce qu'elle ne serait en aucune manière un objet d'intelligence. Un symbole formé de semblables propositions ne serait qu'un assemblage de mots sans valeur aucune, parce qu'ils seraient sans aucun sens. On n'a pas assez vu qu'il ne

---

(1) En ce sens que l'on n'en aperçoit pas l'impossibilité, sans du reste qu'on en voie la possibilité ontologique, ou la possibilité extrinsèque tenant aux attributs de la puissance, de la sagesse et de la sainteté de Dieu.

peut absolument y avoir de révélé que des *propositions*, et non des *idées primitives*. Toute proposition dite révélée, si elle est au-dessus de la compréhension humaine, se compose donc essentiellement et nécessairement d'idées qui ne le sont pas, et qui forment par leur réunion des propositions plus ou moins étranges.

Mais c'est là une digression un peu en dehors de notre objet primitif; revenons-y donc, et voyons ce qui a pu porter à interdire le libre et consciencieux examen, ou à ne l'accorder qu'à demi e sous des conditions inadmissibles.

Le cardinal de la Luzerne, tout en convenant qu'on peut examiner les bases de la révélation, prétend que la religion doit régler et diriger cet examen (1). Qu'est-ce à dire? Je cherche s'il y a une religion positive que je doive embrasser, et il faut que je commence par adopter le but et les vues intellectuelles que l'une d'elles me propose! je devrais la prendre pour me guider afin de savoir si je dois la prendre pour guide! je devrais l'examiner sous le point de vue partial ou restreint qui lui convient, pour chercher impartialement si elle est vraie! Une pareille liberté est aussi illusoire qu'illogique.

Déjà nous l'avons reconnus, ceux qui n'entendent pas du tout qu'on examine sont plus conséquents, quoiqu'ils soient moins justes et moins raisonnables.

(1) Pag. 74-76, op. laud.

Comment expliquer maintenant l'injustice des uns et la demi-justice des autres? C'est là une question importante, et qui est susceptible de plus d'une réponse.

1° Sans vouloir assigner aux raisons du fait en question un ordre particulier, suivant leur degré de force ou de faiblesse, nous comptons en première ligne *l'amour du pouvoir*, l'esprit de domination, et la tendance naturelle de toute autorité à devenir absolue et irrésistible.

2° Cependant si l'examen avait dû aboutir très-généralement à une conclusion favorable à l'autorité de fait (elle n'a que ce caractère tant qu'une raison éclairée ne lui en a pas reconnu d'autre); il est très-présumable que cette autorité se serait montrée plus libérale. Elle ne l'a donc été si peu que par *crainte* aussi des conclusions *contraires à ses intérêts* ou à ses propres croyances.

3° Mais cette crainte devait avoir une raison plus profonde, et cette raison, c'est ou la *défiance de la bonté de la cause* soutenue par l'autorité, ou la *défiance de la justesse naturelle* de l'esprit humain, ou ces deux choses à la fois. La première de ces appréhensions, outre qu'elle est peu convenable dans des hommes vraiment convaincus, est une raison de plus en faveur de la nécessité de l'examen; la seconde est sceptique et anti-religieuse. Que l'on ne nous parle pas ici des passions qui aveuglent; car d'abord elles aveuglent peu en matière d'évidence, et personne d'ailleurs ne court volontairement à sa perte. Je veux bien encore cependant que cette raison soit bonne; mais alors j'en réclame l'application dans toute son étendue; et puisque tous les hommes sont passionnés et qu'ils voient d'autant moins clair dans les questions d'ailleurs obscures et compliquées, que leurs intérêts s'y trouvent plus engagés; j'en conclus qu'il faut se défier aussi des passions de ceux qui se posent comme autorité, et que l'examen devient à cet égard plus nécessaire que jamais.

4° En vain l'on se rejette sur des *hommes éminents par leurs lumières et par leurs vertus*. Cela ne prouve rien, puisque l'on compte des vertus et des lumières pour le oui et le non. Cela ne prouve rien encore, puisqu'en matière obscure et faute d'une certitude scientifique, on peut en conscience rester dans la position où le hasard de la naissance et des circonstances a placé. Cela ne prouve rien en troisième lieu, parce qu'on ignore le degré de foi de ceux qui sont le plus éclairés. Quand des événements extraordinaires viennent permettre aux opinions de se montrer, quand à ces événements se joint l'intérêt, on voit souvent les croyances qui semblaient le plus affermies changer entièrement. C'est ce qui est arrivé en Allemagne, en Angleterre, en Suède, dans le Danemark et ailleurs, à l'époque de la réforme. Si ce spectacle peu édifiant n'est pas plus commun, c'est que les circonstances déterminantes sont elles-mêmes plus rares. On explique l'origine d'une croyance par la naissance, son développement par l'éducation, et sa constance dans un âge et une position où elle semble signifier beaucoup, par exemple chez un Bossuet et un Fénélon devenus princes de l'église, non-seulement par la foi, mais encore par l'habitude, par l'intérêt, par le respect humain, par l'amour des grandeurs. Il n'est pas nécessaire, pour qu'un évêque ne se retourne pas contre sa propre religion, qu'il soit parfaitement convaincu de sa vérité, il suffit qu'elle lui paraisse probable. Dans le doute même, il peut, quoique honnête homme, remplir encore les fonctions de son ministère. A plus forte raison resterait-il ce qu'il est, s'il portait l'incrédulité jusqu'à l'athéisme, et qu'il eût perdu jusqu'au goût de l'honnêteté. J'admets que la foi de ces grands apologistes de leur communion religieuse, n'est point comme celle de je ne sais plus quel dialecticien, qui disait avoir tant prouvé l'existence de Dieu, qu'à la fin il n'y croyait plus; je veux donc qu'ils soient sincères: mais quelle est la valeur de cette sincérité, de cette foi, si tous les points par lesquels l'édifice peut s'écrouler, n'ont pas été explorés avec le plus grand soin, et si ces lumières de l'Église se sont elles-mêmes éteinte, par principe, ou n'ont voulu projeter leurs lueurs que sur des ombres accessoires et faciles à dissiper, mais sans éclairer en rien le spectacle dont la réalité vivante fait toute la question?

5° Et quand même ils auraient examiné hardiment, complétement, de manière à se satisfaire eux-mêmes; on ne peut, sans mettre en principe ce qui est en question, croire d'une croyance certaine qu'ils ne se sont pas trompés ; et eux-mêmes ne peuvent espérer dans les autres une foi égale à la leur, qu'à la condition de faire passer dans les esprits les motifs de croyance qui leur semblent décisifs. Mais si ces motifs ne produisent pas le même effet sur toutes les intelligences, à tort ou à raison, nul n'a le droit de le trouver mauvais, ni de contester soit la nécessité d'un examen plus approfondi ou dirigé d'une autre manière, soit le droit de se tenir pour suffisamment éclairé, et de rejeter ce qu'on ne désespérait pas d'abord de pouvoir admettre. C'est donc un principe faux que de croire et de vouloir, en pareille matière, que *ce qui nous semble vrai doive aussi le sembler aux autres.*

6° Une autre erreur qui conduit à l'intolérance et à l'injuste restriction du droit légitime d'examen, c'est de penser qu'*une religion* d'ailleurs vraie *peut encore être salutaire dans ceux-là même qui ne l'adoptent que par hypocrisie,* et non par conviction. C'est ainsi au contraire que les âmes achèvent de s'avilir à leurs propres yeux, et tombent dans une corruption presque sans remède. Laissez aux hommes le respect d'eux-mêmes, une énergie propre; fussent-ils dans l'erreur, rien n'est définitivement perdu tant que l'amour de la vérité leur reste.

J'entends partout crier autour de moi, et la voix de l'hypocrisie domine les autres, que la religion est utile, qu'elle est nécessaire. De quelle religion prétend-on parler ? De celle que l'on croit ou de celle que l'on ne croit pas? Oui sans doute, la religion est utile, mais à la condition qu'elle existe, et cette condition ne peut plus être remplie dans l'Europe civilisée, qu'à une autre condition encore, celle du libre examen. Un christianisme entendu librement comme le peut chaque conscience individuelle, un déisme sincère, la simple morale naturelle de l'honnête homme, tout cela, et moins encore peut-être, est infiniment préférable, infiniment plus salutaire qu'une croyance factice, qui n'a jamais à un trèshaut degré les sympathies de l'esprit, et qui n'a plus guère celles du cœur. Certaines de ces croyances ont sans doute assez vécu pour que l'histoire puisse faire le bilan de leurs bons et de leurs mauvais services; et je partage l'opinion d'un homme aussi grave qu'éclairé, d'Ancillon. Il dit en parlant de l'une d'elles, ou plutôt de l'une de ses formes : « Elle a fait du mal, beaucoup de mal à l'Europe; « nous venons trop tard pour le dire, plus tard « encore pour le contester; mais elle a fait aussi du « bien, et au défaut de la reconnaissance, la justice « nous oblige d'en convenir (1). » Mais le bien qu'elle a fait, est-elle encore appelée à le faire, ou sa mission n'est-elle pas achevée? C'est ce que je n'entreprendrai pas d'examiner ici; je demanderai seulement si la papauté n'aurait pas depuis longtemps rendu au monde tous les services qu'il était dans

---

(1) *Tableau du système des révolutions politiques de l'Europe*, t. I, p. 115, en parlant de la monarchie spirituelle des papes.

sa nature de lui rendre, et si depuis lors elle n'aurait pas été une entrave aux progrès de civilisation.

7° C'est se tromper encore que d'*attendre d'une foi qui n'est pas éclairée, de la force sans fanatisme ou sans superstition*. L'examen seul donne les lumières ; sans cette condition, le monde croyant va se partageant en deux grandes classes, suivant l'ardeur ou la faiblesse des âmes, les *fanatiques* et les *superstitieux*. Les natures les plus heureuses, quand elles ne sont pas éclairées par le travail essentiellement propre et assimilateur de la réflexion, travail qui est comme la digestion des croyances, tiennent une sorte de milieu entre ces deux extrêmes ; et quand le vent de certaines passions vient à souffler et à déranger cet heureux équilibre, ces mêmes âmes sont portées, sans autre résistance que leur force d'inertie, vers l'un ou l'autre de ces extrêmes.

8° *Le trop peu d'horreur pour le fanatisme et l'hypocrisie, le trop peu de dégoût pour la superstition, l'ignorance ou le dédain de l'une des principales causes de l'indifférence en matière religieuse*, c'est-à-dire le défaut d'examen qui engendre le défaut d'intérêt, sont encore des motifs secrets qui empêchent de laisser la pleine liberté d'examiner les croyances et leurs bases. Mais pourquoi des vices aussi monstrueux, loin d'inspirer aux hommes qui se disent revêtus de l'autorité toute l'aversion qu'ils méritent, sont-ils aussi facilement tolérés, excusés, favorisés, prêchés, pratiqués même, si ce n'est parce qu'ils sont regardés comme favorables à une cause et à des intérêts qu'on chérit jusqu'à la faiblesse, jusqu'à la partialité, jusqu'à l'injustice ?

9° Si l'on n'avait pas si *faussement distingué la raison qui cherche la vérité de la raison qui y croit*, en deux mots la raison de la foi, on aurait été moins porté à interdire l'une au profit de l'autre. Ce ne sont pas là deux facultés différentes, mais simplement deux fonctions de la même faculté. Quand on oppose la foi à la raison ou réciproquement, on entend par *foi* la croyance à des choses compréhensibles ou non, et par des motifs subjectivement suffisants, ou propres seulement à opérer une certaine persuasion. Ces motifs sont pris surtout du témoignage historique ou de la confiance qu'inspire celui qui enseigne. La raison est alors encore la croyance ou l'adhésion de l'esprit à ce que nous regardons comme certain, mais d'une certitude expérimentale ou rationnelle indépendante de la confiance en une autorité quelconque.

Or, je le demande, est-ce là une différence radicale ? Non ; la même faculté est en jeu ici et là. Dans la foi même, la confiance qui s'accorde à l'autorité, et qui la constitue en la reconnaissant, n'est encore qu'un acte de la raison, laquelle croit, après examen relativement ou absolument suffisant, devoir reconnaître cette autorité.

10° Le rapport d'identité réelle et de diversité apparente qui existe entre la raison et la foi, se reproduit exactement entre la philosophie et la théologie. La théologie n'est encore que de la philosophie, ou l'œuvre de la raison appliquée à un enseignement donné et transmis par une autorité préalablement reconnue après examen, et conçu lui-même comme devant s'accorder, et s'accordant en effet (au moins d'une manière négative) avec les idées universelles de la raison. Et cependant, c'est encore pour *ne pas avoir aperçu cette identité profonde entre la philosophie et la théologie*, au moins quant à la forme, sinon quant à toute la matière, que l'on a été conduit à se défier si fort de l'intervention de la raison ou de la philosophie dans la théologie, ou de l'examen de l'enseignement religieux en lui-même.

11° On allègue beaucoup d'autres raisons contre le droit d'examen, mais qui sont peut-être plus faibles encore que les précédentes ; les voici :

a. Une sorte de *prescription* ou de prise de possession des esprits, depuis un grand nombre de siècles, comme s'il s'agissait ici de fonder le droit par le fait, de légitimer une occupation de bonne ou de mauvaise foi dans l'intérêt de l'ordre public! comme si l'on pouvait prescrire contre le droit naturel!

b. Le préjugé qu'*il faut suivre la religion de ses pères*, comme s'il suffisait qu'une croyance fût établie pour qu'elle fût vraie, ou qu'il fallût l'admettre par cela seul qu'elle est établie et non parce qu'elle est vraie! Comme si nos pères eux-mêmes n'avaient pas changé de croyances et qu'il fallût retourner au paganisme !

c. La *défiance de ses forces* : parce qu'on s'imagine faussement qu'il s'agit ici de la vérité absolue, et non de la vérité relative seulement ; qu'il faut plus de savoir que de bonne volonté, et que ce n'est pas une affaire toute ou presque toute d'intention. On craint de tomber dans l'erreur, comme si l'on était sûr d'être dans le vrai ! On ment donc secrètement à sa conscience en ne voulant pas chercher à voir la vérité en face, de crainte de la reconnaître où l'on ne voudrait pas qu'elle fût, et en se persuadant faussement que cette crainte partiale est une vertu d'amour pour la vérité, et une vertu de modestie tout à la fois, quand elle n'est au contraire qu'une lâche défiance d'être séduit par l'erreur à laquelle on croit plus d'empire sur notre intelligence qu'à la vérité même.

d. La *confusion* de la vérité subjective et de la vérité objective, et celle de leurs conséquences.

e. La fausse persuasion qu'*examiner c'est, pour un catholique, être déjà protestant*, comme s'il n'y avait pas un terrain neutre entre ces deux camps, ou, comme si l'on ne pouvait regarder le catholicisme en face sans qu'il fût inévitable d'y renoncer, soit pour le protestantisme ou le christianisme pur et simple, soit pour le déisme. Faire un acte de protestantisme, ce n'est pas d'ailleurs être protestant, ni se mettre dans la nécessité absolue de le devenir. Ce n'est pas non plus faire nécessairement une chose moralement illicite.

f. Enfin l'*exagération de la faiblesse de l'esprit humain,* exagération impie et sceptique, dont nous avons suffisamment parlé. Nous ne suivrons donc pas les déclamations sophistiques de nos adversaires contre les erreurs sans nombre de la philosophie, contre l'impuissance, la folie née et incurable de la raison. Nous ferons simplement remarquer encore qu'il est très-vrai que si l'on ne faisait aucun usage de la raison, l'erreur ne serait pas plus possible dans l'homme que dans la plante ou la pierre, mais que l'on n'en serait pas pour cela un être plus raisonnable. Il est d'ailleurs à peu près impossible de paralyser complètement la raison et de l'empêcher de réfléchir aux idées religieuses, si elle y pense. Enfin, il est loin d'être démontré que les philosophes aient le monopole de l'erreur, et que l'homme se trompe sans compensation proportionnelle, en raison directe du bon usage qu'il cherche à faire de ses facultés intellectuelles.

II.

Du droit d'examen en matière religieuse, considéré par rapport au pouvoir ecclésiastique.

Nous venons d'établir le droit et le devoir moral même de philosopher sur les matières religieuses.

Si nous ne nous sommes pas trompé en démontrant, non-seulement qu'on peut le faire en sûreté de conscience, mais encore que c'est une obligation dès qu'on en éprouve le noble besoin, nous avons par là même démontré qu'il serait injuste de l'empêcher.

Il est certain, d'un autre côté, que si la vérité relative ou subjective et la bonne foi suffisent dans les questions religieuses, la vérité objective lui est bien préférable. Il n'est pas douteux non plus que ces questions sont assez difficiles pour qu'on se trompe facilement en les agitant; mais plus le concours des lumières sera grand, plus aussi chaque individu aura de moyens de ne pas se tromper plus encore nous serons rapprochés de l'époque où il n'y aura qu'une manière de voir en religion. Or, ce sont là deux résultats très-désirables, et qu'il n'est pas permis d'empêcher ou de retarder. C'est un crime d'ôter à quelqu'un les occasions d'éclairer sa conscience; et c'est ce qu'on fait cependant en lui interdisant la manifestation de ses opinions religieuses. S'il se trompe, il pourra être redressé; et ses erreurs, qui finiront par être réfutées, ne seront pour ainsi dire plus possibles. En le guérissant on en aura guéri mille autres. Que dirait-on de médecins qui empêcheraient les malades de montrer leurs plaies et d'invoquer les secours de l'art? Si ceux qu'on leur offre sont impuissants, pourquoi ne leur serait-il pas permis d'en chercher ailleurs? Pourquoi des malades que des médecins proposent de renfermer comme dangereux, ne seraient-ils pas admis à prouver qu'ils sont sains d'esprit, et que ce sont leurs prétendus médecins qui se trompent? Donnera-t-on ainsi à une corporation le droit de disposer sans appel de la liberté extérieure de tous ceux qu'il lui plairait de faire interdire? Ne faudrait-il pas être infailliblement sûr soi-même que cette corporation est infaillible, et cela jusque dans ses prétentions à comprimer la pensée et la réflexion dès qu'elle y croirait apercevoir quelque ombre de danger pour la foi? Mais quel est le gouvernement qui a le droit de se poser ainsi en geôlier ou en bourreau d'une société spirituelle dont les actes extérieurs auraient cependant sur la société civile des effets si terribles?

Supposons maintenant que celui qui veut mettre au jour sa pensée soit dans le vrai, tout en n'étant pas d'accord avec les idées le plus communément reçues : ne serait-ce pas un crime encore que de l'empêcher de répandre ses idées? On raisonne toujours non-seulement comme si l'on était infaillible, mais encore comme si l'on était reconnu tel, ou comme si l'on avait le droit de se faire reconnaître tel autrement que par la libre persuasion.

N'est-ce pas un bien plus grand crime encore de s'opposer au mouvement de la pensée, puisque ce n'est qu'à la condition de ce mouvement que la vérité doit un jour se dégager pleinement et briller de tout son éclat? Il est nécessaire en matière de religion comme en toute autre chose, que l'esprit humain rencontre en effet toutes les difficultés qu'il est destiné à rencontrer; qu'il tombe dans toutes les illusions, dans toutes les erreurs qui l'attendent : il est nécessaire qu'il ne connaisse bien ces erreurs et ces illusions qu'à la condition d'en avoir été un instant la victime. C'est en ce sens que le grand nombre des systèmes en philosophie, les erreurs plus ou moins graves qu'ils contiennent, loin d'effrayer un esprit juste et ferme, le réjouissent. C'est à ce prix, et à ce prix seulement, que l'esprit humain doit marcher. Il ne trouvera la pure liqueur de la vérité au fond du vase des doctrines, qu'après avoir épuisé la couche amère qui la recouvre. Rendons plutôt grâce à ceux qui en absorbent une forte dose dans leurs spéculations; hâtons de nos vœux tous les systèmes possibles, toutes les combinaisons d'idées imaginables; car tant qu'il y en aura de spécieuses encore possibles, tôt ou tard elles devront être faites, et l'erreur se reproduira par ce côté-là dans le monde intellectuel. Ajourner le mouvement de l'esprit humain, c'est donc ajourner le règne d'une vérité plus complète et plus pure. L'empêcher entièrement, c'est immobiliser l'humanité dans toutes les misères de l'esprit où chaque individu peut se trouver engagé. Ce n'est qu'en s'agitant qu'on peut rompre les liens de l'erreur; et comme le mouvement individuel est souvent impuissant pour obtenir ce résultat, il est nécessaire que nous unissions nos efforts. C'est donc être ennemi de l'humanité et de la vérité tout à la fois, que de s'opposer à cette union en forçant la pensée individuelle a expirer solitaire, faible, épuisée, découragée au fond de l'âme qui l'a conçue.

On oppose ici, non plus le danger de se tromper en examinant, mais celui d'entraîner les autres dans ses erreurs en rendant cet examen public.

Mais cette considération est sans force; car on suppose toujours abusivement que celui qui examine est dans le vrai, et qu'il n'a qu'à perdre en soumettant ses croyances à une sévère réflexion.

Si l'on risque de se tromper, et de tromper les autres avec soi, on peut aussi s'éclairer et répandre la vérité au dehors, à moins que l'esprit humain ne soit fait plutôt pour les ténèbres que pour la lumière; ce qui ne serait ni une raison de se croire dans le vrai, ni par conséquent une raison de ne pas redoubler de précaution et de soins pour s'éclairer parfaitement. Une autorité manifestement divine, Dieu lui-même en personne, pourrait seul inspirer une parfaite confiance; mais toute autorité qui ne se présente que sous une forme humaine ne peut s'imposer immédiatement et sans discussion à une conscience quelconque, et cette discussion doit porter essentiellement sur les actes de cette autorité de fait, car c'est par là surtout qu'elle sera plus facilement appréciée, et reconnue si elle peut l'être.

N'est-ce pas d'ailleurs à l'examen que la synthèse religieuse est redevable de son existence?

Vraie ou fausse, elle n'est ce qu'elle est maintenant, elle n'est parvenue à ce degré précis de détermination que par suite de l'examen de ses différents dogmes. Ce qu'on appelle l'hérésie n'est que l'action nécessaire pour produire la réaction de l'Église sur elle-même, et lui donner une conscience de plus en plus approfondie d'elle-même. C'est là un sens de l'*Oportet hœreses esse*, qui en vaut bien un autre. Si les apologistes des religions positives sont réellement convaincus de leurs preuves, ils doivent applaudir aux circonstances qui les ont fait donner, puisqu'elles donnent une sorte d'évidence à ce qu'ils regardent comme la vérité. Ils doivent hâter de tous leurs vœux le moment où toutes les objections, toutes les difficultés auront été faites, parce qu'alors seulement elles pourront être résolues. Alors leur foi brillera comme un soleil sans tache. Ne s'applaudissent-ils pas maintenant qu'il y ait eu des apologistes dès les premiers siècles de leurs croyances, et qu'à cette époque, des faits et des principes aient été constatés d'une manière si satisfaisante pour eux? Or, ces premiers apologistes auraient-ils écrit s'ils n'y avaient pas été forcés par le libre examen? La seule chose à regretter, ce n'est évidemment pas que la religion qu'on professe, si elle est vraie, ait été attaquée, mais seulement qu'elle ne l'ait été ni assez tôt, ni assez vigoureusement, ni en même temps sur tous les points qui paraissent faibles; comme aussi que les attaques et les réponses ne nous soient pas toutes parvenues. Il aurait été plus facile que maintenant de répondre à une infinité de choses. Si toutes les objections possibles aujourd'hui même en matière de faits seulement n'ont pas été soulevées dès le principe, ce n'est pas à dire cependant qu'elles fussent alors sans raison, et qu'elles ne puissent pas être raisonnablement élevées de nos jours. Les contemporains ne pensent pas à tout, et l'on surveille peu les commencements de révolutions religieuses, parce qu'ils sont toujours relativement obscurs. Leur importance n'est pas encore sentie d'un grand nombre, ni les passions contraires qui s'y rattachent suffisamment excitées, pour qu'on se prémunisse en tous sens contre l'avenir.

Ajoutons, quoique ce soit une répétition, que rien n'est propre à ramener l'esprit religieux, à faire sortir du calme dangereux de l'indifférence à cet égard, comme l'examen public des doctrines. Il y a bien d'autres avantages encore : il tient le pouvoir religieux en respect, il l'empêche de se formuler sans réflexion suffisante, il le fait veiller sur sa propre conduite, le porte à épurer ses croyances et ses mœurs, établit en général ce contrepoids si salutaire en toutes choses, et qui constitue le dualisme si essentiel à la vie, à la force et à la beauté. La philosophie a rendu sous ce rapport les plus éminents services à la religion, et Voltaire, par exemple, vaut à cet égard un père de l'Église.

Par la même raison il est utile, nécessaire peut-être, pour qu'une religion aille en s'épurant, plutôt que de se corrompre, qu'elle ait quelque chose à craindre d'une autre religion rivale. Le protestantisme, aidé de la philosophie, a rendu les services les plus signalés au catholicisme ; seulement, comme la philosophie elle-même, il est peut-être venu un peu tard. Il est vrai de dire cependant que toutes les hérésies précédentes n'étaient déjà que du protestantisme, et souvent aussi de la philosophie.

Un troisième avantage attaché aux cultes dissidents, avantage politique du plus haut degré, c'est que des religions rivales se faisant contre-poids, s'empêchent mutuellement de mettre la main sur le pouvoir temporel, le rendent par conséquent à son indépendance légitime, lui font concevoir la nécessité de protéger extérieurement tous les droits de la conscience, de n'adopter, comme pouvoir, aucune religion, pour n'être pas juge et partie dans les prétentions rivales des différents cultes. — Les bonnes mœurs, et par suite la facilité à gouverner n'auraient qu'à gagner encore à cette rivalité.

Mais pour que ces avantages pussent être largement recueillis, il faudrait que les sectateurs des religions différentes fussent à peu près en même nombre, et que le pouvoir sût garder fermement une stricte impartialité. Autrement le contre-poids se fait peu sentir, et l'on est toujours sur le point de voir s'établir une religion d'État, ce qui est un des plus grands dangers que puissent courir la liberté de conscience et l'indépendance respective des deux puissances.

Mais quoi, diront peut-être quelques zélateurs, une religion n'aurait pas le droit d'exiger qu'on la respectât, qu'on n'outrageât ni ses croyances ni ses pratiques! Il ne lui serait pas permis, ainsi qu'aux individus, aux sociétés civiles et aux nations, de veiller à son existence, de se défendre par tous les moyens nécessaires!

Oui et non ; une Église dont les croyances sont attaquées par des paroles ou par des écrits, a certainement le droit de se défendre par de semblables moyens; elle a le droit comme société spirituelle, agissant en matière de délits spirituels, d'infliger à ceux de ses membres qui se rendent coupables à ses yeux de semblables fautes, des châtiments de même nature, et d'aller, s'il le faut, jusqu'à la peine de mort spirituelle, c'est-à-dire, jusqu'à retrancher de son sein celui de ses membres qui se révolte contre elle. Mais encore les peines doivent-elles être graduées et proportionnées aux délits, autrement la conscience morale des fidèles en sera plutôt pervertie que contenue. S'agit-il au contraire d'employer des moyens physiques, la contrainte extérieure, la force en un mot, pour réduire au silence ceux qui parlent et écrivent contre la religion ? l'Église n'a pas le droit de le faire ; car elle est une société spirituelle dont les croyances sont vraies ou fausses; si elles sont vraies, qu'elle le prouve; si elles sont fausses, qu'elle en subisse la conséquence. Voilà le droit. Quant à la dérision, aux outrages proprement dits, deux choses qui peuvent se rencontrer sans qu'il y ait discussion ou examen (quoiqu'elles puissent s'y rattacher), il serait plus digne et plus sage, tant que les personnes sont respectées, de les supporter encore sans réclamer des peines physiques.

L'ironie est aussi un genre de dialectique qui a le droit de se produire, et si des croyances et des pratiques prêtent au ridicule, si elles conduisent à la superstition, qui est toujours pitoyable, et qui se corrige plus facilement par la raillerie que par le raisonnement ; il faut laisser railler ce qui peut mériter de l'être, sauf toujours le droit de défense avec les mêmes armes, ou en faisant ressortir sérieusement ce qu'il y a de faux et d'inconvenant à se moquer de croyances ou d'usages religieux qui sont fondés en raison, et dont l'utilité et la vérité sont incontestables. S'il fallait en venir à d'autres mesures, ce ne pourrait jamais être l'Église qui devrait pouvoir les employer ; outre que l'usage de la force est contraire à sa nature, elle deviendrait trop facilement persécutrice si elle pouvait l'être. Il faut la garantir de cet excès contre elle-même et contre ceux qui pourraient en être les victimes.

Tout gouvernement qui permet aux prêtres de disposer de la force publique pour défendre la religion, méconnaît donc son droit, et manque essentiellement à son devoir. Rien n'est perfide et d'un abus facile comme ces vagues accusations d'outrage à la religion (1). C'est là une forme d'une latitude effrayante, parce qu'elle est infinie. Elle contient toutes les paroles publiées, tous ces actes publics que la superstition et le faux zèle des temps d'ignorance punissaient comme prétendus crimes de *lèse-majesté divine, au premier ou au second chef*. On pourrait encore entendre par là, comme autrefois, toutes les paroles, tous les actes exprimant d'une manière directe ou indirecte quelque chose qui ressemblerait à l'athéisme, à l'apostasie, à l'hérésie, au schisme, au parjure, au blasphème, à une injure contre Dieu, la Vierge ou les Saints. Les idées chimériques qu'il plairait de se faire de la magie, du sortilége, de la divination et des moyens que la superstition peut employer pour arriver à ces absurdes résultats, pourraient conduire à convertir en crimes les actions ou les paroles les plus insignifiantes. On frémit quand on pense que l'on pourrait encourir une peine très-grave pour des délits d'autant plus faciles à commettre qu'ils sont plus mal définis et plus difficiles à l'être, tels que la violation des sépultures, celle de l'observation des dimanches et fêtes, le manque de respect aux prêtres, aux objets du culte, etc., etc. Et cependant c'étaient

---

(1) C'est ce que Lanjuinais fit très-bien ressortir dans son discours contre le projet de loi relatif aux délits de la presse, en 1822, tome III, pag. 206 de ses *Discours*, et auquel nous empruntons quelques-unes des considérations qui suivent.

là les crimes qu'on a voulu frapper par la loi de 1821, loi dont il reste encore aujourd'hui des traces.

Si les outrages à la religion devaient être punis, qui donc devrait en juger? Ne serait-il pas nécessaire de former des tribunaux d'inquisition, des jurys de théologiens? Et comment les choisir? Les composerait-on de catholiques? ne serait-ce pas leur livrer les protestants pieds et poings liés? Les composer de protestants? qu'en penseraient les catholiques? Je suppose encore qu'ils ne soient formés que de ces derniers; comment les jansénistes pourraient-ils être épargnés par les jésuites, ou les jésuites par les jansénistes? Les ultramontains seraient-ils indulgents pour les gallicans, et ceux-ci pour les ultramontains? s'entendraient-ils à merveille sur le respect dû aux puissances, sur le prêt à intérêt, etc.?

« Qu'est-ce, dit Lanjuinais, que l'outrage aux
« religions protégées en France (1) quand elles s'a-
« nathématisent licitement les unes les autres dans
« leurs codes sacrés, dans leurs symboles, leurs
« catéchismes, leurs instructions, prédications,
« livres de controverse; quand elles s'accusent
« réciproquement d'infidélité, d'idolâtrie, de su-
« perstitions monstrueuses, d'hérésie, de fausseté,
« d'absurdité, d'immoralité.

« Vous ne voulez pas souffrir, dites-vous, la

(1) Et pourquoi ne le seraient-elles pas toutes? Ne serait-il pas aussi impolitique qu'injuste d'en excepter l'islamisme, et le moment

« dérision de ces choses contradictoires? Mais la
« dérision n'est que l'ironie, figure permise sans
« doute aux théologiens comme aux publicistes,
« aux orateurs et aux poètes : si vous supprimez
« aujourd'hui l'ironie qu'on ne s'était pas encore
« avisé de blâmer comme un crime dans les Pères
« de l'Église, dans Luther, dans le Père Garasse,
« malgré les dégoûtants excès de leurs sarcasmes,
« ni dans Jurien, ni dans Bossuet, ni dans Féné-
« lon, demain vous prétendrez confisquer l'hy-
« perbole, et bientôt la métaphore, puis toute autre
« figure de mots ou de pensée..... Il faudra donc,
« sous prétexte de réprimer la licence, bâillonner
« l'espèce humaine; il vous faudra rétablir, comme
« pour venger Dieu, les flétrissures, les mutila-
« tions, les supplices. »

On sait avec quelle facilité les abus s'introduisent à l'abri de la protection trop redoutable des institutions les plus salutaires. Défend-on de toucher à la religion ? alors le mot religion signifiera les prêtres, leurs intérêts, tous les abus qu'ils peuvent commettre, jusqu'à la simonie. La religion sera tout ce qu'ils veulent qu'elle soit, tout ce qu'ils disent et tout ce qu'ils font. Aussi le même orateur, continuant ses vigoureuses apostrophes, disait-il à ceux qui voulaient faire revivre l'usage absurde et impie de venger Dieu : « Est-ce outrager la religion que
« se déclarer dans un écrit, incrédule ou athée ? Est-

ne viendra-t-il pas où l'état salariera les marabouts, ou laissera chaque culte pourvoir à son entretien?

« ce outrager la religion que d'imprimer ce passage
« d'un père de notre Église actuelle (de La Men-
« nais) : *La lecture de l'Écriture sainte a produit
« dans les trente ans derniers des millions de crimes?*
« Est-ce outrager la religion que d'invectiver contre
« le commerce pécuniaire des dispenses épiscopales
« et papales qui se fait actuellement dans le royaume
« et qui est défendu par les Conciles comme simo-
« niaque et sous peine de nullité des faveurs ob-
« tenues? Est-ce outrager la religion que de médire
« de la sainte inquisition, exaltée aujourd'hui
« comme licite et nécessaire dans les lettres pos-
« thumes de De Maistre, comme autrefois, dans les
« canons et les ordonnances des treizième, qua-
« torzième, quinzième et seizième siècles? Est-ce
« outrager la religion que de blâmer avec sévérité
« les vingt ou trente catéchismes de France qui
« ordonnent impunément ce que nos lois les plus
« sages condamnent (1)? Est-ce outrager la religion
« que de parler ou d'écrire contre les officialités

(1) On peut demander encore si c'est outrager la religion que de signaler des erreurs grossières sur les indulgences dans le catéchisme de certain diocèse, erreurs qui y subsistent depuis plus de cinquante ans peut-être, et qu'y ont laissées inaperçues six ou sept archevêques consécutifs. On y enseigne que les indulgences de tant de jours ou d'années, sont la remise d'un pareil nombre de jours ou d'années de peines du purgatoire? Dans ce même catéchisme, on défend aux enfants la magie, le sortilège, la divination, qu'on présente comme de gros péchés, et l'on se garde bien de parler de la superstition, et surtout de celle qui consiste à croire ces belles choses-là! Il semble cependant qu'un catéchisme vaudrait la peine que les évêques le lus-sent au moins une fois en un demi-siècle, ou le fissent lire et corriger par des gens capables. Il est fâcheux qu'ils aient bien autre chose à faire.

« supprimées par la loi et rétablies par des évêques,
« ou contre l'extravagance des billets de confession
« civilement exigés, ou contre les grandes indul-
« gences publiées à Limoges par exemple, en faveur
« de ceux qui hocheront la tête au nom d'un pape
« quelconque (fût-ce le monstre Alexandre VI)?
« Est-ce outrager la religion que de blâmer l'expo-
« sition de ces prétendues reliques qui ont été dé-
« truites, brûlées et jetées au vent à la face du
« peuple, et par procès authentiques des magis-
« trats? »

Tout cela est frappant de vérité ; l'on s'étonne seulement qu'on soit obligé, au temps où nous vivons, en France, plus de trois quarts de siècle après que Voltaire semblait avoir dû rendre pour toujours la pudeur, la justice et le bon sens à l'Église, en la forçant d'être tolérante et de redevenir plus chrétienne ; on s'étonne d'avoir encore à combattre un monstre dont le nom devrait être à peine connu. Nouvelle preuve qu'il faut toujours être prêt à couper les têtes renaissantes de l'hydre de l'Intolérance, du Fanatisme et de la Superstition, et que ceux qui croient n'en avoir plus rien à craindre ne connaissent ni les hommes ni la chose. Ils s'endorment dans une fausse sécurité ; s'ils n'y prennent garde, ils seront circonvenus et pris comme dans un filet. Le mauvais esprit qu'il s'agit de remettre à chaque instant à la chaîne, puisqu'il la brise sans cesse et qu'il ne peut être anéanti, est très-comparable à l'esprit malin : *circuit quærens quem devoret*. Il est sans cesse à rôder autour de nos libertés, surtout de la liberté de conscience, et n'attend que le moment de l'étouffer. Il l'appelle liberté de l'erreur, absurdité, impiété, et n'a pas assez de haine et d'injures contre cette exécrable nouveauté.

Que le pouvoir prenne donc garde de se faire l'instrument de cette haine implacable contre tout mouvement libre de la pensée : il y jouerait son existence et courrait grand danger de la perdre. Le pouvoir n'est pas moins institué pour protéger les droits de la conscience que ceux d'une autre nature ; et ces droits ne consistent pas à faire penser, parler, voir les autres comme nous. Un droit semblable serait d'ailleurs réciproque et ne pourrait s'exercer sans inconséquence. Il ne consiste donc pas à faire taire ceux qui veulent parler des choses, des croyances et des institutions, mais au contraire à empêcher qu'on ne les réduise au silence autrement que par de bonnes raisons. C'est là du reste ce qu'il faut examiner amplement.

III.

Droit civil de philosopher en matière religieuse.

La religion n'a donc pas le droit d'empêcher la libre discussion ni pour soi-même, ni pour autrui. Elle n'a pas le droit d'armer le bras séculier contre ceux qui usent de cette liberté : mais il s'agit encore de savoir si la puissance temporelle ne peut pas saisir elle-même le glaive et frapper le raisonneur.

Pour mettre plus d'ordre dans l'examen de cette question, distinguons le simple particulier du fonctionnaire public, le citoyen du professeur.

A quel titre une opinion religieuse manifestée par la parole ou l'écriture pourrait-elle être civilement réprimée et punie ? — A la condition que ce fût un attentat aux droits d'autrui, une lésion à lui faite dans ses biens, dans sa personne, ou dans son honneur. Or, il est évident que la manifestation d'une opinion religieuse quelconque ne produit aucun effet semblable ; elle ne tombe donc point sous l'action du pouvoir civil.

On pourrait peut-être penser que des opinions contraires à celles qui sont généralement reçues en matière de croyances religieuses devraient être réprimées ou punies, sous prétexte, — ou qu'elles froissent injustement les croyances générales contraires, — ou qu'elles peuvent porter atteinte à la moralité publique, — ou bien, enfin, qu'elles sont fausses, et qu'un gouvernement sage ne doit pas plus laisser circuler librement le poison de l'âme que celui du corps.

Mais tous ces prétextes ne peuvent être qu'illusoires s'il est vrai, comme nous croyons l'avoir assez prouvé, que c'est un droit de mettre au jour ses opinions quelles qu'elles soient, et qu'en définitive c'est aussi un bien.

Cependant, comme cet argument indirect pourrait sembler n'être pas une réponse suffisante aux prétextes qu'on met en avant pour comprimer la pensée, nous les examinerons chacun en particulier.

Il faut remarquer, avant tout, et d'une manière générale, que dans toute société où la liberté de conscience est reconnue par les lois, il y aurait inconséquence et contradiction à ne pas admettre aussi la liberté de philosopher en matière religieuse ; car toute opinion de ce genre a dès lors le droit de se produire, soit pour se donner une conscience plus parfaite d'elle-même, soit pour s'étendre par la persuasion, soit pour renverser par les armes de la logique les opinions contraires, qui passent à ses yeux pour autant d'erreurs. Ce conflit est nécessaire, utile; et quiconque a confiance au triomphe de la vérité et de la raison n'en peut redouter les suites définitives, pourvu que la liberté soit entière de part et d'autre. Le meilleur moyen d'étouffer l'erreur et de faire triompher la vérité, le seul juste du reste, et par conséquent le seul employable, c'est de les laisser vider leurs différends à leur manière. Il n'y a qu'un bon raisonnement qui puisse en détruire un mauvais; toutes les censures du monde, toutes les amendes imaginables, la prison, le fer et le feu ne prouvent absolument rien, si ce n'est l'atroce et absurde barbarie de ceux qui emploient de semblables moyens de réfutation.

Il est vrai que ceux dont les opinions sont attaquées en souffrent souvent une certaine peine morale. Mais

1° Si elle n'existait pas, il y en aurait une autre : celle qu'éprouveraient ceux qui ne pourraient dire leur pensée sur les croyances qu'ils ne partagent pas, pensée qui est aussi une croyance ;

2° Cette première peine pourrait bien n'être la plupart du temps qu'une souffrance d'un injuste amour-propre blessé ;

3° Elle ne prouve rien en faveur des opinions attaquées ;

4° Elle sera d'autant moindre que ces opinions seront plus vraies et plus faciles à défendre ;

5° Enfin c'est un petit malheur, conséquence de l'exercice du droit d'autrui ; c'est une servitude morale que chacun doit supporter réciproquement dans l'intérêt d'un bien supérieur : celui de la liberté et des lumières, dans l'espoir du triomphe définitif de la vérité. Le pouvoir est institué pour protéger aussi cette liberté, l'une de celles dont l'homme parvenu à un certain degré de culture intellectuelle est le plus jaloux, parce que c'est l'une des plus précieuses, et dont l'exercice nous donne le plus de valeur et de pure jouissance.

Quant à l'utilité comparative de telle ou telle croyance relativement aux bonnes mœurs et à l'ordre public, un gouvernement doit se défier beaucoup des allégations de ce genre, d'autant plus qu'il est porté à y croire outre mesure. La meilleure des religions, aux yeux de tout pouvoir, sera toujours celle qui sera la plus favorable au despotisme, parce que tout pouvoir tend naturellement à prendre ce caractère. Ce n'est pas tout :

1° Un gouvernement n'a pas mission de faire régner par les lois et les bourreaux les meilleures mœurs possibles, mais uniquement la justice et l'égalité; et cela au moyen de lois dont l'objet soit de sa compétence;

2° Le rapport de telles croyances à telles mœurs n'est pas toujours aussi facile à saisir qu'il paraît l'être, et le gouvernement pourrait bien s'y tromper de plus d'une manière et par plus d'une raison. Il y a l'utilité apparente et l'utilité réelle, les causes véritables et les causes chimériques;

3° L'ordre public n'est point troublé immédiatement par les discussions religieuses, et le devoir du gouvernement est de faire qu'il ne le soit pas en effet. Qu'on discute tant qu'on voudra, mais qu'on ne se diffame point personnellement, et surtout qu'on ne se batte point;

4° Tout en accordant que les différentes croyances religieuses ont leur influence diverse et à des degrés divers sur les mœurs, il faut reconnaître que cette influence n'existe qu'au profit des religions qui sont crues par ceux qui les professent extérieurement, et que ce qui est une occasion de doute pour l'un pouvant en devenir une pour l'autre, il importe que ces doutes soient dissipés s'ils peuvent l'être, et par conséquent qu'ils soient exprimés. Contenir les doutes au fond de l'âme, les empêcher de se traduire au dehors, au moins par l'abandon des pratiques d'une religion à laquelle on a cessé de croire, ce n'est pas rendre service aux mœurs publiques, c'est énerver les âmes et les corrompre, les avilir en les forçant à l'hypocrisie. En matière de vérité comme en matière d'intérêts politiques, la guerre est moins à redouter que la lâcheté; et s'il fallait choisir entre ces deux maux, nul doute qu'il ne valût mieux retremper les âmes par les fatigues, les privations et le dévouement attachés à la vie des camps, que de laisser avilir le caractère national en le familiarisant avec la violation des droits du pays par l'étranger, avec l'outrage du dehors, sous prétexte que la paix est préférable encore à une guerre juste, fût-on sûr de la victoire. L'économie des âmes vaut mieux que celle du sang, et tel qui croit sauver son bien et sa vie en sacrifiant son honneur, perd l'un et l'autre.

En deux mots : point de religion utile que celle qu'on peut croire; point de croyance pour un esprit éclairé qu'à la condition de la libre discussion. Autant une religion qu'on croit vraie peut être utile, autant celle qu'on est obligé de professer sans y croire est dégradante et corruptrice. Plutôt l'athéisme, oui, l'athéisme que l'hypocrisie. Le premier n'est qu'une erreur, la seconde est un vice, et l'un des plus dégradants et des plus odieux.

Il faut d'ailleurs bien distinguer deux choses en matière de croyance et de morale, je veux parler les croyances et des règles de conduite propres aux religions positives, les croyances et les maximes naturelles, universelles, quoique souvent plus ou moins défigurées par d'autres croyances ou d'autres maximes qui proviennent ou de l'ignorance, ou de préjugés religieux dont l'origine est plus ou moins éloignée, plus ou moins inconnue.

L'état n'étant pas et ne pouvant pas être théologien, parce que telle n'est point sa mission, il ne peut pas prendre parti dans les débats des religions positives entre elles ; il peut encore moins les juger. S'il est des sectes qui enseignent des erreurs grossières ou dont le culte soit entaché de pratiques évidemment superstitieuses, le pouvoir civil n'a qu'à laisser faire aux autres sectes ; elles sauront bien mieux que lui mettre en relief tous les vices de leurs adversaires. Elles sont les surveillantes naturelles les unes des autres, et l'esprit philosophique, celle de toutes ensemble, comme aussi toutes, le surveillent à leur tour.

Le pouvoir doit donc agir exactement comme s'il n'avait aucune croyance religieuse positive. Appelé à les protéger toutes, comme des biens très-chers à ceux qui les professent, il ne peut, sans manquer à la justice et à la prudence, en mettre une au-dessus des autres et en faire la religion de l'État. Comme simples particuliers, les hommes revêtus du pouvoir professeront telle religion qu'il leur plaira, mais comme hommes publics ils n'en ont et n'en doivent avoir aucune.

Les religions d'État sont maintenant regardées par tous les esprits justes comme des occasions de tyrannie. Rousseau en les soutenant comme il l'a fait n'a pas peu contribué à en inspirer une horreur salutaire.

Du reste, ces mots : *religion d'État*, peuvent avoir deux sens, suivant qu'ils signifient ou que le pouvoir civil ne reconnaît que cette religion et qu'il tolère tout au plus les autres; — ou qu'en reconnaissant d'autres et en payant leurs ministres, il ne pratique solennellement et comme pouvoir que la première. Or, quel que soit celui de ces sens qu'on admette, la religion d'État est une injustice, ou un abus. Elle est une injustice si cette religion est imposée à tous les citoyens, si aucune autre n'est permise. Elle est une injustice si elle a des priviléges, si elle n'est pas traitée sur le pied d'une égalité sévère avec toutes les autres. Elle est un abus et une injustice encore si les fonctionnaires publics sont *tenus*, comme tels, de prendre une part positive à son culte dans certaines circonstances. Elle n'est qu'un abus, si ces fonctionnaires sont seulement *invités* à ses solennités. La différence des religions ne devant point exclure de citoyen des fonctions publiques, et cette différence même ne permettant pas à tous de prendre part, sans une certaine répugnance ou contrainte, à un culte qui n'est pas le leur, des invitations semblables ne valent rien en principe.

Et puis, n'est-ce pas faire acte de partialité, d'injustice encore entre des cultes qu'on dit être également protégés, que de convoquer les fonctionnaires publics à des solennités religieuses particulières? Pourquoi cette préférence? Tiendrait-elle à ce qu'une religion est *dominante?* Mais aucune ne doit dominer les autres, s'il y a égalité entre elles devant la loi, comme cela doit être. Serait-ce parce que l'une domine en nombre seulement, parce qu'elle est professée *par la majorité* des citoyens? Mais qu'importe encore ici le nombre? le droit ne reste-t-il pas le même?

Ajoutons que la religion étant une affaire essentiellement individuelle, puisque c'est une affaire de conscience entre Dieu et l'homme, il est contraire au respect des convictions, contraire au principe salutaire de la distinction des deux puissances, contraire à la saine politique et à la prudence, que l'État commande des solennités à l'Église, ou l'Église à l'État, et que les fêtes civiles se trouvent toujours converties en fêtes religieuses. Que de leur propre mouvement, et par une convenance qu'ils ne manqueraient sans doute pas de comprendre et de respecter, les chefs de l'Église célèbrent aussi les grands événements nationaux, et invitent les fidèles à le faire, rien de mieux; mais il est absurde que le ministre de la justice ou tel autre invite, même les catholiques, à aller à la messe, aussi absurde que si un évêque convoquait les cours royales à l'audience.

Il faut voir les choses comme elles doivent être

vues. Or, n'est-il pas certain qu'aux yeux de la religion, ses solennités sont destinées au recueillement et à la prière, et qu'y assister sans ces dispositions, c'est manquer à son esprit et donner une sorte de scandale ? N'est-il pas certain, d'un autre côté, qu'il n'y a rien de moins édifiant que ces messes de parade où vont s'étaler toutes sortes de costumes et de livrées ? Veut-on, a-t-on le droit de vouloir une fête religieuse ? qu'elle en ait alors véritablement la tenue et le caractère. Veut-on une fête civile et reconnaît-on que c'est là tout ce qu'on a le droit de vouloir ? Pourquoi donc faire marcher à la messe pour s'y tenir d'une manière si profane ?

Convenons que ce sont là des restes de religion d'Etat qui doivent finir par disparaître. Il n'y a peut-être qu'une seule exception raisonnable, celle des funérailles ; encore ne serait-il pas difficile de tout concilier.

Concluons donc que le pouvoir civil, comme tel, étant appelé à protéger toutes les formes religieuses, ne peut convenablement en afficher aucune; et que ne pouvant, d'un autre côté, les revêtir toutes, il est nécessaire qu'il s'abstienne complètement.

Si l'État pouvait, comme tel, avoir une religion, ce serait celle qui est commune à toutes les autres, qui en est comme l'âme, comme la substance la plus précieuse et la plus pure; je veux parler de cette religion abstraite qu'on appelle naturelle, et qui n'a jamais été que celle des esprits capables d'aller au fond des choses et de dégager le principal de l'accessoire, le fond de la forme. Mais cette religion n'a pas de culte formulé, ses cérémonies se réduisent très-bien à la pensée religieuse, pensée qui a peu besoin de longues formules de prières, puisqu'elle est éminemment rapide, synthétique, indéterminée et cependant variée; pensée qui se commande moins qu'elle ne se reçoit, qui est passive plutôt qu'active, qui tient plus de ce que les mystiques appellent le sentiment de la grâce que de la liberté de l'homme, et qui s'accepte plutôt comme un don du ciel qu'elle ne s'élève comme une prière.

Mais l'État professât-il la religion naturelle, ce qu'il aurait encore tort de faire solennellement ou en forme de culte, il n'aurait pas le droit d'obliger les citoyens, fonctionnaires ou non, à prendre part à ses solennités. Elles pourraient répugner à ceux qui ne conçoivent la religion qu'à cet état concret, positif, ou avec ces formes sensibles qui expriment une manifestation supérieure et dogmatique, qu'ils appellent révélation. Elles pourraient répugner encore à l'athée. L'athéisme est une opinion religieuse négative qui a le droit d'être, et l'athée doit être protégé comme tout autre citoyen. Le pouvoir civil, comme tel, ne juge pas plus l'athéisme que le théisme, pas plus telle religion positive que telle autre : il n'est ni théologien, ni philosophe, il n'est rien à cet égard; il n'affirme point, ne nie point, il laisse affirmer et nier à volonté. « La société civile n'est pas instituée pour choisir « une religion ou la syncoper, pour composer et

« mettre en loi une religion éclectique, ni afin de
« punir l'athéisme, l'hérésie, l'indifférentisme, lors-
« qu'ils ne troublent point directement la paix de
« l'État. Toute contrainte en pareille matière est
« injuste et corruptrice, puisqu'elle ne saurait avoir
« sur la conviction intérieure la plus légère in-
« fluence. La société civile existe précisément pour
« conserver, par des formes appropriées à son but et
« pour garantir à chacun, la sûreté de sa personne,
« la jouissance de sa propriété et de son industrie,
« un droit social sans priviléges, et particulièrement
« la liberté personnelle d'opinion et de conscience,
« de croyance et d'incrédulité, la liberté aussi
« d'exercer en commun, s'il le veut, la religion
« qu'il préfère.... L'homme est naturellement re-
« ligieux, c'est pour lui un besoin ; c'est là sa gran-
« deur, son bonheur, sa consolation ineffable ; c'est
« le ciment de la société ; aussi la plupart des hom-
« mes professent-ils, même extérieurement, une
« religion commune ; mais devant les lois, chacun
« doit rester juge de la religion qu'il pratique, et
« de la fausseté relative des autres. Comme législa-
« teur, comme magistrat, l'homme n'est ou ne doit
« être, à vrai dire, ni tolérant, ni intolérant, ni
« sceptique, ni éclectique, ni athée : il ne juge point
« les religions sous le rapport de vérité ou de faus-
« seté, mais il est également juste et impartial avec
« elles ; il respecte le sanctuaire inexpugnable de la
« conscience ; il déclare également *libres* tous les
« cultes reconnus sociables, et les protége égale-

« ment tous;... mais toujours il les tient soumis à
« sa police extérieure; il ne leur laisse que l'auto-
« rité de l'enseignement et du service religieux reçu
« dans l'État, afin qu'ils ne deviennent jamais des
« prétextes ni des moyens soit d'opprimer, de per-
« sécuter les particuliers, soit de troubler la paix,
« la décence, l'ordre public » (1).

3° Tout ce qui précède fait assez voir combien est fausse et dangereuse la prétention que pourraient avoir les chefs de la société civile de juger de la vérité ou de la fausseté des religions, de leur plus ou moins grande utilité, de la nécessité d'étouffer les unes et de rendre les autres puissantes, dominantes, exclusives. Le pouvoir civil ne doit donc pas voir dans les religions un instrument plus ou moins puissant du bien public, il ne doit pas s'en occuper sous ce point de vue positif; mais il peut et doit veiller à ce que, sous prétexte de religion, les droits des citoyens ne soient pas attaqués, ni l'ordre public troublé. Encore à cet égard doit-il plutôt craindre de pécher par action que par omission. Il doit compter beaucoup sur le bon sens et l'honnêteté publique, sur la surveillance mutuelle des religions, sur la liberté de penser et de parler; et tout cela en raison du degré général d'instruction répandue dans le pays. Sa tâche sous ce rapport sera donc d'autant plus facile à remplir qu'il aura été plus équitable envers toutes les religions qui auront

---

(1) Lanjuinais, *OEuvres*, tome III, pag. 506-508.

voulu se produire, et qu'il aura rendu l'instruction plus commune, plus large et plus forte.

Si, sous prétexte de superstition, d'immoralité, de fatalisme, d'impiété, d'athéisme, il fallait reconnaître au pouvoir le droit de s'immiscer dans les affaires religieuses ou de poursuivre un auteur, il n'y aurait plus de liberté de penser, plus de garantie de sécurité dans la manifestation des opinions en matière religieuse. Tant que l'ordre public ne reçoit pas une atteinte immédiate, c'est-à-dire tant qu'il n'y a pas provocation directe à le troubler; tant que l'honnêteté publique n'est point offensée directement, le pouvoir ne doit pas faire sentir son action : c'est à l'opinion publique, à l'éducation morale et religieuse, aux écrivains mieux inspirés à faire justice de toutes les erreurs de cette espèce. Mais si un ouvrage du genre moral n'avait aucun caractère scientifique, s'il n'était dicté que par une imagination libertine et corrompue; comme de semblables ouvrages ne sont pas propres, par hypothèse, à jeter du jour sur une question, à tempérer aucune opinion excessive et par là même erronée, ils nous semblent devoir être interdits dans toute société bien policée; c'est le seul droit de ce genre que nous reconnaîtrions aux magistrats. Quant aux opinions religieuses, y compris l'athéisme, toutes doivent pouvoir se manifester, et les restrictions mises à la liberté de parler et d'écrire en matière de croyances, sous prétexte de respect pour la moralité publique, sont excessivement dangereuses, et leur application très-peu salutaire; car alors ce qu'on appelle le poison des doctrines ne laisse pas de circuler, mais déguisé sous un faux nom et une fausse apparence, ce qui le rend infiniment plus pernicieux que s'il se montrait sans détour tel qu'il est.

Quelle serait la mesure de la morale publique, si ce n'est l'opinion générale du jour? Il faudrait donc justifier toutes les persécutions pour cause de religion, car toutes ont mis en avant l'intérêt social, les mœurs publiques. C'est ainsi que Socrate fut accusé de corrompre la jeunesse, que les premiers chrétiens étaient persécutés comme coupables de philosophie et d'athéisme, par les tyrans qui les immolaient à leurs préjugés religieux, dans l'intérêt de l'ordre public et des bonnes mœurs.

Avant de se décider à frapper les athées au lieu de les réfuter, il faudrait donc bien se rappeler plusieurs choses : 1° Tous les sectaires appellent athées, ceux qui nient leur dieu, ou qui ne l'admettent pas à leur manière; c'est ainsi que Descartes, et bien d'autres grands hommes avant et après lui, ont été accusés d'athéisme. 2° L'athéisme n'est pas naturel à l'homme; il est par conséquent très-rare et très-peu dangereux. 3° Il a beaucoup moins d'influence sur les mœurs qu'on ne le croit communément, comme le prouve la vie de ceux qui passent pour n'avoir pas reconnu de Dieu. 4° Le matérialisme qui va jusqu'à nier la vie future, ou la Providence, est une sorte d'athéisme indirect qui a été plus généralement professé chez les anciens et chez les modernes que l'athéisme direct, et l'on n'aperçoit pas que les sectes qui étaient imbues de ces erreurs fussent pires que d'autres. 5° La société romaine du temps de César, si du moins l'on en juge par le sénat (1), croyait assez peu à l'existence des dieux, ce qui ne l'empêchait pas de subsister. S'il y avait moins de vertu alors que dans les premiers temps de la république, la cause n'en était pas au peu de religion; la décadence de la religion et celle des mœurs étaient toutes deux l'effet d'une cause commune, le luxe, l'esclavage, l'ambition, l'injustice de la plupart des guerres étrangères, l'injustice des patriciens à l'égard des plébéiens, etc. 6° Si la religion romaine avait été moins remplie de légendes immorales, de superstitions et d'absurdités; si elle avait eu un caractère plus philosophique, elle aurait duré plus longtemps, n'aurait pas à la fin si complètement perdu son influence. Mais peut-être aussi qu'elle aurait moins fortement saisi et fanatisé le peuple dans l'origine, car l'effet des religions est moins en raison de leur pureté, qu'en raison au contraire de leur influence sur l'imagination du peuple; influence qui est d'autant plus grande, à son tour,

(1) Nos législateurs catholiques et réactionnaires de 1822 n'étaient-ils pas plus athées que le sénat romain, lorsque, par haine pour la philosophie, ils niaient l'existence du droit naturel ?

toutes choses égales d'ailleurs, que les croyances et les rites du culte sont plus chargés de sensualisme mystique, et par conséquent plus éloignés du caractère spirituel et rationnel des vraies idées religieuses. Une septième considération qui doit être bien puissante, c'est que la société juive, quoique organisée théocratiquement, n'ayant été mue d'abord que par des intérêts temporels, ressemblait beaucoup sous ce rapport à une société d'athées ; car qu'est-ce que Dieu moins la vie future ? Or, deux choses sont évidentes : l'infiniment peu d'influence que le dogme de l'immortalité de l'âme est appelé à exercer sur la vie pratique, d'après la législation civile et morale de Moïse, et la force cependant toute particulière de cette législation, sa durée à travers tous les âges. Ce n'est pas ici le lieu de rechercher la cause de ce phénomène, que nous croyons si naturel pour notre part, grâce au caractère singulier, à l'esprit d'isolement, aux habitudes particulières très-nombreuses et très-mécaniques que la loi mosaïque avait imprimés au peuple juif, qu'il serait bien plus étonnant que le contraire fût arrivé.

Une huitième et dernière considération, c'est que l'athéisme, à cause de la rareté du fait, de son caractère négatif, qui laisse la sympathie et la loi morale libres, pervertit moins notre nature qu'une grande superstition. Or, précisément parce que nous sommes essentiellement religieux, parce que aussi nous sommes très-portés à dénaturer toutes les choses spirituelles, à tomber de plus en plus bas dans la superstition et le fanatisme, on doit plus redouter ces dernières aberrations que l'athéisme lui-même. Et cela, d'autant plus que ce sont deux forces positives qui peuvent pervertir les bons mobiles de notre nature et nous porter à des excès contre nos semblables ou nous-mêmes, excès dont les athées se rendraient rarement coupables. Les religions positives ont fait du bien au monde, mais elles lui ont aussi fait incontestablement beaucoup de mal. Si l'athéisme, qui n'a jamais existé en grand, n'a point fait de bien positif, s'il n'a même pas empêché certains vices, il n'a pas non plus poussé aux crimes sans nombre dont les sectateurs des religions positives se sont souillés, que ces religions du reste aient été bien ou mal entendues, ce dont il ne s'agit pas ici.

On parle du danger d'agiter certaines questions, comme si, lorsqu'un peuple est parvenu à un assez haut degré d'instruction et d'activité intellectuelle pour méditer avec une certaine liberté sur les idées religieuses, il n'était pas plus dangereux encore d'empêcher ce travail intérieur de se manifester au dehors! — Comme si l'on désespérait de l'esprit humain ou de la vérité! — Comme si ce n'était pas là l'une des plus nobles occupations de l'esprit! — Comme si enfin ces questions mêmes n'étaient pas un dérivatif politique des plus heureux!

Mais il y a mieux que tout cela : c'est un droit, et ce droit peut s'exercer sans porter atteinte à ceux d'autrui et à l'ordre public, quelles que soient les prétentions contraires. Vous ne voulez pas, dites-vous, que vos enfants puissent lire des ouvrages où l'athéisme (je mets toujours les choses au pis) est enseigné. Et moi, je ne veux pas que les miens lisent des ouvrages où la superstition et le fanatisme sont prêchés. Mais, comme nous sommes obligés de vivre en société l'un avec l'autre, faites ce que vous voudrez de votre côté, et moi du mien ; mettez entre les mains de vos enfants, si vous en êtes le précepteur, les livres qu'il vous plaira, et laissez-moi faire de même. Réfutez ceux que vous croyez faux, et laissez-moi la même liberté ; ayons tous deux confiance au triomphe de la vérité et de la raison ; sachons succomber sans aigreur et sans désespoir, comme aussi triompher sans orgueil.

Faut-il que des politiques poussent cependant l'amour de la paix jusqu'à prétendre que des préjugés erronés, qui sont utiles, sont plus respectables que des vérités qui pourraient être nuisibles, et qu'on doit bien se garder de toucher à ceux-là au profit de celles-ci ? Conçoit-on une prudence aussi lâche, aussi impie, aussi ennemie de l'humanité !

Prétendrait-on qu'à la fin la vérité et le bien, le bonheur même, sont antipathiques ; qu'il ne règne pas entre eux une profonde et secrète harmonie ! que l'erreur est au contraire une condition de paix, de bien-être, de prospérité et de perfectionnement ! Mais c'est le plus grand des blasphèmes. Je conçois qu'une vérité qui brille tout à coup d'un vif éclat au milieu d'une société enfouie dans les ténèbres de l'erreur contraire, blesse les regards du grand nombre ; mais au moins faudrait-il n'en être pas ennemi au point de renoncer à préparer les hommes à sa divine lumière ! Au moins faudrait-il dire : agissez avec mesure, préparez les esprits, ne dissipez pas les ténèbres trop promptement, faites-les disparaître peu à peu, comme fait le soleil à mesure qu'il s'élève sur l'horizon. Je concevrais encore ce langage.

Sans doute il y a souffrance toutes les fois qu'il y a changement trop subit, même en bien ; mais ce n'est pas une raison pour ne pas introduire des améliorations ou ce qu'on croit tel. Il en est ici à peu près comme de l'introduction des machines dans les travaux de l'industrie ; elles font naître une gêne momentanée ; mais bientôt après, elles mettent en activité plus de bras qu'elles n'en avaient d'abord réduit à l'inaction ; le travail, loin de diminuer, augmente et se fait avec plus de facilité.

Mais pénétrons plus avant dans ces honteux sophismes.

A quel titre l'erreur est-elle utile, si ce n'est comme les poisons qu'on emploie dans l'art de guérir ? Otez les erreurs, qui sont les maladies de l'esprit, et vous n'aurez plus besoin d'autres erreurs pour leur faire équilibre. Ce n'est pas à une erreur seule qu'il faut déclarer une guerre d'extermination, c'est à toutes. Dissipons-en sans aucun ménagement tout ce que nous pourrons ; les erreurs contraires se montreront alors dans toute leur laideur, et nous saurons mieux les reconnaître et les attaquer à leur tour.

A quel titre la vérité est-elle dangereuse, si ce n'est comme des aliments sont nuisibles aux malades ? Encore une fois, puisque l'erreur seule rend la vérité dangereuse, dissipez-la, et vous aurez sans mélange les conséquences heureuses de la vérité.

La religion doit être favorisée, disent encore les politiques, comme moyen de gouvernement.

Nous disons, au contraire, qu'elle est trop noble, trop sacrée pour être favorisée comme un *moyen;* elle doit être protégée comme un *droit* : rien de moins, rien de plus. — Rien de moins, autrement vous porteriez atteinte à la liberté des consciences ; rien de plus, autrement encore vous opprimeriez la liberté de philosopher. Les religions positives n'ont pas *droit* à des *faveurs,* mais seulement à la *justice.*

Le déisme est aussi une religion, l'essence de toutes les autres : une religion sans laquelle toutes les formes religieuses, toutes les religions particulières seraient impossibles ;—religion par conséquent qui a bien son prix, qui peut et doit avoir ses sectateurs ; — religion qu'on a le droit de professer, qu'on doit pouvoir défendre, même en attaquant les formes qui l'outragent, quoiqu'elles n'aient de valeur et de vie que par elle.

Il faut, dit-on, une religion positive à un peuple. — Parle-t-on d'un besoin d'imagination à satisfaire? je l'accorde. Veut-on parler au contraire d'une condition d'existence? alors je le nie, ou je distingue. L'immense empire de la Chine, le plus ancien de tous peut-être, semble en effet démentir jusqu'à un certain point cet axiome absolu. — La nation juive elle-même ne pourrait-elle pas aussi, comme je l'ai dit plus haut, présenter une sorte d'exception? Beaucoup de religions païennes enfin, dont l'influence devait être d'autant plus pernicieuse que ces religions étaient plus mauvaises, n'ont pas eu cependant la puissance de dissoudre les sociétés au sein desquelles elles régnaient : preuve évidente que si elles ont été utiles à ces sociétés, ce n'est pas par leur côté positif et distinct, qui n'était propre au contraire qu'à répandre la superstition et l'immoralité. C'est donc par leur côté commun, par leur élément général et indéterminé en soi. Ce serait donc le déisme qui serait utile aux sociétés, bien plus que les formes diverses qui le recouvrent, le défigurent et en paralysent la salutaire influence.

Il faut *une* religion positive au peuple! et laquelle donc? — Ou bien toutes seraient-elles indifférentes? — Nous serions de votre avis sur la nécessité d'une religion positive, que nous ne le serions plus sur l'indifférence de ces religions. Sans doute, dirions-nous, il faut une religion positive au peuple, tant qu'il ne saura pas comprendre la religion naturelle, véritable religion universelle, et s'en contenter; mais comme toutes les religions positives ne se valent pas, comme elles approchent plus ou moins de la religion par excellence, c'est d'abord la meilleure des religions positives qu'il faut enseigner. Ensuite, comme cette meilleure des religions positives n'est peut-être pas la meilleure possible, ou que si elle l'a été, elle a pu cesser de l'être, il faut lui donner ou lui rendre ce sublime caractère.

Pour ma part, et afin d'ôter à la calomnie tout prétexte de m'imputer des opinions qui ne sont point les miennes, je déclare que le christianisme est à mes yeux la meilleure des religions positives qui aient paru jusqu'ici sur la terre; je ne crois pas à la nécessité d'une nouvelle doctrine qui passe pour révélée, celle-là suffit; mais je crois aussi que les sources écrites et non écrites qui contiennent la doctrine religieuse dont je parle ne sont pas parfaitement pures, et qu'elles ont été corrompues de plus en plus avec le temps. Il n'y a donc rien à ajouter au christianisme tel que le temps l'a façonné, pour en faire une religion positive parfaite, quant au dogme et à la morale, sinon quant au culte; mais il y a beaucoup à retrancher. Mille superstitions s'y sont attachées comme des plantes parasites à un arbre majestueux, et en ont tiré les sucs vivifiants ou les ont empoisonnés.

Il ne faut donc pas se demander, comme le font encore nos timides et peu sincères politiques, ce qu'on mettrait à la place du christianisme. Il ne s'agit pas (1) de remettre en question l'unité de Dieu, sa providence, la vie future, la fraternité humaine, la loi de justice et de bienfaisance; croyances admises par toutes les raisons d'élite de l'antiquité et des temps modernes, croyances confirmées, sanctionnées par le Christ. Cette essence du christianisme doit donc rester, fondée qu'elle est sur une double autorité, et désormais nulle religion n'est possible sans cela. Mais est-ce là le christianisme tel qu'il se présente à nos yeux, avec ses mille et une inventions, avec ses amulettes, qui n'ont peut-être jamais été plus répandues qu'aujourd'hui, et qui attestent hautement l'existence et l'influence déplorable des jésuites, inventeurs ou chauds partisans de ces pieuses niaiseries, et qui s'en sont toujours servis comme d'un moyen très-puissant pour s'emparer des simples (2)?

Nous venons de voir que la plus grande liberté de parler et d'écrire sur les matières religieuses est le droit de chacun, sans distinction.

Ce droit, qui a sa raison dans la nature et la destinée humaine, ne peut se perdre dès que le citoyen devient homme public; cette seconde qualité ne saurait faire disparaître la première. Nul doute par conséquent que le fonctionnaire, et,

---

(1) En religion positive, ce qui n'exclut en rien le droit de philosopher à volonté sur tout cela.

(2) Nous le verrons bientôt, lorsque nous reproduirons le portrait de ces renards sacrés, d'après de Pradt.

pour restreindre encore la question, le professeur, n'ait le droit de dire et de publier tout ce qu'il lui plaira, comme simple particulier, sans qu'on puisse légitimement le rechercher comme professeur.

Mais peut-il, en cette dernière qualité, être raisonnablement astreint sous peine de disgrâce, de suspension ou de destitution, à ne pas toucher aux questions religieuses, surtout si elles se mêlent plus ou moins étroitement aux matières de son enseignement, par exemple s'il s'agit d'histoire littéraire, d'histoire civile, et particulièrement de philosophie ? Telle est la question. Elle se subdivisera tout à l'heure.

Reconnaissons premièrement que l'état n'a pas et ne peut pas avoir mission d'enseigner les religions positives; qu'il ne peut par conséquent pas déléguer à ses professeurs l'exercice d'un droit qui ne lui appartient pas. Je raisonne dans l'hypothèse où l'on croit à une révélation, où la religion positive est autre chose ou passe pour être autre chose que de la philosophie (1).

Si l'État paie des professeurs de théologie, s'il crée des écoles et des Facultés où cette science est enseignée ; il ne donne pas proprement de mission à ces professeurs, pas plus qu'aux prêtres qui remplissent les fonctions du ministère. Il reconnaît seulement et approuve en tout cela l'œuvre des évêques. Ceux-ci seuls ont le droit de juger des

---

1) Je raisonne même sous le point de vue catholique.

besoins spirituels de leurs diocèses, de créer des écoles ecclésiastiques, de choisir le personnel de leurs professeurs, pour les petits séminaires, pour les grands, pour les Facultés de théologie positive. C'est ensuite à l'État de voir s'il veut ou non rétribuer ces fonctionnaires, et même si la justice et l'ordre public ne s'opposent pas à ces sortes de créations. Son droit de police ne peut jamais lui être enlevé.

Ce n'est pas à dire cependant que l'État n'eût pas le droit de nommer des professeurs pour enseigner la théologie (en la prenant telle qu'elle est faite et donnée par les docteurs ecclésiastiques, et sans avoir le droit de la modifier, faute de qualité à cet effet) dans ses rapports avec les autres sciences, particulièrement le droit ecclésiastique ou canonique, ce terrain neutre où les deux puissances peuvent mettre le pied et se rencontrer. Mais réciproquement, les supérieurs ecclésiastiques ont le droit d'enseigner ou de faire enseigner les sciences humaines dans leurs rapports avec la théologie. C'est à chacune des deux puissances à se faire sa part, puisqu'elles sont indépendantes l'une de l'autre ; seulement, elles sont toutes deux très-intéressées à se respecter et à ne pas tenter d'usurpation. En cas de conflit cependant, l'autorité spirituelle ne peut que réclamer et protester ; l'autorité civile peut au besoin employer la force pour faire valoir ses droits. L'église phénoménale ou visible étant dans l'État, doit subir la loi de l'État, en ce qui concerne la justice et le bon ordre extérieur. Mais l'Église spirituelle, son dogme, sa morale particulière, son organisation; tout cela est en dehors de l'action du pouvoir civil, tant que le droit et l'ordre public encore n'y sont pas intéressés. De même que l'autorité ecclésiastique est censée ne point se tromper dans les choses purement spirituelles, aux yeux du pouvoir civil, qui ne peut jamais la juger à cet égard; de même l'autorité civile est censée avoir raison à l'égard du pouvoir ecclésiastique dans les choses du domaine visible. Mais ce n'est là qu'un principe, ce n'est pas un axiome. Il y a donc des exceptions possibles quand les deux autorités viennent à se rencontrer : alors elles se jugent réciproquement avec la même autorité, c'est-à-dire qu'étant mutuellement indépendantes, et n'ayant pas de supérieur commun qui puisse terminer leurs différends, elles doivent s'expliquer, reconnaître leurs droits réciproques, et si elles ne peuvent s'entendre, protester, endurer ou se faire la guerre. Mais comme l'une d'elles a seule le pouvoir et le droit d'user de la force pour faire respecter ce qu'elle regarde avec raison comme son droit; l'autre ne peut que se soumettre. Si elle croit fermement avoir raison, elle doit protester, ne rien céder de ce qu'elle pense en conscience ne pouvoir abandonner. Et comme les citoyens sont aussi les fidèles, ils ont à voir, eux qui sont la force de l'autorité civile, s'ils doivent lui obéir ou s'ils ne soutiendront pas plutôt les droits de l'Église, qui sont également les leurs en un sens.

Ce sont là des extrémités déplorables sans doute; mais elles résultent de la nature des choses, et l'on ne pourra jamais les éviter complètement, à moins d'abolir l'une des deux puissances, ou de résoudre l'une dans l'autre, de l'y subordonner complètement, ou bien enfin de les unir dans la même personne; trois moyens qui reviennent à peu près au même. Mais cette réduction est impossible dans les idées chrétiennes. Ajoutons qu'il n'est guère moins dangereux pour la liberté religieuse d'avoir un roi pour pape et des ministres pour évêques, que d'avoir un pape pour roi et des évêques pour ministres. La paix entre les deux puissances est peut-être à ce prix cependant. Mais si elle devait être payée au préjudice de la liberté religieuse ou de la liberté philosophique, au préjudice de la vérité peut-être, elle serait trop chèrement achetée, et l'on devrait l'éviter avec le plus grand soin, puisqu'elle serait pire que la guerre.

Je ne décide rien d'une manière absolue, je raisonne sur des hypothèses. Je continue donc.

L'État n'ayant ni caractère ni mission pour enseigner par lui-même ou par ses délégués une religion qui se dit révélée, infaillible, qui a ses pouvoirs, sa hiérarchie, son mode de perpétuation ou de transmission de pouvoirs, n'a donc qu'une simple surveillance à exercer sur la discipline, le culte et l'enseignement religieux dans l'intérêt des citoyens et du bon ordre.

Mais, comme la religion naturelle, le théisme, est la religion de tous les hommes ; — comme ils la tiennent immédiatement de la raison et non d'une autorité étrangère qui en serait la dépositaire et la gardienne exclusive ; — comme cette religion a son influence salutaire ; — comme enfin, loin d'être incompatible avec une forme religieuse quelconque, puisqu'elle en est au contraire le fond essentiel ; l'État peut fort bien et doit peut-être enseigner cette religion.

Nous disons la même chose exactement de la morale générale, par rapport à la morale ecclésiastique pure.

L'État peut donc très-bien avoir, pour tous les degrés d'enseignement, des hommes et des livres destinés à féconder les idées morales et religieuses qui se trouvent naturellement au fond de toutes les intelligences humaines.

J'ajoute qu'il le doit réellement, par la double raison que cet enseignement fait partie essentielle de l'éducation, et que cependant, s'il est abandonné aux prêtres, il ne sera pas donné du tout, ou ne le sera pas dans toute sa pureté. En effet, le prêtre nie volontiers la religion et la morale naturelles ; nous pourrions en donner plus d'une preuve. S'il ne nie pas ces deux choses, il en nie au moins l'efficacité propre, ou les dénature par le mélange des croyances d'un autre ordre. Et, comme il arrive très-fréquemment que les croyances tombent avec l'âge, si elles ont été trop étroitement associées à la religion et à la morale naturelles, cette religion et cette morale sont aussi entraînées dans la ruine des idées religieuses de l'ordre positif. Ce qui fait que souvent tel homme qui a d'abord été fervent catholique ne cesse pas plus tôt de l'être, qu'il passe presque à l'athéisme (1).

C'est là un très-grand mal, et qui ne peut être évité que par la division profonde de l'enseignement moral et religieux, suivant qu'il sera donné au nom de la raison ou au nom de l'autorité. Il importe d'autant plus d'entrer promptement et fermement dans cette voie, que l'enseignement donné par les prêtres est loin de tenir toujours dans les esprits cultivés, et que, d'un autre côté, la liberté des cultes doit s'étendre encore.

Nous avons supposé jusqu'ici que l'enseignement sacerdotal n'avait rien de contraire aux saines idées religieuses et morales; cette supposition peut n'être pas vraie, et dès lors on comprend l'impérieuse nécessité d'en avoir un autre, pur de toutes les erreurs traditionnelles qui pourraient s'y glisser au nom d'une autorité quelconque.

---

(1) Plusieurs prêtres, et de très-pieux, sinon de très-éclairés, m'ont avoué que s'ils n'étaient pas catholiques, ils ne croiraient ni en Dieu ni à la loi morale. Ils en sont venus à ne voir Dieu et sa loi que dans la révélation et par la révélation; le prêtre en eux a tué l'homme; la foi a tué la raison. Il ne leur reste plus que le raisonnement; ce qui est fort différent.

L'État peut et doit donc avoir son enseignement religieux et moral naturel dans les écoles primaires. Les jeunes maîtres ne sont pas assez bien formés sur ce point dans nos écoles normales, et l'enseignement primaire est loin d'être, chez nous, tout ce qu'il pourrait et devrait être. Il nous manque aussi de bons ouvrages élémentaires en ce genre.

L'enseignement secondaire est mieux partagé; mais peut-être laisse-t-il encore à désirer.

Du reste, comme il se donne aussi à de jeunes intelligences qui ne sont pas encore habituées à la réflexion; comme ces jeunes gens ne s'appartiennent pas complétement, et que leurs parents peuvent être de religions différentes : l'enseignement religieux et moral qui leur est administré au nom de la raison seule, doit être assez largement conçu pour ne blesser *raisonnablement* aucune croyance religieuse positive. L'enseignement philosophique des colléges, car il s'agit surtout de celui-là, ne doit rien contenir de contraire à ce qu'on appelle l'orthodoxie, et plus le nombre des cultes se multiplie dans un État, plus cet enseignement doit avoir de largeur. Tous les citoyens doivent pouvoir envoyer leurs enfants recevoir l'instruction donnée par l'État dans les établissements publics. C'est donc aussi un devoir de la part des professeurs de respecter toutes les croyances des parents dans leurs enfants; mais ce devoir ne va pas jusqu'à blesser la vérité, jusqu'à faire mentir l'histoire ou à ne pas l'enseigner. Nul n'a le droit de vouloir que ce qui a été n'ait pas été, ou qu'il soit enseveli dans l'oubli. Il est juste, il est bon que les fautes et les crimes des sectes et des partis leur soient souvent et fidèlement remis sous les yeux ; et si celui qui est appelé à le faire manquait à une si belle mission, il se noterait lui-même d'infamie, puisqu'il avouerait par là même une sorte de complicité d'intention.

Le professeur de philosophie n'est pas aussi libre : les doctrines sont plus sujettes à contestation que les faits ; mais lui aussi ne peut mentir. Il saura donc se taire ou dire une vérité qu'il croit très-importante, de manière à n'alarmer aucune croyance respectable.

Mais la même mesure est-elle imposable à l'enseignement supérieur des Facultés ? L'État est-il encore ici l'évêque extérieur ayant droit et devoir d'enseigner ou de faire enseigner, entre autres choses, la religion et la morale naturelles, et pouvant, parce qu'il le devrait (car tout pouvoir politique vient du devoir), soumettre ce haut enseignement à la même loi, à la même réserve que celui des degrés inférieurs ?

Pour qu'il en fût ainsi, deux choses seraient nécessaires : la première, que les cours de Facultés s'adressassent à des mineurs, à des enfants encore incapables de penser par eux-mêmes et de se former des opinions définitives, les autres ne pouvant être considérées que comme provisoires ; la seconde, que le gouvernement pût se poser comme infaillible en fait de doctrines philosophiques, et qu'il ne comprît rien à la mission de l'enseignement supérieur.

Or, il est évident d'abord que les cours de Facultés sont destinés à des intelligences toutes formées déjà par l'enseignement secondaire, et qui ne cherchent plus qu'à le perfectionner, soit en y ajoutant, soit en y changeant. Ce sont des intelligences émancipées, qui ne doivent plus compte qu'à elles-mêmes et à Dieu de leurs opinions et de leurs croyances. Elles viennent chercher aux leçons des professeurs chargés de l'enseignement supérieur, des idées, des vues, des horizons qu'elles n'ont pas trouvés ailleurs.

Personne n'étant obligé de suivre des cours de cette nature, puisqu'ils ne sont la condition indispensable pour entrer dans aucune carrière, nul n'a le droit de se plaindre de l'enseignement qu'il y reçoit ou n'y reçoit pas.

Reste à savoir maintenant si la mission de l'enseignement supérieur peut, sans contradiction et sans un très-grave inconvénient, être soumise à la censure toujours plus ou moins ombrageuse du pouvoir, en ce qui regarde les doctrines et leur influence présumée.

Qui ne voit que l'enseignement supérieur n'aurait ce caractère qu'à demi s'il n'avait pas plus de liberté que celui des colléges, s'il ne pouvait pas s'exercer sur un champ plus vaste, et pénétrer plus avant dans les questions?

A qui devrait-il profiter, s'il ne s'adressait encore qu'à des enfants, s'il n'était pas fait pour des intelligences déjà munies de faits et d'idées, déjà dressées au raisonnement et habituées à la réflexion? — Point donc d'enseignement supérieur, ou plus d'indépendance, de hardiesse et de force que dans les autres degrés de l'instruction publique. Toute la question se réduit donc à savoir s'il est bon que cet enseignement existe.

Il serait assez singulier que l'époque où nous vivons, et les hommes qui nous régissent, ne pussent supporter une institution qui ne répugnait ni aux temps, ni aux caractères de François Ier, de Louis XIV et de Napoléon; que le besoin d'un enseignement *oral* supérieur, toujours bien plus puissant que l'enseignement écrit, ait été senti ou tout au moins respecté par des monarques absolus, et qu'il fût aujourd'hui proscrit comme inutile ou dangereux.

Mais de quel droit d'abord le pouvoir se ferait-il juge des doctrines? Est-il plus philosophe qu'il n'est théologien, et peut-il plus légitimement faire la part de la raison que celle de la foi? Ira-t-il, après avoir ranimé de son souffle les étincelles du feu sacré de la science, ira-t-il en éteindre la flamme brillante sous prétexte qu'elle jette un trop vif éclat? Qu'il dise plutôt à ceux dont les yeux malades ne peuvent la supporter, d'user de la liberté de ne point s'y exposer, ou de tâcher de s'y accoutumer insensiblement; car cette lumière est utile, nécessaire, digne d'un grand peuple et d'une grande civilisation.

L'enseignement supérieur est utile, puisqu'il ajoute à ceux qui le précèdent, et qu'il en est le couronnement. — Confié à des hommes éprouvés, habitués au travail et à la méditation, toujours plus étrangers par là même que les hommes du monde à certaines passions qui pourraient les égarer; cet enseignement devient ainsi un moyen plus sûr de satisfaire les nobles besoins de beaucoup d'esprits distingués. Moins versés dans la connaissance de l'homme ou des hommes que ceux qu'on leur donne pour maîtres ou plutôt pour guides, moins habitués à la recherche désintéressée du vrai, n'étant pas retenus comme eux par le frein de l'opinion et par la maturité de l'âge; — ces esprits, jeunes encore, ne sachant rien craindre, faciles à séduire par les plus frivoles apparences de la vérité, plus enthousiastes que méditatifs, superficiels, étrangers aux grandes et secrètes lois qui régissent le monde moral, ces esprits se laisseraient emporter à tout vent de doctrine, à l'idée la plus capricieuse et la plus fausse qui aurait pour elle quelque éclat, ou quelque apparence de vérité. L'enseignement supérieur, avec sa gravité, sa maturité dans le fond, si ce n'est toujours dans la forme, est donc un contre-poids salutaire à la mobilité dont nous parlons; il est comme un lest qui empêche ces ballons trop légers d'être emportés et perdus dans les régions inhabitables de l'espace.

Mais il a une utilité toute contraire et bien autrement grande encore. Il faut le reconnaître : l'esprit humain pèche bien moins par hardiesse que par timidité : il est loin de tendre toujours à s'élever toutes les fois qu'il s'agite ; la plupart des hommes semblent craindre au contraire de n'être jamais assez bas; et, de peur de tomber, ils n'osent même se tenir debout. Il en est d'autres auxquels la lumière est suspecte, et qui se verraient volontiers ensevelis, eux et le genre humain, dans les profondeurs ténébreuses de l'ignorance la plus complète. Il en est enfin qui, sans haine comme sans amour pour le mouvement et la lumière du grand jour, mais plus enclins cependant au repos et à la tranquillité d'esprit, sont comme frappés d'une sorte d'engourdissement qui en fait une masse inerte, sans vie comme sans valeur intellectuelle.

Ce sont là des vices ou des défauts de tous les temps, qu'un enseignement libre, hardi, audacieux même est appelé à combattre. Il faut qu'une parole animée, vivante et vivifiante s'empare de ces âmes ignobles ou timides à l'excès, qu'il les agite, les secoue, les arrache de terre, les force à suivre de l'œil le mouvement des esprits supérieurs, des intelligences d'élite, qui sont comme le soleil du monde intellectuel. Il faut que cette parole frappe comme un glaive de feu ces nouveaux esprits de ténèbres qui, non contents de haïr la lumière et son principe, les idées et la raison, voudraient liguer le monde contre la vérité, et faire encore une fois perdre à l'homme sa vie et son Dieu, en lui faisant perdre sa liberté et son culte désintéressé pour la vérité. Il faut que cette même parole soit aussi comme un baume qui rende le mouvement et l'activité à ceux qui ne sont que débiles, sans courage et sans force.

Pour quiconque a foi à la vie, au développement et au progrès de l'humanité; pour quiconque sait à quelles conditions les idées s'acquièrent, s'élaborent, s'emparent des sociétés humaines, se traduisent dans la vie pratique; il ne peut rester aucun doute qu'il ne soit nécessaire au progrès et à la régularité du mouvement des idées qu'il y ait des hommes dont l'existence soit exclusivement consacrée, par goût et par devoir, à prêter une oreille toujours attentive au souffle secret de Dieu, à cet esprit qui vivifie l'humanité, qui la soutient, qui l'anime, qui la fait penser et agir, qui la pousse à ses destinées. Il faut qu'il y ait des hommes dont toute la vie soit de féconder les idées, de les faire éclore, de les montrer au peuple, comme autrefois on lui montrait ses maîtres futurs qui venaient de naître. Oui, les idées, la raison, sont les maîtres, les souverains par excellence des sociétés humaines, parce qu'elles seules représentent la parfaite justice et son principe divin, qui a mis la justice dans la tête et le cœur de l'homme. Malheur aux rois, aux gouvernements, aux nations qui voudraient massacrer aux pieds de leurs chaires ces prophètes de l'ordre nouveau, ou tuer en eux la parole, comme autrefois les juifs massacraient les leurs au coin de l'autel! La science est appelée à gouverner le monde, parce que la raison, qui en est le principe, est destinée à prendre le pas sur la sensibilité et tout son cortége, les passions, l'imagination et l'enthousiasme.

Il faut qu'on le sache et qu'on le croie aussi fermement qu'un axiome, parce que c'en est un en effet : les idées sont une affaire de science et non de police, et c'est à la science à mettre la paix entre les idées. Cette paix n'est pas près d'être conclue, je le sais ; des idées semblent encore trop ennemies d'autres idées ; mais ce n'est pas en se gardant une froide et sourde rancune, ou bien en se faisant d'hypocrites et perfides concessions qu'elles se réconcilieront en apprenant à se connaître ; cette manière mensongère de fraterniser en jouant aux restrictions mentales, n'est propre qu'à les aigrir mutuellement. C'est la mauvaise politique d'autrefois, introduite dans la science, au lieu de l'allure franche, honnête, amie de la justice et de la vérité par-dessus tout ; allure seule digne d'un caractère ferme et droit, et d'une raison qui mérite d'y être assortie.

Il est donc absolument nécessaire que les idées descendent dans l'arène ; aujourd'hui ce sont elles, mais elles seules qui doivent se livrer bataille ; et cette bataille, qui sera longue peut-être, pourra seule aboutir à ces conditions nécessaires d'une paix sincère et durable. C'est en se mesurant qu'elles se connaîtront, qu'elles pourront apprécier leurs forces respectives. Les plus faibles, une fois vaincues et terrassées dans ce duel aussi loyal que sérieux et décisif, avoueront alors leur faiblesse, leur insuffisance et peut-être leur fausseté ; elles se rendront à la généreuse discrétion de leurs adversaires ; les rangs seront définitivement assignés entre elles, on saura qui doit commander et qui doit obéir.

Ce combat est un des grands besoins du siècle. S'il est nécessaire et très-désirable, par qui doit-il être dirigé, si ce n'est par les sommités de la science ? Et où sont-elles si ce n'est encore dans les premiers rangs de ceux qui la cultivent et l'enseignent ?

Et comme le prix de la victoire, dans cette lutte des idées, n'est rien de moins que la conquête du monde ; il faut que le monde en soit témoin, parce qu'il veut en être juge. C'est le combat qu'il faut lui mettre sous les yeux, et non pas seulement le récit. C'est pour lui, pour le monde qu'il se livre ; le monde veut bien se rendre, mais il veut savoir à qui et pourquoi.

Il ne s'agit pas dans ce grand tournoi d'amuser des spectateurs frivoles, de gagner un cœur de femme ; c'est un vrai combat, où le gouvernement des intelligences est en jeu, une question de vie et de mort entre la vérité et l'erreur.

Quel peut être maintenant le théâtre de cette guerre où les espérances et l'avenir de l'humanité se trouvent engagés, si ce n'est au sein même des nations assez avancées dans les voies de la réflexion et de la science, pour ressentir profondément le besoin de vider cette vieille querelle? C'est là seulement que des champions et des juges dignes d'une aussi grande cause peuvent se rencontrer.

Et comme il ne s'agit pas simplement de l'intérêt d'un peuple, mais encore de celui du monde, les nations les plus avancées dans la civilisation nouvelle sont appelées à réunir leurs forces, et les combattants à se ranger provisoirement, et d'après l'inclination de chacun, sous l'une ou l'autre bannière.

La France, l'Angleterre et l'Allemagne ont déjà vu, dans la seconde moitié du dernier siècle, le combat s'engager entre la science et la foi, et celle-ci obligée de se faire science pour avoir le droit de subsister comme foi. Mais des guerres d'un tout autre caractère sont venues depuis troubler l'Europe entière, et suspendre celle des idées. Le moment est revenu d'engager de nouveau cette lutte intellectuelle. Aujourd'hui l'Allemagne en donne le signal comme autrefois l'Angleterre, et la France y répond maintenant comme alors. Serait-il possible que la France, le peuple le plus initiateur du monde, parce qu'il est le plus inconstant, le plus mobile et peut-être aussi le plus ingénieux, restât simple spectatrice dans cette immense querelle? Pourrait-elle, sans se renier, rester étrangère à cette nouvelle guerre faite au nom de l'une des libertés les plus saintes; elle si amie de toutes les libertés qu'elle en a fait comme sa divinité tutélaire, comme sa vie! Non, non, le pays le plus sagement libre du monde, et qui veut l'être; le pays qui a marqué de son nom et de celui de la liberté la dernière date des grands événements de la civilisation moderne, ne peut rester étranger au mouvement intellectuel qui se prépare. La France compte assez de savoir, d'intelligence et de cœur, pour la représenter dans la guerre humanitaire qui commence; et ceux qui la gouvernent commettraient un crime de lèse-nation et de lèse-humanité s'ils entreprenaient d'empêcher ses théologiens, ses savants et ses philosophes de s'expliquer et de chercher à s'entendre. Déjà les théologiens, confiants jusqu'à l'insolence dans la justice de leurs prétentions, jettent le gant, et si les philosophes se montrent peu empressés de le relever, c'est parce qu'ils se défient plutôt des lumières et de l'impartialité des juges, que de la bonté de leur cause.

Mais tout n'est pas fini, tant s'en faut; les armes se préparent et se fourbissent en silence, et tout porte à croire que l'engagement, pour avoir été ajourné, ne se fera pas longtemps attendre. S'il ne s'agissait pas ici d'une question toute préalable, d'une question de droit, je pousserais volontiers le cri de guerre, tant je suis impatient de voir un terme à cet état de fausseté, d'hypocrisie et de lâcheté! Allons, philosophes, un peu de cœur; soyez catholiques si vous ne voulez plus être philosophes, ou démontrez qu'on peut très-bien être l'un et l'autre. Et vous, théologiens catholiques, car c'est surtout avec vous que nous avons à faire, sachez être conséquents, faites largement usage de la raison; prouvez-nous qu'en rien et jamais la foi n'est en désaccord avec elle; ou bien, dites-nous nettement, comme l'ont fait déjà quelques-uns des vôtres, que la raison est un don du démon, et qu'il faut l'abandonner. Mais alors n'oubliez pas de nous dire comment, vous aussi, vous manquez de courage, de franchise et de logique : on vous le prouvera peut-être un jour.

Mais il nous semble entendre les politiques nous dire d'un ton assez peu satisfait : « Vous êtes libres, écrivez, parlez, faites de la polémique religieuse tant qu'il vous plaira; mais pas dans vos chaires, elles ne sont pas instituées pour cela, même celles du collège de France et des Facultés des lettres. »

Eh quoi! diront les professeurs du haut enseignement, vous permettez qu'on nous attaque tous les jours dans d'autres chaires, bien moins faites encore pour les discussions scientifiques, historiques, philosophiques, pour les injures, les déclamations violentes et les personnalités ; et vous nous défendriez, à nous hommes de science, historiens de profession, ou chargés de l'enseignement de la philosophie, vous nous défendriez de faire de la science, de l'histoire et de la philosophie! Nous n'aurions pas le droit de relever les erreurs de faits, de métaphysique, de morale ou de logique qu'on sème autour de nous, contre nous, contre les institutions de l'État, contre la liberté et la vérité!

Nous aurions la mission d'enseigner la vérité, et nous n'aurions pas celle de la défendre! Nous serions appelés à faire l'histoire des systèmes, des opinions qui ont tour à tour un instant occupé les esprits, et nous n'en pourrions rien penser, rien dire! ou bien il nous faudrait dire le contraire de ce que nous penserions, de ce qu'en pense tout homme éclairé! Soyez plus conséquents ou plus courageux; laissez-nous faire ce que nous avons mission de faire; ou, plutôt que de nous avilir et de vous avilir vous-mêmes; plutôt que de trahir la sainte cause de la vérité, supprimez l'enseignement supérieur, et consentez à voir votre pays devenir la dernière des nations pour la liberté de penser et de parler; consentez à abdiquer, à vous voir obligés de renverser bientôt après les chaires de philosophie dans vos colléges, et à recevoir ensuite des lois de censure qui vous ramèneront l'inquisition, et à sa suite l'ignorance et la servitude.

Écrivez, dites-vous à la fin! — Et cela suffirait quand nos adversaires écrivent et parlent, quand ils ont plus *de quarante mille* chaires où ils sont libres d'égarer les populations et de les soulever contre nous! et l'on nous ôterait la liberté de nous défendre, la liberté même de faire notre devoir dans les *trente* ou *quarante* chaires que nous remplissons! —Écrivez! — Eh! qui donc nous lirait! Quelle différence entre la parole écrite et morte, et la parole parlée et vivante! — Et c'est ainsi que vous entendez la liberté, l'égalité, la justice, l'impartialité!

« Nos chaires, dites-vous encore, ne sont pas faites pour des polémiques de ce genre. » — De quel droit d'abord restreindriez-vous ainsi d'une manière tout arbitraire une mission que la loi nous donne d'une manière indéfiniment large? — Nous sommes là pour les besoins de la science et de la vérité; nous avons donc qualité pour en connaître, et droit d'agir en conséquence. Vous commettriez donc une double usurpation de pouvoir en nous ravissant une partie de notre juste liberté : usurpation sur les droits du législateur, usurpation sur ceux que nous tenons de sa main libérale.

On l'a dit déjà, d'autres chaires, moins faites que les nôtres pour des discussions de ce genre, en retentissent journellement. Nous ne le trouvons pas mauvais, quelque étrange que cela puisse paraître; nous réclamons seulement l'exercice du même droit. A plus forte raison le demandons-nous pour nos adversaires enseignant dans leurs chaires de théologie.

Mais il y a bien autre chose. Vous permettez, et avec la plus grande raison, que des sectes dissidentes s'attaquent toutes mutuellement en présence d'un auditoire peu éclairé, et parlent toutes au nom de Dieu, se donnant toutes pour son organe plus ou moins infaillible; et vous ne laisseriez pas une liberté analogue à des hommes qui ne portent la parole qu'en présence d'un public instruit, qui discutent, examinent, plutôt qu'ils ne déclament et n'affirment; qui ne parlent qu'au nom du sens commun, et reconnaissent publiquement qu'ils peuvent se tromper! Est-ce là, encore une fois, de la sagesse, de l'équité, de la logique!

Il n'y a pas plus de sens et de vérité à dire que l'enseignement n'est pas fait pour la polémique religieuse, qu'à dire qu'il n'y a pas de controverse possible de cette espèce, ou qu'elle ne touche en rien les autres sciences, ou bien enfin que ce qui est vrai ou faux en théologie peut être au contraire faux ou vrai en philosophie.

La religion, outre qu'elle a toujours fait partie de la vie des peuples et par conséquent de leur histoire, se compose de faits qui en sont comme le corps, de croyances et de préceptes qui en sont comme l'âme. Sous le premier rapport elle appartient à l'histoire, ainsi que ses actes; sous le second, elle rentre dans le domaine de la métaphysique et de la morale. Comme doctrine, elle s'appuie sur une ontologie bien ou mal faite. Prenez un dogme quelconque, toutes les idées élémentaires qui le constituent vont se résoudre dans quelques-unes de ces notions catégoriques qui forment la base de la pensée humaine. Or, si ces dogmes doivent être admis, et qu'ils soient incompatibles avec l'ontologie telle que le bon sens l'a faite à l'aide de la réflexion (qui n'est encore que le bon sens, mais plus attentif et pourvu d'une méthode), il faudra donc être sceptique. Mais si l'on est sceptique, comment sera-t-on croyant? Et si l'on n'est pas sceptique, si l'on admet la vérité d'idées naturelles qui répugnent à celles de foi, comment encore sera-t-il possible de croire ces dernières? Si la philosophie est aussi un sacerdoce, si la vérité est son Dieu, faudra-t-il qu'elle fléchisse le genou devant l'idole de l'erreur; qu'elle abandonne sa foi, son culte, lorsqu'elle peut faire voir la légitimité de l'une et de l'autre, en montrant la vérité de ses idées, en faisant ressortir l'erreur des idées contraires? Si elle croit posséder de saines notions du temps, de l'espace, du fini, de l'infini, de la substance et du mode, de la cause et de l'effet, du nombre et de ses rapports, du possible, du réel et du nécessaire, de la matière et de l'esprit, de Dieu et de ses attributs; si elle croit connaître la formation des idées, la loi de leur enchaînement logique, etc., etc.; il ne lui sera pas permis de chercher à dissiper les fausses notions que certaines croyances supposent et tendent à vulgariser sur tous ces points! Mais autant vaudrait dire qu'elle n'a pas le droit d'être, puisqu'elle n'aurait pas celui de remplir entièrement sa mission. Pour établir complètement une vérité, il y a deux choses à faire : la mettre d'abord dans son jour naturel, et réfuter ensuite les objections qui tendraient à l'obscurcir ou à la détruire. Les Théologiens eux-mêmes ne font pas autrement, et s'ils rencontrent la philosophie sur leur chemin, ils ne l'épargnent pas, en quoi ils ont parfaitement raison. C'est aux Philosophes à les imiter, et à ne plus se laisser intimider par des croyances qui ne sont respectables, après tout, qu'autant qu'elles sont vraies.

Ce que nous disons du dogme peut se dire à plus forte raison de la morale.

Mais c'est surtout dans l'histoire de la philosophie, qu'il est absolument impossible de ne pas aborder les questions de théologie, puisque celles-ci viennent se mêler sans cesse aux premières. Et comme l'enseignement philosophique supérieur est principalement historique, ce serait donc l'abolir que de l'empêcher de suivre la philosophie jusque sur le domaine de la théologie où elle a été entraînée par cette dernière, ou plutôt jusque sur ce terrain neutre, commun, où s'établissent leurs rapports.

Si l'état devait protéger une religion contre les atteintes possibles d'une philosophie dangereuse, ce serait, nous l'avons vu, la religion naturelle, la seule que pût professer le pouvoir, s'il devait en professer une quelconque. Les religions positives, par cela seul qu'elles ont ce caractère, qu'elles se prétendent révélées, ne sont ni vraies ni fausses à ses yeux; elles ne sont qu'à titre de droits au profit de ceux qui les professent. Ces religions peuvent donc très-bien être examinées publiquement dans leurs rapports avec la philosophie, ou dans leur base historique.

Quant à la religion naturelle, au théisme, de même que le pouvoir fera mieux de ne point avoir de culte pour une religion semblable, de même il agira bien plus sagement s'il ne s'en fait aucun symbole à défendre. Le pouvoir n'est pas plus philosophe, en principe, qu'il n'est théologien; il ne doit donc pas faire de métaphysique, ni en imposer aucune à l'enseignement supérieur; il peut et doit en faire faire, mais il serait très-dangereux qu'il se mêlât du comment. C'est sous le beau prétexte de veiller au respect des saines doctrines religieuses, même naturelles, que les gouvernements font boire la ciguë à Socrate, qu'ils forcent Aristote à s'exiler et à se taire, qu'ils brûlent Vanini, qu'ils persécutent ou laissent persécuter Descartes, qu'ils bannissent Wolf, qu'ils ordonnent à Kant d'éviter certaines questions, et forcent Fichte à se taire. Tous ces excès ne sont-ils pas déplorables? Ont-ils empêché ces grands hommes de dire leur pensée tôt ou tard, de manière ou d'autre, et ne serait-il pas bien plus déplorable encore qu'ils y eussent réussi? Le droit de répression est donc ici fort à craindre, à cause de ses abus presque inévitables; tandis que ceux qui pourraient naître d'une trop grande tolérance à cet égard ne seront jamais nombreux ni sérieux, parce que la crainte de l'opinion publique forcera presque toujours un professeur à rentrer dans les bornes du sentiment commun. C'est une chose remarquable, que le pouvoir s'est constamment déshonoré et souvent affaibli en jetant un interdit sur certaines questions de philosophie, tandis qu'il ne s'est jamais ou presque jamais créé d'embarras en laissant libre l'enseignement supérieur, et qu'il en a tout au contraire retiré honneur et force. Voyez l'Allemagne, dont les constitutions sont moins libres que la nôtre ; tout ce qui est matière de spéculation philosophique se traite et s'agite dans ses universités sans le plus léger inconvénient. En serait-il de même si la force expansive des intelligences était contenue et comprimée ? N'y aurait-il pas à craindre une explosion dont la violence serait proportionnée au degré même de la contrainte qu'on aurait exercée ? La foi religieuse elle-même ne fait que gagner à cette liberté ; en la laissant se mouvoir à son gré, elle se modifie, se développe, se transforme, mais elle reste toujours vivante : en la comprimant, il arrive souvent qu'on l'étouffe ; elle ne change pas il est vrai, mais elle meurt.

Ce qu'il faut défendre, ce n'est donc pas l'enseignement public ; c'est l'enseignement secret, celui qui fait les Jacques Clément, les Ravaillac et les Damiens.

Mais je suppose cependant que l'on veuille établir une censure pour contenir l'enseignement supérieur dans certaines limites par rapport à la religion. De quelle religion s'agit-il ? De la religion naturelle ? mais elle est elle-même dans le domaine de la philosophie ; la soustraire à la libre investigation de l'esprit humain, c'est donc mutiler la science. — S'agit-il des religions positives ? mais, encore une fois, de quel droit sont-elles imposées comme barrières au philosophe ? Peut-on logiquement lui faire une obligation de les regarder toutes comme vraies ? peut-on lui en imposer une seule à ce titre? — Sera-ce au nom de l'autorité seule, au nom de la force? A la bonne heure; mais soyons conséquents, et mettons la tyrannie des consciences en principe. — Sera-ce au nom de la vérité? soit; mais alors examinons : nous ne demandons pas autre chose.

Faisons mieux ressortir encore ce qu'il y a d'absurde à faire du despotisme en matière philosophique au nom de la religion, quelle qu'elle puisse être, et déterminons d'abord toutes les positions possibles de la philosophie et de la religion. Ces positions sont au nombre de trois, suivant qu'on veut que la philosophie soit *parallèle* ou *coordonnée* à la religion, qu'elle lui soit *subordonnée*, ou bien enfin qu'elle en soit *indépendante*.

Beaucoup de gens, plus politiques que philosophes, parlent maintenant de ce parallélisme comme d'un sort assez beau qu'il faut faire à la philosophie; ils la trouvent suffisamment libre quand ils lui ont permis de marcher ainsi côte à côte de la théologie. Et ce sont des philosophes cependant, ou des hommes se disant tels, qui ont imaginé cette condition comme l'idéal de la liberté philosophique. Quant aux théologiens, il est entendu qu'ils ne veulent point de la philosophie, ou que s'ils conservent le mot, c'est à condition que la chose disparaisse; car la philosophie, ou la libre réflexion, la libre recherche du vrai, est-elle possible, du moins dans toute son étendue, dès qu'il est convenu qu'on ne peut examiner telles et telles questions, ou qu'en examinant l'on ne doit aboutir qu'à des résultats imposés à l'avance et sans examen? C'est là cependant ce que veulent les théologiens en subordonnant la philosophie à la théologie, en lui enlevant sa matière, en la convertissant en une science instrumentale ou de pure forme, en un mot, en la réduisant à la logique. Point donc de philosophie proprement dite dans l'opinion de ceux qui la veulent subordonner à une théologie préconçue.

Voyons maintenant si l'autre opinion lui est bien plus favorable, et si ceux qui l'attachent ainsi à la théologie ne seraient pas encore au fond de l'avis des premiers, qu'ils s'en doutent ou ne s'en doutent pas, et s'ils n'attacheraient pas de cette manière la vie à la mort.

Il y a dans les mots mêmes de *parallélisme* et de *coordination*, employés dans cette circonstance, un sophisme, c'est-à-dire un piége et une perfidie. Deux lignes ne sont parallèles qu'à la condition ou que l'une soit tirée en se réglant d'une certaine manière sur l'autre, et par conséquent en subordonnant la direction de la seconde à la première ; — ou bien en assujettissant de telle façon l'instrument qui les décrit toutes deux en même temps, qu'elles soient nécessairement parallèles, quelle que soit la direction prise par la main qui les trace ainsi toutes deux à la fois.

Suivant la première manière d'obtenir le parallélisme, il est clair que si c'est la théologie qui se trace librement son chemin la première, la philosophie n'a plus rien à faire qu'à chercher à prouver les thèses admises par la théologie ; elle ne s'appartient plus, ses inspirations n'ont plus rien de libre ; elle est au service de la théologie, elle en est la servante, comme disent les théologiens. Voilà donc ce que devient la philosophie avec la liberté de la première espèce de parallélisme.

Son sort est-il bien plus noble dans la seconde manière de la concevoir à cet égard encore? De deux choses l'une : — ou la main qui tracera les deux lignes parallèles, une fois qu'il aura été convenu que les deux sciences représentées par ces deux lignes ne devront pas diverger, sans cependant pouvoir se confondre jamais en une seule ; ou cette main, disons-nous, sera guidée par la philosophie, et alors vous trahissez la théologie, vous la livrez tout entière à la philosophie, vous l'anéantissez, et l'hommage de liberté que vous semblez lui rendre n'est qu'un acte de perfidie et d'hypocrisie. Voulez-vous, au contraire, que l'esprit qui meut cette main soit inspiré par la théologie ? alors c'est encore la philosophie que vous livrez ; vous en faites une esclave qui n'a ni pensée ni volonté propre, et nous retombons dans la première hypothèse.

N'allez pas dire, car je vous attends à ce dernier retranchement, n'allez pas dire que l'esprit qui doit diriger le parallélisme en question ne sera ni exclusivement théologique, ni exclusivement philosophique. Ces compositions ne sont pas toujours possibles, et je trouverai quand on le voudra mille positions où il n'y a pas de milieu entre le oui et le non, et où cependant la philosophie dit oui et la théologie non. Quel sera donc, dans ces mille cas, — et il suffirait d'un seul pour que j'eusse gain de cause, — quel sera le résultat de cette troisième position que vous prétendez faire à la philosophie, par suite d'un faux esprit de conciliation qui ne serait qu'un pacte entre l'erreur et la vérité, entre le bien et le mal? Ce résultat est fort simple : c'est qu'il n'y aurait ni théologie ni philosophie : excellent moyen sans doute de les faire *vivre* en paix; deux *cadavres* dorment fort bien à côté l'un de l'autre. Voulez-vous au contraire que la théologie et la philosophie respirent encore après les avoir assujetties de la sorte, et ne satisfaire ni l'une ni l'autre complétement? Mais on peut vous demander alors, à bon droit, qui vous êtes : — théologien? — vous ferez violence à la philosophie, quoi que vous en disiez. — Philosophe? — je ne réponds plus de la théologie. — Théologien et philosophe, et cela dans des proportions préétablies de la manière la plus heureuse? — Vous le dites, et Bayle, qui vous valait bien, dit, lui, que la chose est impossible et que vous en auriez menti. — Fussiez-vous ce qu'il n'est pas possible d'être, suivant Bayle, vous mécontenteriez également la philosophie et la théologie, vous les tyranniseriez l'une et l'autre, et la difficulté resterait entière. — N'êtes-vous au contraire ni philosophe ni théologien ? — Mais alors de quoi vous mêlez-vous, et comment ces deux classes de savants supporteraient-ils vos absurdes prétentions.

On voit maintenant à quoi se réduit ce beau traité de paix si ingénieusement offert en apparence à la philosophie et à la théologie, pour prévenir toute guerre, toute explication sur le fond des questions. Convaincues l'une et l'autre qu'elles ont la vérité et le bon droit pour elles, on ne leur persuadera pas de se relâcher de leurs prétentions respectives; elles repousseront également toute intervention officieuse ou officielle qui voudrait les faire transiger. Point de transaction : la vérité est ce qu'elle est, elle ne peut composer avec le mensonge : tout ou rien; être ou n'être pas, telle est l'alternative de tout ce qui est pur, sans mélange, indivisible.

Je n'examine pas la troisième des positions principales reconnues possibles entre la théologie et la philosophie, celle de la *coordination*. En effet, cette coordination revient au parallélisme de la seconde espèce; elle n'en diffère que dans les mots.

Concluons donc, en définitive, qu'il ne peut être question ni de coordonner ni de subordonner la philosophie à la théologie; que la chose est impossible, et l'entreprise injuste, illibérale et dangereuse. Il faut que la philosophie reste avec toute sa liberté et son indépendance naturelle, essentielle; — et la théologie avec son autorité. Dès qu'elle n'en voudra plus, elle cessera d'être autre chose que de la philosophie. Quant à la philosophie, elle ne peut pas plus périr que l'esprit humain; la civilisation ferait encore une fois naufrage, qu'une autre renaîtrait avec le temps, et d'autant plus facilement même que des débris plus nombreux et plus importants de la civilisation actuelle seraient inévitablement sauvés.

IV.

Si l'enseignement total ou partiel des lettres et des sciences doit être confié au clergé.

Parvenu à cette conclusion, il est facile de traiter maintenant une autre question du plus haut intérêt pour la France, et par suite pour l'avenir du monde civilisé.

Le clergé catholique réclame hautement l'enseignement des sciences humaines, et particulièrement celui de l'histoire et de la philosophie. Il est vrai qu'il n'en demande pas le monopole, mais seulement le partage, bien sûr qu'il croit être, et je ne voudrais point parier qu'il se trompe, qu'une fois admis à la libre concurrence, sous le prétexte de la liberté et de l'égalité, il saurait bien arrondir sa part et arriver au monopole qu'il ne reproche si fort et si injustement à l'Université, qu'à cause même qu'il le convoîte avec la plus vive ardeur.

Mille moyens occultes seraient en effet en sa puissance exclusive; et son enseignement, fût-il inférieur à celui de l'Université, comme il est permis de le croire sans manquer à la logique ni à la justice, puisque les faits parlent; n'importe, il serait réputé préférable, et cela par trois ou quatre raisons : 1° il serait donné à meilleur marché; 2° il passerait pour plus orthodoxe; 3° on ne manquerait pas de dire que les maisons tenues par des religieux de profession présenteraient plus de garantie sous le rapport de la surveillance et de l'éducation morale que les autres; 4° enfin l'on chercherait encore à faire croire au public que l'enseignement y serait plus fort, parce qu'il serait mêlé de plus de charlatanisme.

Expliquons un peu ces quatre raisons ou prétextes de supériorité aux yeux d'un public qui ne serait pas en état d'en juger.

Il est vrai d'abord que, lorsqu'il y aurait une concurrence à faire tomber, surtout celle des chefs d'institution, ou même celle des communes, le clergé pourrait avoir des pensionnaires à plus bas prix que les autres établissements du même genre, par la raison toute simple qu'il y a solidarité entre tous ses membres, et que si l'individu est pauvre, le corps est opulent, parce que la piété des fidèles fait affluer entre ses mains d'incalculables richesses : des donations mobilières ou immobilières par testament ou entre-vifs, des dons en argent sous le titre d'aumônes pour les séminaires, petits ou grands; le denier de la foi, qui s'élève chaque année à je ne sais combien de millions, et dont on pourrait fort bien détourner une partie pour être employée à l'œuvre religieuse au sein de la France. Avec ces ressources, et bien d'autres sans doute que nous n'oserions affirmer, mais qu'on peut imaginer aisément, sans même trop appréhender de sortir du vrai, on conçoit que la concurrence serait inévitablement ruineuse pour tous ceux qui voudraient lutter avec le clergé.

Mais y eût-il matériellement quelque chose à gagner encore à ouvrir des maisons d'institution publique, on courrait le risque d'en être pour les frais d'établissement, par les trois autres raisons que nous avons indiquées. En effet, quoique le clergé catholique soit représenté dans tous les pensionnats de nos colléges, et que la religion occupe dans l'enseignement la place qui lui revient justement; quoique des professeurs en soutane ne dussent pas convertir des leçons de grammaire ou autres en explications de catéchisme, ni des leçons de philosophie en des leçons de théologie; néanmoins, par cela seul que le latin, le grec, l'histoire, la philosophie seraient enseignés par des prêtres, on ne manquerait pas de dire au dedans et au dehors que l'instruction religieuse y est bien plus forte, et qu'elle s'y donne avec bien plus de succès qu'ailleurs. Tout le clergé non enseignant en serait convaincu à l'avance; il ferait et déferait à cet égard les réputations des uns et des autres auprès de toutes les familles, auprès de toutes les mères, qui, comme on sait, mènent presque toujours les ménages quand elles veulent s'en donner la peine.

Formées elles-mêmes, dans la haute et moyenne classe, par les Jésuitesses du Sacré-Cœur, elles voudraient impérieusement que leurs enfants fussent élevés par les bons Pères, ou tout au moins par des prêtres. Non-seulement les principes religieux dans ces sortes de maisons seraient censés bien meilleurs que ceux donnés dans d'autres ; mais les maisons elles-mêmes seraient réputées beaucoup mieux tenues, surveillées avec infiniment plus de soin, le fussent-elles cependant aussi mal que j'en ai vu du reste ; la moralité des élèves y serait toujours parfaite, y valût-elle moins qu'ailleurs. On ne voudrait pas croire qu'il fût possible à des laïques de former des jeunes gens à l'honnêteté, surtout si on ne les habituait pas à la délation et à l'hypocrisie.

Enfin, comme il serait cependant nécessaire de faire des jeunes gens quelque chose de plus que des petits Saints, on leur enseignerait le moins qu'on pourrait de philosophie et d'histoire, tout en prenant la précaution de purger l'une et l'autre de leurs parties les plus instructives et les plus fécondes ; le P. Loriquet et le P. Adam seraient les Tacite et les Aristote de ces jeunes gens. Les sciences physiques et mathématiques seraient moins suspectes sans doute, mais elles le seraient encore, et l'on se tirerait d'affaire en enflant d'autant plus les programmes que les cahiers seraient moins volumineux ; et les parents seraient contents. On soupirerait secrètement après le jour où, affranchi de la nécessité d'enseigner ces nouveautés profanes, pour soutenir une sorte de concurrence avec l'Université qui raffole de toutes curiosités dangereuses, on pourrait, lâchant encore le grec, qu'on n'aime guère et pour cause, revenir au latin chéri, à la langue de l'Église, à celle du pays, et à la géographie qu'on enseigne au Sacré-Cœur. On joindrait à tout cela du dessin, de la musique, de l'équitation, de la danse même; car on attache aux arts d'agrément beaucoup d'importance, parce que les femmes s'y connaissent un peu, ou croient s'y connaître; parce que c'est là ce qui fait paraître avantageusement un jeune homme dans un salon, ce qui lui aide tout particulièrement à faire son chemin dans le monde.

J'oubliais cependant une partie, la politique, qu'on enseigne à Fribourg, sous le titre de droit naturel, dans ce qu'on appelle la deuxième ou troisième année de philosophie. Or, veut-on savoir quelle est cette politique ? c'est celle de M. de Haller, dont l'esprit a été parfaitement formulé en ces trois mots : *Rex quia potens*. Tel est, suivant les Jésuites, et ce mot dit tout pour le clergé, le principe politique suprême, principe que j'ai entendu proclamer à Paris un peu différemment : *Le pouvoir se prend et ne se donne pas*, disait le professeur français (1).

Voilà ce que sont les meilleures études faites maintenant sous la direction des plus habiles maî-

---

(1) Je tiens tous ces détails concernant l'enseignement de Fribourg, d'un des meilleurs élèves de l'établissement, qui faisait sa deuxième

tres ecclésiastiques, et dans des circonstances qu'il faut bien remarquer, c'est-à-dire en face de la nécessité pour eux d'enseigner de tout ce qu'enseigne l'Université, afin d'avoir l'air de faire aussi bien qu'elle. Que serait donc cet enseignement ecclésiastique si le clergé était abandonné à lui-même; s'il arrivait, comme il y aspire, à le monopoliser au nom de l'égalité et de la liberté?

Pour répondre à cette question, il faut commencer par se faire une juste idée de l'esprit du clergé en général, et surtout de celui des Jésuites, qui deviendraient les maîtres presque exclusifs de la jeunesse française, si l'égalité et la liberté mal comprises cessaient de nous protéger contre l'envahissement dont nous sommes menacés. Je dois prévenir que si le portrait qui va suivre n'est pas flatté, il n'en est pas moins vrai; que les traits sont la plupart du pinceau de Lanjuinais, connu par la pureté de ses principes catholiques, et par la fidélité constante avec laquelle il les a toujours suivis. Moi-même, s'il m'est permis de le dire, j'honore le clergé; je compte des amis parmi ses membres; mais je ne me crois pas obligé pour cela de trahir la vérité, ou ce que je regarde comme tel.

année de philosophie en 1828 ou 29. Depuis lors le conseil d'État de Fribourg a fait examiner par une commission la force des études chez les Jésuites; elles ont été trouvées plus faibles que dans les gymnases de la Suisse, de l'Allemagne, et dans les collèges de France; ce qui a été peu agréable au conseil, qui s'en est expliqué. Les Jésuites ont répondu qu'ils n'étaient pas inférieurs aux collèges de Saint-Maurice, de Sion, de Brig, c'est-à-dire à eux-mêmes, car ces établissements sont aussi tenus par des Jésuites.

V.

Esprit du clergé et des corporations religieuses qui réclament la liberté absolue de l'enseignement.

Si nous prenons le clergé français tel qu'il se montre maintenant en général, nous lui trouverons encore l'esprit dont il était animé sous la restauration, et peut-être à un plus haut degré qu'alors. Il s'était habitué à voir dans l'ancienne dynastie un pouvoir ami jusqu'au dévouement. Une sorte de destinée commune et de solidarité avait fortement uni ces deux illustres débris d'une grande révolution ; c'était à la vie et à la mort. Comment ne pas regretter le pouvoir protecteur qui venait de tomber? comment ne pas faire des vœux secrets ou publics pour son rétablissement? comment enfin ne pas concevoir de la défiance et peut-être de l'aversion pour le pouvoir nouveau? Sans doute ces sentiments pénibles et peu chrétiens se sont beaucoup affaiblis; mais il faut savoir à quel prix.

Le clergé français a-t-il d'autres principes politiques et religieux aujourd'hui que ceux qu'il a professés, et d'après lesquels il s'est conduit pendant les quinze années de la restauration? Voyons quel était alors cet esprit, et quel il est maintenant.

A peine la fortune se fut-elle montrée contraire aux armes de la France, que le clergé se mit à maudire l'homme qui acheva cependant de rendre la liberté au culte catholique (1), mais qui avait voulu gouverner sans les conseils et l'influence des prêtres, et qui n'avait peut-être pas eu pour Rome toute la déférence à laquelle on se croit des droits au-delà des monts.

Depuis cette époque, et de plus loin peut-être, le clergé français a perdu de plus en plus son ancien patriotisme, son indépendance gallicane à l'égard des prétentions ultramontaines. Et comme ces prétentions croissent à proportion de la facilité avec laquelle on y cède, il ne faut pas s'étonner si Pie VII osait condamner hautement la déclaration du clergé de France, en 1682, et s'affligeait de ne pouvoir exercer le droit de déposer les rois et de priver les hérétiques de leurs biens (2). N'est-il pas naturel encore que Grégoire XVI soutienne de nos jours que le gouvernement de l'Église est essentiellement monarchique; que les églises qui réclament le font injustement; que ces églises, qui se réduisent à la France, n'ont point pour elles l'Église catholique? (3)

---

(1) Cette liberté avait déjà été rendue en 1795.
(2) Lanjuinais, tome III, pag. 476 et 300 de ses œuvres. Nous ne dirons rien dans ce tableau en raccourci du clergé français sous la Restauration, qui ne soit pris de cet écrivain d'un catholicisme non suspect. Nous citerons aussi nos autres sources.
(3) *Traité de l'immutabilité du gouvernement de l'Église*, 1839, pages 58-198.

C'est en conséquence du même principe, aussi antilibéral qu'antinational, que la plupart des évêques et archevêques de la restauration persécutèrent les prêtres constitutionnels avec le zèle le moins chrétien et le plus déplorable?

Les Jésuites, réclamés, fêtés, encouragés par l'épiscopat tout entier, reparaissent en 1814, deviennent les instituteurs privilégiés de la jeunesse française, et lui enseignent à conspuer la gloire nationale, à respecter et chérir les ennemis de la France, à outrager nos grands hommes, à repousser les libertés conquises par nos pères au prix de tant d'efforts héroïques et de tant de sang, à faire mentir l'histoire pour déshonorer les générations passées et abrutir les générations futures (1).

Non contents de former la jeunesse au gré de leurs opinions, de leurs intérêts et de leurs passions despotiques, ils veulent encore gouverner le monde. Pour y parvenir, ils se créent des affiliés de tout sexe, de toute robe et de tout nom; pénètrent dans le conseil du roi, y dictent les décisions illibérales qui devaient aboutir à la catastrophe de 1830; se font représenter à la chambre élective par plus de cent députés qui leur sont dévoués (2), et finissent par se courber un instant sous les coups d'un pouvoir qui ne les frappait qu'à regret, bien sûrs qu'ils ne tarderont pas à se relever plus puissants que jamais.

(1) Lanjuinais, Op. I, tome I, page 384 et suivantes.
(2) *Ibid.*, tome II, pag. 97 et 131.

Mais ils auraient été beaucoup moins influents si le clergé séculier les avait moins soutenus et moins poussés. C'est à son mauvais esprit qu'on fut en partie redevable des réactions les plus violentes et les plus sanguinaires de la restauration. « Des prêtres figuraient dans ces sociétés secrètes composées d'hommes détracteurs du présent, louangeurs du passé, impatients d'y voir conformer l'avenir ; se disant royalistes lorsque la royauté n'avait point d'adversaires ; donnant aux citoyens des noms odieux ; riant de la Charte comme d'une folie, se prononçant contre elle ouvertement ou à mots couverts, selon les occasions ; ne voulant jamais y reconnaître qu'une carte d'entrée, qu'un artifice ou une faiblesse politique, une tolérance en un mot, jusqu'au temps favorable où devaient s'accomplir d'audacieuses prophéties » (1).

C'est ce beau zèle royaliste et religieux qui appelle l'armée une troupe de rebelles décimée à Waterloo, qui désarme les propriétaires libéraux en même temps qu'elle érige en gardes nationales leurs affidés prolétaires, qui organise une nouvelle chouanerie, et ces autres bandes d'assassins qui désolent le midi de la France, pillant, incendiant, massacrant, afin d'*extirper l'hérésie* et le libéralisme (2).

C'est la même influence qui nous a valu à la même époque encore ces lois ou projets de lois ayant

(1) *Ibid.*, pag. 79 et 80.
(2) *Ibid.*, pag. 96 et 97.

pour objet la dotation du clergé en immeubles territoriaux, les mutilations du Code civil sur le divorce et ses conséquences, la restitution de la tenue des registres de l'état civil au clergé, le rétablissement des communautés religieuses, des priviléges à leur profit en matière d'impôt, la spoliation des familles à l'avantage de ces mêmes congrégations ou d'établissements ecclésiastiques, l'augmentation des siéges épiscopaux, l'introduction du sacrilége dans nos lois pénales, et je ne sais combien d'autres lois, projets de lois ou ordonnances toutes attentatoires au droit commun. (1)

Et que fait le clergé catholique, pour mériter tant de faveurs, pour qu'on laisse voter à son profit 10,300,000 fr. de pensions ecclésiastiques, quand on refuse une augmentation de 120,000 fr. réclamée pour frais de culte par deux millions de protestants, et qu'on laisse les dépenses du culte israélite complétement à la charge de ceux qui le professent? Ce qu'il fait? Il se moque des lois et des magistrats; il ne reconnaît d'autre autorité que la sienne propre, comme toujours et partout où il croit pouvoir le faire impunément (2).

Loin d'enseigner dans les séminaires les maximes gallicanes, on enseigne le contraire; les professeurs de théologie écrivent sans gêne aucune contre la déclaration de 1682; et tous les membres du

---

(1) *Ibid.*, pag. 431, 457; tome III, pag. 4, 85, 57, 76, 100, 124, 162, 217, 237, 362.

(2) *Ibid.*, pag. 83, 87.

clergé qui ne sont pas professeurs de séminaire peuvent impunément agir contre toutes les lois de l'état qui leur déplaisent. Les évêques traitent les pasteurs du second ordre avec un empire tellement absolu, que leur gouvernement en est despotique et dangereux (1).

« L'ignorance, la fraude, l'ultramontanisme et
« l'intrigue ont rouvert en France une voie que
« l'esprit d'orgueil, de domination et d'avarice
« avait d'abord tracée. De là les catéchismes en-
« seignant, en dépit des lois, le respect aux sei-
« gneurs de paroisse et le payement des dîmes ; de
« là les mandements politiques et perturbateurs,
« les refus injustes et scandaleux des sacrements et
« de la sépulture ecclésiastique, les processions
« imprudentes et intolérantes, la résurrection des
« moines avec leurs costumes, la réapparition des
« confréries supprimées, de leurs masques et de
« leurs ridicules bigarrures ; de là les missions
« théâtrales et mercantiles, ravivant nos discordes
« funestes ; de là les plantations solennelles, au
« moins inutiles, de croix énormes, les conver-
« sions par régiment, les communions en place
« publique, les sermons plus qu'indiscrets et tou-
« jours impunis, les censures publiées pour dés-
« honorer des mariages contractés valablement ;
« les destitutions, les interdictions arbitraires des
« prêtres les plus estimables, les dispenses accor-

(1) Ibid., pag. 89, 91, 99.

« dées aux riches à prix d'argent et refusées aux
« pauvres, les livres pour la jeunesse infectés de
« doctrines fausses et subversives des lois ; de là
« les *richesses non médiocres* et les *honneurs pas*
« *minces* effrontément réclamés pour le clergé dans
« des ouvrages de parti ; de là cette importance
« donnée à Paris aux décrets de la congrégation
« de l'*Index* touchant les livres prohibés, quoique
« ces décrets soient justement comptés pour rien
« en France et dans la catholicité presque entière ;
« de là ces prêtres zélateurs qui se disent les sou-
« tiens du catholicisme, et qui unissent leur voix
« à celle des anti-chrétiens, pour diffamer avec
« audace la lecture de l'Écriture Sainte prescrite
« aux fidèles par le fait de son existence même,
« par la voix de Jésus-Christ, des Apôtres et de
« l'Église universelle : de là enfin le pyrrhonisme
« établi en système, pour fonder s'il était possi-
« ble, ce double servage que l'esprit de parti en
« délire voudrait imposer à tous les hommes (1).

« Voilà une partie des maux qui affligent l'Église
« de France ; ils sont fertiles en autres désordres ;
« ils font d'autant plus de ravages qu'on les voit
« approuvés et vantés comme des charges légiti-
« mes, et qu'on les fait tolérer comme partie in-
« tégrante d'une prétendue restauration religieuse
« et politique. Ils sont favorisés par des circon-
« stances sur lesquelles on ne saurait trop fixer

(1) *Ibid.*, tome III, pag. 260 et 261.

« l'attention. D'abord presque tout notre clergé
« *dirigeant* aime à considérer comme des règles
« obligatoires les articles du concordat malheu-
« reux de 1817, et il favorise les doctrines ultra-
« montaines d'après certains actes qui en font la
« base; d'après certains actes les plus irréguliers,
« il semble croire servir ainsi le chef de l'Église et
« celui de l'État, et réaliser le concours trop mys-
« térieux, expressément stipulé dans cette pièce,
« et qui aurait suffi pour en motiver la suspension
« et le rejet. Ensuite, cette convention abusive
« ayant, sous un prétexte hardi, censuré le seul
« code non abrogé que nous ayons maintenant sur
« la police extérieure des cultes, a de fait paralysé
« en tout l'action de ce code unique, et nous a
« plongés ainsi dans le pur arbitraire, par rapport
« au gouvernement ecclésiastique. Il nous était
« resté en droit la déclaration du clergé de France
« de 1682, contenant les quatre célèbres articles
« ou maximes qui seules tiendraient lieu de tout
« un code; mais dans le fait, on se permet impu-
« nément de blâmer ou d'écarter ces articles qu'on
« devrait enseigner, et les hommes qu'on dit au
« *premier rang dans notre église,* font la censure
« de ces articles pour mettre à la place les doctrines
« odieuses que l'Italie a longtemps soutenues, que
« le pape actuel a mises en avant, mais qu'enfin
« les évêques et les prêtres d'Italie même, en si
« grand nombre, ont franchement abandonnées.
« L'appel simple au Métropolitain ou primat,

« n'offre point d'espoir, ou si l'on veut d'exemple
« de justice qui soit connu. Nous avons en droit,
« contre les excès des supérieurs ecclésiastiques, le
« remède ancien et légitime d'appel comme d'abus
« devant les magistrats ; mais par notre dernier
« code ecclésiastique, cet appel comme d'abus fut
« réservé au conseil d'état, c'est-à-dire presque
« annulé. Maintenant selon l'art. 68 de la Charte
« (de 1814) il devrait être porté devant les ma-
« gistrats des cours, parce qu'ils sont juges *ordi-*
« *naires* et *inamovibles*, et que les membres du
« conseil d'état ne sont pas même des juges ; mais
« les ministres et les procureurs généraux, au mé-
« pris de la Charte, ne reconnaissent en cette
« matière que la compétence du conseil d'état ; et
« l'éloignement de ce corps très-incompétent, et sa
« réelle inaction en pareille matière, tout, en un
« mot, concourt à rendre quant à présent, impra-
« ticable, la voie d'appel comme d'abus, néan-
« moins devenue plus nécessaire que jamais » (1).

Le haut clergé ne se contentait pas de désobéir aux lois civiles, de méconnaître sa propre hiérarchie, de rendre vaines et illusoires les lois qui auraient pu permettre de le rappeler à certains de ses devoirs ; il voulut aussi s'emparer d'une partie de l'administration de la justice, en rétablissant les officialités, c'est-à-dire, des tribunaux extérieurs, remplis par des prêtres gradués, à la nomination

---

(1) *Ibid.*, pag. 261 et 263.

des évêques et révocables par eux suivant leur bon plaisir. Le noble pair, qui nous sert ici de guide et d'autorité, prouva très-bien contre l'évêque de Metz, qui avait l'un des premiers rétabli ce tribunal extraordinaire dans son diocèse, que les officialités étaient des tribunaux oppresseurs, abusifs, onéreux, inutiles; qu'ils seraient encore aujourd'hui abusifs et dangereux; qu'ils sont cependant rétablis littéralement et intentionnellement par les évêques; qu'ils ont très-mal fait en cela, etc.

Mais un point particulier mérite ici toute notre attention; c'est l'unité de but qui existe entre le rétablissement des officialités et la loi sur le sacrilége. Ces deux créations d'époques de barbarie et de malheur devaient avoir pour conséquence nécessaire de faire revivre une autre institution abominable, celle de la soi-disant sainte-inquisition, et peut-être encore celle des *congrès pour impuissance ;* car les officiaux connaissaient de la nullité de mariage pour cette cause, et ils avaient été avec les évêques les premiers agents de l'inquisition; ils avaient juridiquement condamné les hérétiques, les sorciers, les magiciens, et les sauterelles quand elles devenaient trop pillardes; et sous prétexte de *spirituel pur,* de spirituel mixte, en un mot de péché, ils avaient longtemps connu de la validité et de l'exécution des contrats de mariage, des autres contrats civils, des testaments, etc. (1).

(1) *Ibid.*, pag. 265 et 266.

En ce qui regarde plus spécialement l'inquisition, n'a-t-elle pas été, indépendamment de la loi sur le sacrilége et du rétablissement des officialités, tout ce qu'elle pouvait être, vu la disposition générale des esprits? Qui ne sait le but des billets de confession, de la société des Bonnes-Études, de la police générale de la Congrégation? Ne pouvant pas livrer les mécréants à la torture ou au bûcher, on les destituait s'ils étaient en place, et on les repoussait des emplois publics s'ils y aspiraient, quels que fussent leur mérite et leurs titres.

C'était là tout ce qu'il était possible de faire, avec l'opposition libérale qui existait alors. Mais en voyant ces violations criantes de la justice, en entendant les évêques gémir dans leurs mandements sur l'esprit d'incrédulité du siècle; en les voyant se prêter avec empressement à toutes les mesures vexatoires lorsqu'ils n'étaient pas les premiers à les imaginer et à les exercer; en les voyant conserver les formules haineuses de prières ou d'enseignement religieux dirigées contre les dissidents; il n'est pas permis de douter que la puissance seule leur manquait pour aller plus loin, et pour faire renaître les atrocités d'un autre âge (1).

« Les témoignages de l'histoire démontrent que
« jamais avant 1787 la France n'a été affranchie

---

(1) Voyez *ibid.*, pag. — Cela est si vrai, qu'aujourd'hui le pape vient de décréter des mesures inquisitoriales d'une extrême rigueur, contre les juifs d'Ancône et de Sinigaglia. (Voyez les journaux du mois d'août 1843.)

« de l'inquisition épiscopale, ni papale, ni autre,
« contre les hérétiques réels ou interprétatifs ; et
« que presque toujours les évêques français ont
« montré un grand excès de zèle pour obtenir,
« par une inquisition très-odieuse, l'*extirpation*,
« l'*extermination* des hérétiques, employant des
« peines temporelles et des plus sévères. Depuis
« saint Martin jusqu'à Jean Hennuïer, évêque
« d'Angers, en 1572, on cherche inutilement en
« France un évêque qui se soit signalé contre
« l'intolérance civile, et contre ses effroyables ri-
« gueurs. Non-seulement les évêques ne sauvent
« pas les Français de l'inquisition ni épiscopale,
« ni papale, contre les hérétiques, mais ce sont
« ces évêques eux-mêmes qui la veulent l'une et
« l'autre, qui la provoquent et l'organisent, et
« l'exercent par eux ou leurs officiaux, enfin, lui
« donnent les formes les plus hideuses dans leurs
« conciles de Narbonne, de Toulouse, de Melun,
« de Béziers, d'Albi, d'Avignon, etc., etc. Le père de
« saint Louis se croisa deux fois avec presque tous
« les évêques et les barons de la France, dit l'abbé
« Fleury, pour faire la guerre inquisitoriale, la
« guerre contre les hérétiques, les Albigeois, les
« Vaudois; et cette horrible guerre sainte dura plus
« de vingt ans ! Deux fois saint Louis, comme son
« père, se croisa aussi pour faire la guerre aux
« chrétiens ses sujets, pour extirper les hérétiques
« et en purger le pays » (1).

(1) *Ibid.*, pag. 365, 368, 370, 378.

« En 1540, les familiers et exécuteurs de l'in-
« quisition furent même autorisés à changer les
« maisons des hérétiques et des suspects en cloa-
« ques, à en faire des *sterquilinia*. Cela produisit
« de bons effets dans les villes ; ainsi l'on procu-
« rait un air salubre aux bons catholiques. C'est
« un beau souvenir de tant d'excès qui nous a
« donné, en 1815, les démolitions de maisons à
« Avignon, et dans une grande partie du midi,
« et tant d'assassinats qui ont passé longtemps pour
« des calomnies de monsieur d'Argenson, tant
« calomnié lui-même par ceux qui se piquent de
« bien penser en religion et en politique. Vers 1789
« l'extirpation des hérétiques était encore, en prin-
« cipe de droit, confirmée par le serment du roi ;
« et la compétence des officiaux en cette matière
« n'a fini que par la loi de 1790 qui supprima
« les officialités. L'arrêt horrible de 1540 pour
« brûler les hérétiques vaudois, raser les maisons,
« les villages, brûler les habitants ou les envoyer
« aux galères avait été rendu sur les vives sollici-
« tations de l'archevêque d'Arles et de l'archevê-
« que d'Aix. — Faut-il remettre en mémoire les
« horreurs de la Saint-Barthélemi, les horreurs
« de la Ligue approuvées par le pape contre le roi
« hérétique, et où figurent avec les Jésuites et les
« capucins, la plupart des évêques, des prêtres, des
« moines français ; les bulles scandaleuses, les ju-
« gements inquisitoriaux de Rome, pour priver du
« trône, comme hérétique, le chef de la branche

« des Bourbons ; etc. ? Est-il nécessaire de rappe-
« ler encore que des évêques trompés ou trompeurs
« sur la prétendue conversion de deux millions
« d'hommes par les intendants, les dragons et les
« bourreaux, se joignent à la foule des courtisans
« pour applaudir à tant d'excès du grand roi, et que
« les plus modérés se bornent à se taire ? Les jé-
« suites victorieux ouvrent de nouvelles carrières à
« leur zèle intéressé autant que déréglé. Ils persé-
« cutent par ruse ou par violence les personnes du
« royaume les plus distinguées par les sciences, et
« surtout par la science pratique de la religion et
« des bonnes mœurs. Tantôt c'est pour un formu-
« laire sur un fait dogmatique; tantôt c'est pour
« exiger la soumission la plus aveugle à une bulle
« en tout ultramontaine dans les formes. » Cent
mille lettres de cachet, pour faire plaisir aux Jésuites, portent la désolation dans les familles,
changent en pouvoir arbitraire le pouvoir royal
essentiellement protecteur, et attestent pendant
tout un siècle l'aveuglement fanatique des ministres, la faiblesse des rois et l'intolérance d'un grand
nombre d'évêques, d'ailleurs les moins édifiants et
les moins scrupuleux. Il n'y a rien de pire que la
persécution active des indifférents et surtout des
hypocrites (1).

Et si l'on nous objecte que ce n'était plus là
l'esprit de l'épiscopat français sous la restauration,

---

(1) *Ibid.*, pag. 379, 380, 381, 384.

c'est qu'on ne voudra pas voir que les excès de 1845 rappellent ceux de 1840; c'est qu'on oubliera « l'inquisition épiscopale établie, s'exerçant alors d'une manière arbitraire sur nos écoles de tous les degrés. Un supérieur de séminaire, établi pour nous former des évêques, n'a-t-il pas trouvé à cette époque que les Français étaient devenus athées, et qu'il faut, pour les gouverner, faire dresser l'échafaud dans tous les villages? Plusieurs évêques n'ont-ils pas assuré, dans leurs mandements, que les Français étaient tous des méchants, des complices de Louvel? » (1)

Tel était l'esprit du clergé, surtout du haut clergé français, sous la restauration. Il s'agit de voir maintenant s'il est resté le même, et jusqu'à quel point.

Si Napoléon a été outragé par les prêtres dans un temps où sa chute et ses infortunes seules auraient dû le protéger contre la haine, la royauté de 1830 n'a non plus trouvé grâce à leurs yeux, qu'à mesure qu'elle est devenue plus forte. C'est toujours la fortune bonne ou mauvaise, la force en un mot, qui rend le pouvoir civil ou respectable ou condamnable aux yeux de ceux qui sembleraient ne devoir être établis que pour faire régner la paix et bénir.

Cependant, il faut être juste, il n'est pas bien sûr que la force toute seule ait fait trouver grâce

---

(1) *Ibid.*, pag. 385 et 386.

à la nouvelle dynastie ; il serait possible encore qu'une extrême bonne volonté de sa part pour le clergé, bonne volonté que d'autres pourraient appeler de la faiblesse, eût été pour beaucoup dans l'alliance nouvelle, qui semble tout près d'être conclue entre les deux puissances.

Mais le clergé en sera-t-il plus français, en sera-t-il moins ultramontain ? Non, ce sont des traités de théologie faits par des Italiens, ceux de Liguori et de Perrone, par exemple, qui deviennent à la mode dans nos séminaires, et nos jeunes théologiens inclinent plus que jamais à l'abandon complet des principes de l'ancienne Église de France. Il y a plus, c'est que des hommes qui ont combattu manifestement et à toute outrance les principes de cette Église, semblent être choisis de préférence, par les évêques, pour l'enseignement dans les Facultés et dans les séminaires (1). Nous donnerions, s'il le fallait, plus d'un nom propre à l'appui de cette assertion. Un seul fait témoigne assez haut de cet esprit anti-gallican du jeune clergé français ; je veux parler d'un certain ouvrage sur les *deux puissances*, où le pouvoir civil est entièrement subordonné au pouvoir ecclésiastique, ouvrage par-

---

(1) Malgré l'esprit anti-gallican de la plupart des Facultés de théologie de France, ces facultés passent encore auprès du clergé pour fort peu catholiques ; à tel point, que les grades qu'on y prend donnent peu de considération et de droits réels. Aussi est-il devenu à la mode d'aller se faire graduer à l'étranger, particulièrement à Louvain. Ce fait a bien aussi sa signification ; mais, *oculos habent et non videbunt*.

tial, exclusif et passionné, et qui est cependant très-goûté et très-répandu. L'auteur publie maintenant une histoire de l'Église composée dans le même esprit.

Voilà un fait positif. En voici un négatif qui n'est pas moins concluant. Quel est l'écrivain ecclésiastique de France qui prenne en ce moment la défense du gallicanisme? en est-il un seul qui ait répondu au *traité* de Grégoire XVI sur l'*Immutabilité du gouvernement de l'Église?*

Quel est maintenant cet esprit de Rome universellement adopté en France? Cet esprit qui prétend à l'immutabilité, par suite de son infaillibilité, réelle ou présumée, peut-il différer de celui qui a voulu *extirper l'hérésie par le fer et le feu*, qui détrônait les rois, dispensait leurs sujets de toute obéissance, applaudissait aux massacres de la Saint-Barthélemi; qui gémissait naguère encore dans l'un des pontifes du caractère le plus doux et de la vertu la plus rare, de ne pouvoir plus exercer cette toute-puissance si visiblement abusive et antichrétienne? Cet esprit, c'est celui qui persécute les Juifs comme au moyen âge, qui assure avec la plus grande témérité et contrairement aux anciens canons, « que les mariages ont une issue malheu« reuse quand ils sont formés contre la discipline « de l'Église, sans que les époux aient pensé aux « sacrements et aux mystères qu'ils signifient » (1).

(1) Lettre encyclique de Grégoire XVI jointe au traité plus haut cité, pag. 207. — On sait qu'anciennement la bénédiction nuptiale, ou

C'est celui qui appelle « une maxime absurde et « erronée, un délire », le principe de la liberté de conscience (1).

Voilà donc l'intolérance mise en principe, c'est-à-dire, la négation de l'un des droits les plus sacrés et les plus précieux : de là aux persécutions il n'y a qu'un pas; car, si la liberté de conscience, c'est-à-dire celle d'examiner, de parler et d'écrire, n'est qu'une licence qu'il faille réprimer, cette répression ne peut coûter à ceux qui veulent qu'on l'exerce. Et l'on sait d'autre part s'ils sont économes des moyens violents à cet égard.

Abîme tout plutôt, c'est l'esprit de l'Église.

Et pour préparer ce beau résultat, on appelle à grands cris le rétablissement des Jésuites comme corps enseignant; en attendant on leur permet de résider en France comme corporations religieuses; ils ont des maisons où ils vivent en communauté et se recrutent tous les jours, à Paris, à Lyon, au Puy,

---

le sacrement de mariage, n'était pas exigé pour que la cohabitation fût licite. Saint Louis, en mariant sa fille, voulut que la bénédiction n'eût lieu que huit jours après la cohabitation. Le concile de Trente, érigé en loi de l'état chez la plupart des nations catholiques, établit la nécessité, non pas de la bénédiction du prêtre, mais de sa seule présence comme simple témoin muet et inactif; il n'exige pas même que le mariage se fasse à l'église; il ne défend pas, il conseille aux époux de ne point cohabiter dans l'intervalle qui peut se trouver entre le mariage et la bénédiction. *Tradition de l'Église sur le mariage*, tome II, page 265.

(1) Encycl. de Grégoire XVI, pag. 209.

à Avignon, à Dôle, et je ne sais dans combien d'autres villes de France encore. S'ils ne peuvent enseigner sous une forme, ils enseignent sous une autre; ils ont leurs prédicateurs plus ou moins fougueux qui se répandent annuellement dans les principales villes du royaume. Là, sur l'invitation des évêques, sous leurs yeux, ils déclament avec violence contre nos institutions, et peu s'en faut qu'ils n'aillent jusqu'à la diffamation et à la calomnie nominale ou personnelle.

Mais comme ces *rameurs* fameux ne suffisent pas encore pour faire voguer la barque de saint Pierre au gré de l'autorité ecclésiastique, nos évêques appellent d'autres prédicateurs qui rivalisent d'audace avec les missionnaires jésuites.

L'influence sacerdotale qui voulait, sous la restauration, que le pape pût destituer un roi dyscole (1), qui prétendait que le roi n'est pas libre dans ses croyances religieuses, qu'il est forcé d'être catholique (2), n'est-elle pas encore celle qui s'est récriée si fort contre le mariage du duc d'Orléans avec une princesse protestante, et qui lui a presque arraché une profession de foi pour lui et sa *race*, profession qu'il n'aurait peut-être pas dû faire (3)!

Les cultes dissidents, comme on les appelle, sont-ils protégés comme ils doivent l'être? rend-on

---

(1) De Maistre, de l'*Église gallicane*.
(2) De Bonald, dans Lanjuinais, tome III, pag. 283 et ailleurs.
(3) A la Chambre des pairs.

justice aux protestants qui réclament l'application de la loi de l'an X relativement aux processions? Si peu, on le sait, que le conseil d'état se déclare incompétent lorsqu'il est appelé à juger les appels comme d'abus sur ce point, et que les tribunaux supérieurs ordinaires, qui devraient être appelés à juger ces sortes de griefs, sont dépouillés de cette partie de leurs attributions. Ne voyons-nous pas tous les jours le clergé déplorer, dans ses écrits et dans ses journaux, que la religion catholique ne soit plus la religion de l'État, la religion dominante? Et quoiqu'il n'y ait plus de religion officielle de droit, le culte catholique ne reprend-il pas en fait toutes ses prérogatives? Ne voyons-nous pas ses processions encombrer presque partout nos voies publiques; nos soldats mis à la disposition des évêques pour leur servir de gardes d'honneur, et pour accompagner leurs processions? Avons-nous une seule fête civile où le clergé catholique n'intervienne? Les fonctionnaires publics ne sont-ils pas convoqués comme tels à ses solennités certains jours de l'année? Ne voit-on pas de mauvais œil ceux qui s'abstiennent? Installe-t-on un chemin de fer, érige-t-on une statue sans appeler à la cérémonie le clergé catholique à l'exclusion des autres? Et il n'y a pas en fait de religion d'État! Et l'on se plaindra peut-être secrètement des prétentions excessives du clergé, de l'embarras qu'il donne parfois au pouvoir, quand on réclame son intervention en toutes choses, dans les plus indifférentes comme dans les plus sérieuses, quand on ne sait pas ou qu'on ne veut pas avoir une seule fête purement civile et nationale !

Le gouvernement épiscopal est-il plus paternel, plus surveillé au profit des pasteurs de second ordre qu'il ne l'était il y a quinze ans? Ne voyons-nous pas, au contraire, les prêtres eux-mêmes réclamer publiquement après avoir si longtemps souffert en secret (1)?

Des abus de pouvoir n'ont-ils pas été reconnus depuis 1830, lors du refus de sépulture de Montlosier, et tout récemment encore?

Ne voit-on pas les congrégations religieuses reparaître, se multiplier dans nos villes, des legs sans nombre faits chaque jour à leur profit, indépendamment des dons qu'ils reçoivent, des donations qui leur sont faites par personnes interposées, lorsqu'elles croient avoir quelque chose à redouter de la part des gardiens des lois? La lecture de l'Évangile ne continue-t-elle pas d'être interdite au peuple, et ne sait-on pas qu'une édition entière de ce livre des chrétiens, envoyée il y a quelques années dans les différentes académies de France pour être ensuite répandue dans les communes, s'est arrêtée entre les mains des curés ou ailleurs par ordre des évêques? N'entend-on pas, chaque jour, déclamer encore contre la raison, prêcher ce pyrrho-

---

(1) Un ouvrage a paru sur ce sujet; il a été annoncé par la *Gazette de France*, et accompagné de lettres à l'appui.

nisme dont parle Lanjuinais, comme si on tenait à achever l'œuvre bien commencée de M. de Lamenais? Insensés qui ne s'aperçoivent pas qu'en attaquant la raison ils rendent la foi impossible! L'un de ces prédicateurs n'est-il pas allé même jusqu'à écrire dans je ne sais plus quelle brochure, imprimée à Metz et dirigée contre le protestantisme, que l'autorité vient de Dieu et la raison du démon!

N'est-il pas évident que des hommes de cette humeur, ceux qui sont capables de faire les ouvrages furibonds dont la presse s'est si fort occupée il y a quelques mois; et ceux qui font composer ces libelles, ou qui en autorisent dans leur diocèse la publication, qui en encouragent la vente, qui en font distribuer au besoin des exemplaires gratis: n'est-il pas évident que tous ces agneaux de Dieu seraient on ne peut mieux disposés en faveur de la Sainte-Hermandad, si elle pouvait reprendre vie et force au milieu du dix-neuvième siècle, et que c'est avec beaucoup trop de raison, par malheur pour nous, que le clergé catholique se flatte d'être immuable dans ses croyances et dans les principes d'action qui en émanent (1)?

Cet esprit toujours le même, essentiellement mauvais, et toujours disposé à le devenir davantage et à se propager de plus en plus; les moyens ténébreux qu'il emploie sans cesse pour parvenir à ses fins; les auxiliaires de toutes sortes dont il s'en-

---

(1) L'Église ne peut pas plus se relâcher qu'elle ne peut errer, disait Voltaire, lettre de 1765 au marquis de Villette.

toure, ne permettent pas aux amis de la liberté et de la raison de sommeiller un seul instant. Le combat doit être de tous les jours; le champ des opérations, les manœuvres et le degré d'ardeur sont les seules choses qui changent, et qui prêtent à croire que la lutte est parfois suspendue et même finie. Mais il serait très-imprudent, et beaucoup de gens partagent cette fausse sécurité, de croire qu'il ne reste plus rien à faire pour assurer l'empire de la saine raison.

La preuve de l'imminence du danger, c'est la faveur croissante des Jésuites. Leur nombre va grossissant tous les jours; ils s'infiltrent partout, ils pénètrent dans l'enseignement, comme maîtres employés en sous-ordre; ils s'établisssent dans toutes nos villes comme prédicateurs, directeurs; ils sont les confesseurs à la mode : aujourd'hui ce sont les grandes dames du faubourg Saint-Germain qu'ils veulent bien diriger, demain ils daigneront aussi s'occuper du salut de baronnes bourgeoises et financières. Une fois maîtres des femmes, ils sauront bien faire des hommes ce qu'ils voudront. La France alors leur appartiendra; ils y seront du moins assez puissants pour y préparer de nouvelles catastrophes.

Il importe donc extrêmement de les faire connaître pendant qu'il en est temps encore. En renvoyant aux belles leçons de MM. Michelet et Quinet sur l'histoire de la compagnie de Jésus, qu'il me soit permis d'ajouter quelques coups de pinceau à ces portraits déjà si fidèles ; je les emprunte à l'abbé de Pradt (1), ou plutôt à Lanjuinais, qui réduit aux proportions d'une miniature le portrait de grandeur naturelle que l'ancien archevêque de Malines avait fait des Jésuites (2).

A cette question : que sont les Jésuites ? l'estimable écrivain répond :

« Les Jésuites sont un corps monstrueux, anticanonique et antilégal, sans modèle dans toute l'histoire. Ce corps est, en France et ailleurs, polyonyme et pseudonyme, et, par escobarderie, en rébellion contre les lois qui le rejettent. Partout où il existe légalement, il est en partie clandestin ; il est aussi ecclésiastique et laïque, séculier et régulier, des deux sexes, de tout rang et de tout costume. Son vrai nom serait *tels quels*, selon le fameux général Ricci ;

« Pauvre par vœu solennel, il amasse continuellement tous les biens du monde ; il est commerçant ; et par les dons, les testaments, les tours adroits, il s'enrichit aux dépens des familles ;

« Protecteur des rois, car il fut créé afin de conserver les pouvoirs politiques (suivant la révélation du cardinal de Beausset, histoire de Fénélon, t. I, p. 15 et 16); exempt de l'autorité des ordinaires (évêques), et armé des plus audacieux priviléges ultramontains contre les lois et les rois, et

---

(1) *Du Jésuitisme ancien et moderne.*
(2) Lanjuinais, Œuvres complètes, tome III, pag. 525 et suiv.

les magistrats et les pasteurs du premier et du second ordre ;

« Constitué partout en instrument passif de deux monarques étrangers, le pape et le général ; mais résistant au premier pour obéir plus servilement au second ;

« Abjurant pour soi le précepte divin de la prière commune ; imposant aux deux sexes de fréquentes réunions privées, qu'il amuse avec des parades et du mysticisme, avec des prières longues et répétées ;

« Dévotieux bouffon, merveilleux dramaturge, directeur habile pour émouvoir, effrayer, subjuguer les ignorants ; facile et commode pour captiver les puissants et les riches, pour en faire des hypocrites ou des dupes, toujours des serviteurs et des agents ;

« Agresseur perpétuel, corrupteur incorrigible de la foi, des mœurs et de la discipline catholique, et donnant même en chaire ses écrivains pour les sûrs garants de la vraie doctrine ; fauteur en Asie des rites idolâtres ; en Europe, des *cent dévotions aisées* (1), et du *cordicolisme* charnel et politique, si fameux, si déplorable.

---

(1) « Ces dévotions procurent le salut à peu de frais ; en voici une : Dites à la sainte Vierge, le matin, *bonjour, Marie* ; et *bonsoir, Marie*, en vous couchant. Le *cordicolisme* est encore plus facile ; il suffit de posséder ou de porter sur soi une image du Sacré-Cœur. » Ne serait-ce pas de là que nous viendrait aussi ce qu'on appelle la médaille miraculeuse, véritable amulette qu'on voit maintenant pendue au cou de

« Voué très-activement à l'espionnage, à l'intrigue, aux délations, aux persécutions; promoteur de l'inquisition pour la foi, des ligues, des schismes, des guerres civiles, des massacres et des dragonnades;

« S'interdisant les évêchés, poursuivant, exploitant la direction des consciences royales, les cardinalats et la dictature séculière;

« Ennemi acharné de toutes les libertés légitimes; patron ardent, fauteur infatigable de tous les despotismes;

« Convaincu d'avoir sans cesse troublé la paix dans les États, comme dans les familles; d'avoir enseigné, prêché, conspiré, en Europe et en Asie, l'assassinat du monarque, l'interversion de l'hérédité des trônes; d'avoir enfin, constamment et par tous les moyens, pour le triple intérêt de son opulence, de sa domination et de sa vaine gloire, sous prétexte de religion et d'obéissance, maîtrisé, opprimé, au nom des papes et des rois, les papes mêmes, les rois, les peuples, et les plus doctes, les plus vertueux personnages.

« Voilà ce que dépose l'histoire impartiale, et ce qui n'est que trop détaillé dans ses monuments (1).

---

toutes les femmes et de tous les enfants? C'est une vraie peste, et les dévots tiennent à infecter le monde de cette superstition : c'est une espèce de sort qu'ils ont résolu de jeter sur tous ceux qui les approchent.

(1) Voyez *les Jésuites criminels de lèse-majesté*, 1 vol. in-12, Paris, sous le titre de La Haie, 1758; *il Catechismo de' Gesuiti*, conferenza 5, 6, 7 et 8, Lipsia, 1820, 1 vol.; les *Lettres Provinciales* de Pascal; le

« Le jésuitisme s'empare de l'esprit des femmes, des serviteurs et des servantes; démon familier, il entre en rampant, et bientôt se change en tyran domestique; une fois admis, impossible de s'en défaire. Disons-le hardiment à toutes les familles, comme à tous les gouvernements : fermez vos portes aux Jésuites, ou renoncez à l'espoir de la paix.

« Le jésuitisme est incompatible avec l'ordre constitutionnel et la liberté de la presse. L'ordre constitutionnel est un gouvernement régulier; c'est le contrat social en action. La liberté de la presse est le contrôle dans la société; c'est la sentinelle nécessaire aux gouvernants comme aux gouvernés. Mais le jésuitisme ne veut que l'arbitraire et les voies détournées, les équivoques, et l'intolérance, et les persécutions pour de graves riens; il abhorre, il combat toute liberté civile ou religieuse. »

Nous pouvons, maintenant que nous connaissons les Jésuites, et l'esprit du clergé, qui leur est d'ailleurs si favorable qu'on dirait que clergé et Jésuites c'est tout un; nous pouvons nous demander avec l'abbé de Pradt : s'il est bon pour le monde, que le filet du jésuitisme, sous lequel on fut si longtemps enveloppé, soit de nouveau jeté sur nous; c'est-à-dire s'il convient de donner au clergé

Recueil des Assertions des Jésuites; les Réquisitoires des procureurs généraux contre la société des Jésuites; les Instructions Pastorales du duc de Fitz-James, évêque de Soissons, contre les Jésuites et contre les erreurs des frères Hardouin et Berruyer; la Bulle de Clément XIV, 21 juillet 1773, etc.

la liberté de concourir avec l'université ou avec les particuliers laïques, remplissant d'ailleurs les conditions sagement exigées, à l'instruction de la jeunesse française.

Cette question se résout évidemment dans cette autre : s'il est bon de revenir à une sorte de théocratie despotique, intolérante, abrutissante, et si la France veut consentir à déchoir, à devenir l'une des nations les moins considérées de l'Europe; si elle veut perdre sa dignité, sa liberté et sa vie intellectuelle au dedans, son influence initiatrice et politique au dehors. Voilà toute la question. Or j'aime à croire que la poser, c'est la résoudre.

VI.

Droit du clergé comme corps sacerdotal, sous le rapport de l'enseignement.

Cependant, comme le clergé parle de sa mission d'enseigner, des droits qui en seraient la conséquence, droits qu'il fonde aussi sur la loi constitutionnelle du pays, nous examinerons ces deux raisons.

Qui pensez-vous abuser en vous donnant la mission spéciale d'enseigner autre chose que la religion? L'ironie socratique aurait ici beau jeu! Quoi, dirait-on par exemple, vous auriez un privilége divin pour enseigner les sciences que vous n'avez pas faites, ces sciences qui ont été livrées à la dispute des hommes, et où votre prérogative d'infaillibilité s'est distinguée d'une manière si malheureuse et si compromettante! Je le veux cependant. Mais les arts, seraient-ils aussi de votre compétence de droit exclusive? Les arts plastiques, que d'autres ont honorés plus que vous, et dont l'antiquité païenne a porté quelques-uns à un si haut degré de perfection? — La musique, dont vous avez fait le plain-chant? — La danse, que vous avez entièrement rejetée?— Que dirons-nous des autres exercices, tels que celui de l'équitation, de la course, de l'escrime, etc.? L'enseignement vous en revient-il encore de droit divin? Et les arts mécaniques? et les arts ou professions libérales, telles que la pharmacie, la médecine, seront-ils aussi enseignés par vous, et par vous seuls? Mais de qui les apprendrez-vous d'abord? et pourrez-vous vous flatter en tout ceci d'une tradition apostolique ininterrompue, indéfectible et même infaillible? Et ceux auxquels vous les enseigneriez ne pourraient les transmettre comme ils les auraient appris!—En vérité, il faut avoir reçu un privilége divin de tout enseigner, pour enseigner ceci, encore est-on exposé à n'être pas cru sur parole.

Mais laissons là l'ironie. Vous réclamez l'enseignement comme vous appartenant de droit divin. Nous ne vous demanderons pas ce que vous avez fait de votre mission, pourquoi vous l'avez oubliée si longtemps, pourquoi vous l'avez si mal remplie, particulièrement en ce qui regarde les sciences, la philosophie, l'histoire ; pourquoi les études théologiques elles-mêmes sont, de l'aveu de vos écrivains les plus éclairés, dans un si déplorable état de nullité et de décadence ; pourquoi la philosophie, l'histoire, l'exégèse, les langues, particulièrement le grec et l'hébreu, y jouent un si faible rôle, malgré leur importance sous le rapport de la critique sacrée. Quoi ! vous laissez éteindre le feu du sanctuaire, à la garde duquel vous êtes préposés d'une manière toute spéciale, et vous voulez qu'on remette entre vos mains le flambeau de la civilisation ! Ne serait-ce pas par hasard pour l'éteindre ! Vous êtes maîtres d'enseigner dans vos petits séminaires les lettres et les sciences humaines, le siècle vous y pousse, il vous en fait une nécessité pour votre propre conservation ; et c'est à peine si vous consentez à enseigner un peu de grec, un peu de physique et de mathématiques. Vous laissez faire à l'hébreu, quoique le protestantisme vous ait forcés jadis à prendre quelque teinture de cette langue, qui renferme les bases de votre croyance. Vous connaissez à peine de nom les autres langues orientales que des laïques seuls cultivent avec ardeur. On vous donne malgré vous des moyens d'instruction supérieure, en créant des Facultés de théologie ; on laisse à vos évêques le soin de choisir à leur gré les sujets qui en doivent remplir les chaires, et ces chaires restent vacantes, ou les salles des cours sont désertes. Et c'est en présence d'une telle indifférence, d'un tel mépris, d'une telle aversion ouverte pour les sciences humaines, pour les sciences divines même (elles le sont toutes en un sens), que vous osez réclamer le droit exclusif de les enseigner! et vous prétendriez que les langues, les sciences, l'histoire, la philosophie seraient mieux entre vos mains qu'entre les nôtres ? Mais franchement, que voulez-vous dire? Voudriez-vous que l'enseignement de toutes ces choses fût réduit à rien ; que celui de la philosophie, par exemple, fût entièrement aboli, comme c'est le vœu bien connu de quelques évêques ? A la bonne heure ; mais il faut avoir le courage et la sincérité de dire que vous voulez le monopole de l'enseignement afin qu'il n'y ait plus d'enseignement, plus d'autre au moins que celui du catéchisme et d'une pauvre théologie scolastique qui tombe de plus en plus en discrédit même parmi vous, et que nous serons peut-être obligés de ramasser un jour pour l'empêcher de périr entièrement entre vos mains, comme nous avons fait pour les autres branches des connaissances. Qu'avez-vous fait déjà du droit canon, de votre droit administratif propre? S'enseigne-il dans vos séminaires d'une manière spéciale? avez-vous, dans vos Facultés de théologie des hommes qui le fassent revivre ? vos évêques ne conspirent-ils pas ouvertement ou secrètement contre cette branche des études ecclésiastiques qui vous ferait connaître une partie de vos droits et de leurs obligations à votre égard ?

Vous convenez de l'infériorité des études qui

se font dans vos petits séminaires, comparées à celles de l'Université. Pourquoi donc voudriez-vous monopoliser l'enseignement secondaire? — C'est, dites-vous, parce que la religion et la morale seraient mieux enseignées par vous que par vos rivaux.

Mais le latin, le grec, la rhétorique, l'histoire, les mathématiques, la physique, la philosophie, les langues étrangères; tout cela n'est en soi ni orthodoxe ni hétérodoxe, ni protestant ni catholique. S'agit-il de faire connaître les littératures, les faits historiques, les doctrines philosophiques, les théories scientifiques, vous n'y mettriez assurément ni plus de sincérité ni plus de juste réserve que l'Université. Elle sait choisir aussi bien que vous pourriez le faire, dans les littératures anciennes ou modernes, tout ce qui peut former l'esprit de la jeunesse sans danger pour ses mœurs. Elle peut être moins méticuleuse à d'autres égards; mais son enseignement n'en est que plus complet, sans être cependant plus dangereux.

Les professeurs de l'Université, sachez-le bien, ont en très-grand nombre un sentiment et un tact qui vous manquera toujours pour former de jeunes hommes et de futurs citoyens : ils sont Français par devoir et par intérêt; ils ne relèvent pas au même degré que vous d'un souverain étranger, du pape; leur qualité de pères de famille leur inspire pour la jeunesse des sentiments analogues à ceux qu'elle fait naître en eux pour leurs propres enfants.

C'est là aussi, n'en doutez pas, une révélation intérieure qui a son prix, surtout quand il s'agit de comprendre l'enfance, de s'y intéresser, de la respecter, de sympathiser avec elle, et d'avoir quelque indulgence pour les petites fautes de son âge. Aussi avez-vous gardé la férule, l'espionnage et la dénonciation, quand l'Université a repoussé loin d'elle, depuis longtemps, ces odieux et avilissants moyens de discipline.

On parle de religion, comme s'il ne s'agissait que d'enseigner le catéchisme, et toujours le catéchisme. Prétendrait-on convertir toutes les études en instructions ou conférences religieuses? Mais que deviendraient-elles alors, et n'est-ce pas précisément ce qu'il faut éviter, dans l'intérêt même de la religion, qui doit être enseignée avec sobriété pour ne pas inspirer du dégoût, avec intelligence et élévation pour ne pas dégénérer en superstition et en fanatisme? Voyez l'Italie, et surtout l'Espagne, et sachez enfin ce que vaut pour les mœurs publiques un enseignement religieux qui n'est pas éclairé et dirigé par une intelligence libre et cultivée : la raison, la philosophie est le sel qui empêche la religion de se corrompre. L'histoire se charge d'établir pour les esprits impartiaux, qui ne savent juger que par les faits, cette vérité de la plus haute importance. On prétendrait, on prouverait même que la religion rend le même service à la philosophie, ce que je ne veux ni nier ni affirmer, que notre observation n'en serait pas moins juste, et n'en mériterait pas moins une très-sérieuse attention. Reste donc à savoir si l'enseignement religieux, qui ne doit pas être l'enseignement unique, n'est pas maintenant ce qu'il doit être, à moins que ceux qui sont chargés de le donner ne remplissent pas convenablement leurs devoirs.

La religion est enseignée à tous nos enfants pendant deux ou trois ans qu'ils suivent le catéchisme des paroisses.

Elle l'est dans l'instruction primaire, par les maîtres séculiers, par les frères de la doctrine chrétienne, par les pasteurs les jours de dimanches.

Elle est donnée dans tous les colléges par un ecclésiastique attaché à l'établissement, et qui est appelé à remplir auprès des enfants les fonctions de professeur de dogme et de morale religieuse, depuis les plus petits jusqu'aux plus grands. Il continue donc l'œuvre commencée par les maîtres, les vicaires et les curés; en sorte qu'aucune branche de l'enseignement n'est plus universellement, plus constamment suivie. La philosophie en particulier est l'affaire d'une année; encore n'entre-t-elle que pour un tiers dans les études de cette classe.

Que peut-on désirer de plus, à moins de vouloir convertir nos établissements d'instruction publique en couvents, et de préparer la jeunesse à l'état monastique plutôt qu'à remplir les différentes fonctions de la vie civile?

Mais ce n'est pas tout cependant : Le jeune

homme, en sortant du collége, ne sort pas pour cela des mains du prêtre ; il est appelé à entendre encore chaque semaine ses instructions religieuses, à recevoir ses conseils dans le tribunal de la pénitence. En franchissant le seuil du collége pour la dernière fois, il quitte au contraire les maîtres laïques pour ne plus les entendre jamais.

La religion est aussi représentée dans l'enseignement supérieur, par les Facultés de théologie, ouvertes comme les autres au public, aux gens du monde ; et cet enseignement religieux, comme celui des colléges, n'est confié qu'à des ecclésiastiques.

Le clergé enseigne donc partout la religion, et l'enseigne à peu près seul ; il l'enseigne partout où les autres connaissances sont enseignées, et ailleurs encore. On prend de plus parmi ses membres, des principaux de collége, des régents, des professeurs de langues, de philosophie ou de science ; tandis que nul ne peut être chargé de l'enseignement religieux nulle part, d'une manière spéciale du moins, s'il n'est prêtre. Vous faites donc, ou vous pouvez faire tout ce que nous faisons ; nous ne pouvons pas faire tout ce que vous faites ; et cependant vous réclamez l'égalité, la liberté ! Vous réclamez, outre l'enseignement qui vous appartient exclusivement, qui est celui de votre robe, l'enseignement des lettres et des sciences profanes, enseignement confié déjà dans nos établissements à quelques-uns des vôtres, et qui serait tout aussi bien donné par des laïques. De pareilles prétentions, je le demande, peuvent-elles décemment se fonder sur l'égalité, et le mot propre, comme la pensée secrète, n'est-il pas ici *monopole?* Et c'est vous cependant qui osez accuser l'Université d'accaparer l'enseignement, à votre grand préjudice.

Que dirait le clergé, si des laïques entreprenaient d'usurper l'enseignement religieux; s'ils réduisaient le prêtre à l'administration des sacrements; s'ils catéchisaient eux-mêmes leurs enfants, leurs élèves? C'est alors qu'ils pourraient crier *au monopole* avec une certaine raison. Mais à présent qu'on fait à la religion toute sa part, la plus belle part pour le temps consacré à l'enseigner; à présent que cette instruction se donne à tous les enfants, à tous les degrés d'instruction, et toujours par le ministère du prêtre : on se plaint, on vomit l'injure et la diffamation de toutes parts!

Notons encore, pour faire ressortir l'injustice d'une pareille conduite, que les évêques ont le droit de faire enseigner par des hommes de leur choix, aux jeunes gens qui se destinent au sacerdoce, non-seulement la religion et la théologie, mais encore toutes les autres branches des connaissances, afin de former entièrement à leur gré l'esprit des futurs lévites. Est-ce un bien, est-ce un mal? le prêtre n'est-il pas par là même plus étranger encore à la connaissance des hommes et du monde? son instruction proprement dite n'en souffre-t-elle pas un notable préjudice, et son ministère n'en est-il pas rendu moins efficace ? Telle n'est pas la question. Le fait est que, fût-ce au péril même de la religion, le sacerdoce se forme et se recrute complètement à sa manière.

Et cependant il ne se trouve pas libre d'enseigner comme il voudrait le faire ; c'est-à-dire, qu'il ne se trouve pas libre d'enseigner ce qu'il n'a pas mission d'enseigner, ce qu'il ne doit pas enseigner. Voilà le mal. Il voudrait être précepteur universel ; il voudrait que le monde n'eût d'autre instituteur et d'autre maître que lui, non-seulement en religion, mais encore en toutes choses, parce qu'alors il mettrait à son gré la lumière sous le boisseau, et mènerait les hommes comme on mène des enfants effrayés dans les ténèbres.

On parle cependant de droit constitutionnel, d'une loi promise par la Charte et impatiemment attendue; loi qu'on forge à sa manière, et d'après laquelle le clergé pourrait ouvrir à volonté des maisons d'éducation, sans être soumis à aucune des conditions qu'on exige de tous ceux qui s'annoncent comme instituteurs futurs de la jeunesse ; sans être soumis à l'inspection du gouvernement. Comme s'il ne s'agissait de l'intérêt et des droits de personne, et comme si l'État n'était pas obligé de veiller à ce que l'instruction soit saine et forte ! comme si la plupart des parents n'étaient pas, sous ce rapport, entièrement assimilables à des mineurs, incapables de juger les maîtres et les doctrines, et ne devaient pas être protégés contre leur propre ignorance, leurs erreurs ou leurs faiblesses ! Comme si l'instruction qui est donnée ou qui n'est pas donnée à la jeunesse n'intéressait même que ceux qui la reçoivent ou leurs parents, quand, en réalité, elle intéresse tout le monde !

Mais il y a plus : l'enseignement public est une profession, le ministère ecclésiastique en est une autre. Or convient-il, est-il juste même de réunir ces deux ordres de fonctions entre les mains des mêmes individus, quand on est loin de manquer de sujets, et de sujets excellents pour remplir les premières ; quand ces sujets s'en acquittent beaucoup mieux que ne le feraient de jeunes tonsurés, dont les travaux du ministère réclament d'ailleurs tout le zèle et toute l'application ? Cela est-il juste encore quand le clergé est toujours et partout appelé à enseigner ce qui est l'objet de sa mission? Une autre manière d'entendre l'égalité et la liberté dans l'enseignement ne serait-elle pas un privilége pour les uns, et une iniquité commise envers les autres ?

Qu'arriverait-il encore par suite d'une semblable mesure ? C'est que beaucoup de jeunes gens qui n'auraient pas de vocation pour l'Église, entreraient néanmoins dans le sacerdoce pour arriver de cette manière à l'enseignement, et ne feraient que d'assez mauvais prêtres, quand ils auraient pu être de très-honnêtes professeurs et d'excellents pères de famille dans un état de choses plus équitable. Il ne faut pas dire qu'ils ne seraient pas moins honnêtes sous l'habit ecclésiastique : cela n'est pas, et quiconque a un peu de connaissance du cœur humain sait que si la conscience vient à se fausser sur des devoirs gratuitement acceptés, sur des devoirs spéciaux et de vocation particulière, elle doit en souffrir pour tout le reste.

Ajoutons à tout cela une raison qui serait à elle seule décisive pour ne pas conférer au clergé d'autre branche d'enseignement que celle qui lui revient de droit, puisqu'elle est l'objet de son institution, en un mot la religion positive : c'est que l'esprit de tout sacerdoce est un esprit d'immobilité, surtout celui du catholicisme. Or cependant l'humanité marche, et ses progrès ne sont possibles qu'à la condition des tâtonnements de l'esprit, c'est-à-dire à la condition du mouvement, de la liberté et de la vie, trois choses que l'enseignement clérical tendra plutôt à empêcher qu'à favoriser. Qu'on se rappelle seulement la règle des Jésuites, qui leur défend d'émettre jamais une idée nouvelle, de soulever une question imprévue, de s'attacher à l'examen des questions philosophiques qui peuvent avoir pour la religion des conséquences immédiates de quelque gravité.

Enfin, et c'est une dernière considération qui a bien aussi sa force, la liberté de conscience, et par suite nécessaire, la tolérance, sont des droits naturels maintenant reconnus de tous les hommes éclairés ; et la religion elle-même ne peut que gagner au respect de ces droits. Mais le clergé entend ses intérêts et les droits de l'homme d'une tout autre manière ; c'est un fait : et puisqu'il semble *à tout jamais condamné* à professer et à chérir cette erreur juridique et morale ; comme il faudrait d'ailleurs infiniment plus de lumières et de charité qu'on n'en peut généralement espérer dans de jeunes prêtres pour respecter en fait la conscience et la liberté, tout en supposant que le droit fût reconnu en principe ; il importe extrêmement que la jeunesse ne soit pas élevée dans un esprit d'intolérance et de fanatisme.

Je pourrais dire quelque chose d'analogue relativement à la véritable piété, considérée par rapport à une foule de pratiques qui en sont moins l'expression que l'abus et la corruption. Or, ce sont précisément les jésuites, ceux qui veulent à toute force élever la jeunesse française, qui ont le plus contribué, par leurs petites inventions sensualistes, par leurs *dévotionnettes*, comme dit Lanjuinais, à pervertir la véritable piété, en la rabaissant presque au niveau de l'idolâtrie et du fétichisme, et en lui donnant un caractère mécanique qui lui ôte la vie, parce qu'il lui ôte le sentiment et la liberté.

Je conclus donc en disant qu'il y a incompatibilité, 1° entre la mission ecclésiastique et l'enseignement des lettres, des sciences, de l'histoire et surtout de la philosophie, telles qu'elles doivent être enseignées de nos jours ; 2° entre l'esprit d'immobilité et même de rétrogradation du clergé, et l'esprit de progrès, ou de mouvement tout au moins, des temps modernes; 3° entre l'esprit d'intolérance du sacerdoce et l'esprit qui reconnaît la liberté de conscience et des cultes, la liberté de parler et d'écrire en matière religieuse, liberté qui n'est pas seulement dans nos mœurs, mais aussi dans nos lois.

Je conclus encore : 1° que les objets de l'enseignement se distinguant d'une manière toute naturelle, en sacrés et en profanes, le clergé ne pourrait se plaindre de l'équité ou de l'esprit de liberté et d'égalité d'une loi qui lui réserverait d'une manière exclusive l'instruction religieuse à tous les degrés, en même temps qu'elle lui interdirait les autres branches de l'enseignement public, excepté dans les petits séminaires, sauf le droit d'inspection et les mesures à prendre pour que ceux-là seuls qui se destinent au sacerdoce pussent y faire leurs études; 2° qu'il n'y aurait pas seulement danger pour la paix et l'avenir de la France, pour la liberté et le progrès des lumières, à remettre l'enseignement des lettres et des sciences aux mains du clergé et des corporations religieuses; mais encore injustice envers les citoyens laïques qui, autrement, pourraient prétendre à remplir ces fonctions, mais qui, dans cet état de choses, et grâce aux pieuses intrigues, ne tarderaient pas à se voir complétement exclus; 3° enfin, que le clergé ayant déjà l'égalité, demande réellement le *monopole* au nom d'une loi qui n'aurait d'égalitaire que les apparences, et en accusant l'Université de jouir d'un privilége imaginaire, mais dont il voudrait se voir investi.

VII.

Du prétendu droit du prêtre ou du religieux de profession, comme citoyen, d'enseigner les lettres et les sciences humaines.

Beaucoup de gens, de bons esprits même, sont ébranlés par cette objection : « Le prêtre ou le religieux français ne cesse pas d'être Français, et par conséquent il doit, comme tout Français, pouvoir ouvrir un établissement public. »

Il y a plus d'une réponse à cette objection :

1° Si l'on réclame, pour le prêtre qui veut se faire chef d'institution, le droit commun, il faut être conséquent et accepter pour lui l'obligation à laquelle sont soumis les laïques de subir des examens, d'être inspecté comme tous ceux qui veulent ouvrir une maison de ce genre; et c'est là cependant ce qu'on ne veut pas. Nous reviendrons sur ce sujet;

2° Je dis ensuite que le raisonnement qui précède, et sur lequel est fondé le prétendu droit qu'on réclame, est tout réfuté par notre droit public et notre droit privé. Il l'est par le droit public, puisque les prêtres, les évêques ne peuvent plus être pairs de France; on a reconnu, avec M. Dupin, qu'il y avait incompatibilité entre le caractère sacerdotal et la mission toute politique de faire des lois, et de juger des accusés, de les condamner à mort peut-être. *Ecclesia abhorret a sanguine*, dit-elle. Cette incompatibilité est réelle, et voici un argument nouveau à l'appui : le droit est très-distinct de la morale, surtout de la morale purement ecclésiastique; et ce serait une tyrannie, une injustice criante, de convertir en lois positives des règles de pure morale, particulièrement de morale religieuse. Or, il est certain que le prêtre est toujours porté à résoudre le droit dans la morale, et la morale dans la religion; c'est même là l'enseignement qu'il reçoit, l'enseignement qu'il donne. Aussi l'entend-on gémir chaque jour sur l'athéisme de nos lois, athéisme qui se réduit simplement à ceci, c'est qu'elles ne sont que justes et raisonnables, qu'elles se sont affranchies de l'autorité religieuse, n'ont pas accueilli ses prétentions exclusives, ne reconnaissent pas que tout péché est un crime, et repoussent le sacrilége comme attentat à la société, laissant à l'Église et à Dieu le soin de punir ces sortes de fautes. Faites entrer des évêques ou des prêtres en certain nombre dans nos chambres législatives, et vous pouvez être sûrs que les lois de sacrilége, de blasphème, des lois d'intolérance et de persécution ne tarderont pas à opprimer la France. Le prêtre devrait donc encore être exclu de la chambre des députés comme il l'est de celle des pairs.

Nous disons de plus que les droits de citoyen qu'on revendique ici pour le prêtre peuvent lui être refusés par analogie à d'autres beaucoup plus importants qui ne lui sont pas reconnus. Quand vous voulez que la loi ne voie toujours dans le prêtre qu'un citoyen pur et simple, et fasse abstraction de son caractère de prêtre, vous oubliez donc que lorsque le prêtre se présente devant vos juges civils pour demander, non pas la reconnaissance d'un droit civil, mais celle bien autrement sacrée d'un droit naturel, celui du mariage, vos tribunaux le condamnent au célibat, et décident que les maires qui ont refusé le mariage *civil* à ces citoyens n'ont fait qu'exécuter la loi. Voilà certainement une des plus grandes iniquités légales qui puissent être commises, l'un des plus graves abus qui puissent résulter de la confusion des deux pouvoirs, abus qu'il serait toujours temps de reconnaître, malgré tous les concordats du monde, puisqu'on ne peut s'obliger, même envers le pape, à commettre une injustice. Eh bien! vous la commettez cette iniquité, et vous ne semblez pas même songer à y renoncer, tant vous êtes encore sous l'influence de l'idée qu'un prêtre est quelque chose de plus ou de moins qu'un citoyen. Et vous osez maintenant soutenir qu'on ne peut raisonnablement voir autre chose en lui! Soyez donc, de grâce, un peu plus d'accord avec vous-mêmes!

3° Ce n'est pas tout encore. Non-seulement le prêtre voit, parce qu'il est prêtre, certains droits politiques et civils lui être déniés, mais, par compensation, il se voit aussi l'objet de bien des priviléges : son instruction secondaire lui est accordée par l'État dans les petits séminaires gratuitement; il est dispensé du service militaire; il fait ses études théologiques pour rien encore, s'il est du nombre des boursiers, nombre très-considérable; il est dispensé du service de la garde nationale; il n'est pas appelé à la délicate et souvent très-pénible fonction de juger son semblable en qualité de juré. Je ne sais de combien d'autres priviléges il ne jouit pas encore.

4° Le prêtre, comme prêtre, surtout dans l'hypothèse de l'indélébilité de son caractère, a sa mission et sa place toutes marquées dans la société; il serait inconséquent de vouloir qu'il le fût et ne le fût pas tout à la fois. S'est-il trompé dans sa vocation : c'est un malheur et rien de plus. D'ailleurs, ce serait à l'Église à défaire ce qu'elle a fait, et non au pouvoir civil. Vous ne permettez pas à l'homme marié de remplir les fonctions sacerdotales, quelles que soient sa moralité et son instruction, de même que vous n'interdisez pas au prêtre ses fonctions, quelles que soient son ignorance et son inconduite. Pourquoi donc viendriez-vous, par un détour peu loyal, dire au prêtre : « Vous n'êtes pas content de votre position, gardez-la cependant; mais tout en faisant ce qui vous sera plus agréable, en enseignant publiquement par exemple. »—Si vous faites du prêtre un professeur, pourquoi n'en feriez-vous pas un médecin, un avocat, un notaire, un officier, un employé quelconque de vos nombreuses administrations temporelles? pourquoi enfin, pour être conséquents avec vous-mêmes, n'en feriez-vous pas un père de famille?

5° On parle d'injustice dans le refus qu'on ferait aux membres du clergé, ou à des religieux d'un ordre quelconque, d'enseigner les lettres humaines. — Mais c'est là un sophisme pitoyable, et c'est pourtant l'un des deux points les plus forts de la thèse. Quoi! vous choisissez librement la carrière ecclésiastique ou la profession religieuse, sachant fort bien, le législateur vous en préviendrait, qu'une fois engagé dans cette carrière ou cette profession, vous ne pourrez plus prétendre aux fonctions du professorat, et vous venez ensuite l'accuser d'injustice! lui imputer l'interdiction que vous avez assumée d'une manière complètement libre! — après de très-mûres réflexions! — par les conseils d'habiles directeurs! — par suite du sentiment d'une vocation bien spéciale! — Vous oubliez donc que la loi ne force personne à entrer dans le sacerdoce, mais seulement qu'elle prend et doit prendre le prêtre pour ce qu'il est, pour ce qu'il veut être, et cela par un respect peut-être excessif pour la liberté. Et c'est cependant au nom de cette même liberté que vous venez faire à la loi un crime de votre propre fait. Vous parlez encore d'égalité, mais toujours avec la même bonne foi ou la même intelligence. Qui donc a établi l'inégalité dont vous vous plaignez entre vous et les autres citoyens? N'est-ce pas vous encore qui avez voulu cette position exceptionnelle? Vous ne pouvez, il est vrai, passer du saint ministère dans la chaire de nos collèges ; mais nos professeurs peuvent-ils rester ce qu'ils sont et devenir prêtres? Pas davantage. Dès qu'ils nous quitteront pour aller à vous, ce qu'ils sont libres de faire, ils seront ce qu'ils veulent être, des prêtres et non des professeurs. De quel droit viendraient-ils ensuite se plaindre? de quel droit vous-mêmes parleriez-vous d'inégalité, de privilèges pour les uns et d'injustice pour les autres?

Je ne prétends pas avoir épuisé toutes les raisons qu'on peut faire valoir à l'appui de la proposition que je soutiens; je crois seulement avoir établi d'une manière nette et incontestable le droit qu'aurait le législateur d'écarter de l'enseignement profane, et cela d'une manière absolue, tout individu engagé dans les ordres sacrés. Je crois donc avoir fait justice de l'objection tirée du prétendu droit commun, résultant de la qualité de Français, dont le clergé se réclame si fort.

VIII.

Du droit des parents sous le rapport de la liberté d'enseignement.

Il reste encore une objection à résoudre en droit, et c'est la plus sérieuse. Il s'agit du droit des parents sous le rapport de la liberté d'enseignement.

On prétend que les familles réclament à grands cris cette liberté, afin qu'ils puissent confier l'éducation de leurs enfants à des corporations religieuses ou à des ecclésiastiques qui se chargeraient de cette importante mission.

1° N'exagère-t-on pas un peu cette réclamation des familles! Quand tout le monde se tait, il suffit d'une voix qui s'élève pour faire une grande sensation.

Mais nous ne disputerons pas sur le nombre, et nous dirons à nos adversaires: de deux choses l'une, ou le nombre des réclamants s'élève aussi haut qu'il vous plaît de le dire, ou il est infiniment petit.

Si le nombre des réclamants est très-peu considérable, vous nous mentez donc, et il ne mérite plus qu'on s'en émeuve si fort, à moins cependant qu'il ne soit fondé en raison; ce que nous aurons à examiner tout à l'heure.

Si ce nombre, au contraire, est aussi considérable que vous voulez bien le dire, vous mentez encore, vous calomniez même, en prétendant que la foi est en péril en France, que l'éducation de l'Université est antireligieuse. D'où viennent en effet ces familles si nombreuses qui, selon vous, veulent une éducation si exclusivement religieuse? par qui leurs chefs ont-ils été formés, si ce n'est par les mains mêmes de l'Université? — Ou reconnaissez donc que l'Université n'a point un enseignement antireligieux, en prenant même le mot de religion dans votre sens étroit; — Ou renoncez à nous faire croire que les pères de famille s'émeuvent à la vue de ce qui se passe et demandent en très-grand nombre d'autres garanties pour l'éducation religieuse de leurs enfants.

2° Je veux encore que nombre de gens se récrient et demandent le rétablissement des corporations religieuses enseignantes. Il reste à savoir quelle valeur peuvent avoir de semblables réclamations, c'est-à-dire par qui elles sont faites, par qui suggérées, dans quel but.

Or, il est certain que beaucoup de ceux qui crient ne connaissent pas l'état des choses; ne savent ni ce qui s'enseigne dans l'Université, ni ce qui ne s'y enseigne pas, ni son esprit véritable, et moins que toutes choses, l'esprit de ses ennemis, ce que laisserait à désirer leur enseignement, et surtout ce qu'il y aurait à reprendre. Ce sont ou de braves gens, assez ignorants pour la plupart, qui se laissent endoctriner jusqu'à l'exaltation par des hommes qui en savent plus qu'eux, mais qui n'ont pas la même bonne foi, ni le même désintéressement. Ce sont encore des légitimistes qui trouvent en tout ceci une excellente occasion de donner un peu d'embarras au gouvernement, et qui n'ont pas renoncé à l'idée si chère, sous la restauration, de mettre l'autel sur le trône, afin sans doute de le protéger contre la foudre populaire. On sait comment ils y ont réussi. Plaise à Dieu, nous le disons sincèrement, que jamais erreur semblable ne nous ramène pareille catastrophe.

3° Supposons maintenant que ceux qui voudraient que l'instruction tout entière fût remise entre les mains d'hommes religieux par état, soient aussi éclairés, aussi sincères, aussi raisonnables qu'ils le sont peu ; leurs prétentions en seraient-elles plus justes, et devraient-elles être prises en considération, malgré les réclamations contraires ? Telle est la question.

Le droit des parents d'élever à leur gré leurs enfants ne serait pas même absolu dans la supposition où ces enfants devraient vivre isolés du reste de leurs semblables ; car alors encore, le droit des pères et mères se trouve limité par celui des enfants. Ceux-ci ont en effet le droit d'être élevés le plus sagement possible par ceux qui leur ont donné le jour. C'est donc bien à tort qu'on parle d'élever ses enfants à son gré. Un pareil droit ne peut pas exister, même dans une famille complétement isolée.

A plus forte raison se trouve-t-il restreint par le droit des autres familles, au milieu desquelles on est appelé à vivre. L'éducation qu'un père donne à ses enfants, au sein de la société dont ils sont membres, n'intéresse pas seulement ceux qui la reçoivent, mais encore tous ceux qui sont appelés à s'en ressentir, c'est-à-dire la société tout entière.

Or, s'il est démontré qu'une certaine éducation doive, à la longue, créer des embarras dans une nation, faire naître ou perpétuer et développer les germes des discordes intérieures, de la guerre civile même, et de la pire de toutes, de la guerre civile religieuse ; s'il est démontré que cette éducation doit infailliblement propager et multiplier les ennemis d'une juste liberté, de la liberté de penser, de parler et d'écrire ; de la liberté religieuse ou du culte ; de la liberté politique : n'est-il pas nécessaire de conclure qu'un gouvernement qui est à la hauteur de sa mission, qui comprend que sa tâche est de protéger les droits contre tout attentat, de prévenir les dissensions et les guerres intérieures, d'élever sans cesse l'intelligence et le sentiment national vers cet idéal de liberté et de tolérance religieuses qui permet de ne faire acception d'aucune croyance particulière autour de soi, et qui ne veut qu'une chose dans ceux qui l'entourent, le respect de ses droits.

En fait, maintenant, l'esprit du clergé français, l'esprit du catholicisme en général, est complétement en désaccord avec cet idéal. L'histoire se charge depuis longtemps de nous donner amplement raison sur ce point. Les prétentions excessives qu'il élève depuis quelque temps, sa tendance, la manière passionnée et pleine d'aigreur avec laquelle il les soutient, les moyens déloyaux qu'il fait servir à l'appui ; tout cela prouve surabondamment qu'aujourd'hui, au dix-neuvième siècle, au sein d'une civilisation avancée, et, malgré l'influence des idées les plus libérales, en France, en un mot, le prêtre reste toujours prêtre ; qu'il ne peut se dépouiller de ce qu'il a d'essentiellement hostile au libre cours de la pensée, et qu'il ne lui manque que l'occasion pour qu'il ramène le beau temps de l'omnipotence sacerdotale avec tous ses excès. Or, cette occasion, il l'aurait infailliblement s'il pouvait former la jeunesse de nos écoles à sa manière; moins il trouverait de résistance dans l'opinion publique, à mesure qu'il la dominerait davantage, plus ses exigences prendraient d'accroissement. Il viendrait un temps où tout ce qui voudrait lui résister serait brisé, où tout devrait fléchir sous son niveau abrutissant.

Si tout cela ne peut souffrir la plus légère difficulté pour quiconque connaît les institutions, l'histoire et les hommes; si cependant personne n'a le droit d'exposer la société à un état aussi fâcheux, aussi contraire à la liberté la plus sacrée, quel compte doit-on tenir des réclamations dont on nous parle, fussent-elles nombreuses, impartiales, faites avec une certaine connaissance de cause?

On essayera, je le sens, de tourner notre propre raisonnement contre nous, et l'on nous dira : « Si vous redoutez la superstition et le fanatisme de nos enfants, nous redoutons l'impiété et l'athéisme des vôtres; l'irréligion n'a-t-elle pas aussi son fanatisme, et n'en avons-nous pas des preuves sanglantes dans les annales de nos révolutions? » — Voilà le langage qu'on ne manquerait pas de nous tenir, si nous n'en démontrions dès maintenant la fausseté et l'injustice.

S'il s'agissait de savoir si l'impiété et l'athéisme ont fait plus de mal au monde que la superstition et ce zèle religieux qui brûle et n'échauffe pas; s'il fallait supputer quel est, du fanatisme religieux ou de son contraire, celui qui a fait le plus de victimes, il pourrait bien arriver qu'un triste avantage se déclarât du côté de nos adversaires.

Mais heureusement, telle n'est pas la question. Il ne s'agit pas pour nous, du droit de faire des athées; mais bien au contraire du droit d'enseigner la religion et la morale telles que l'une et l'autre se sont toujours révélées aux intelligences les plus saines, les plus élevées, aux hommes que la postérité révère, comme ceux qui ont fait le plus d'honneur à l'humanité. Il s'agit au contraire d'enseigner la religion et la morale naturelle, base nécessaire de la morale révélée, base sur laquelle les représentants des religions positives dans les établissements d'instruction secondaire sont appelés à édifier les croyances particulières qu'ils ont mission d'enseigner. — Voilà le rôle que la philosophie est appelée à jouer, sous le rapport religieux et moral dans nos colléges; pas un autre. Et c'est vous, hommes qui vous dites religieux par excellence, qui venez cependant refuser cet appui donné par la raison à la foi! qui venez déclarer ou qu'il n'y a ni religion ni morale naturelle, ou que s'il y en a une, il est inutile qu'on s'en occupe! Mais de grâce que pourriez-vous donc faire de plus contre la religion même dont vous vous flattez si fort d'être les soutiens, si vous en aviez juré la perte? Ignorez-vous, partisans exclusifs du catéchisme et de ses mystères, que si la raison ne passe pas par là pour consolider un peu l'édifice religieux, il arrive tôt ou tard dans la vie un moment où l'éducation religieuse s'évanouit tout entière ? La religion naturelle même disparaît sous les ruines de la religion positive, parce qu'elle n'a pas reçu le développement rationnel dont elle était susceptible. Vous aurez beau faire, à moins de ramener l'esprit humain à un point de barbarie tel qu'il rentre dans un engourdissement profond, tel qu'il ne réfléchisse plus; il s'exercera quelque jour dans chacun de ceux qui doivent nous succéder, et malheur aux croyances positives. A tort ou à raison, l'esprit d'examen sera toujours funeste aux religions particulières : c'est l'un des vôtres qui l'a dit, de Maistre, et vous pouvez l'en croire. Il faut donc, ou étouffer cet esprit d'examen, qui est celui du siècle, celui de toute civilisation avancée; ou consentir à ce que vos enfants soient sans religion aucune,—ou bien enfin qu'ils croient encore en Dieu, en sa providence, à la vie future, au devoir et à sa sainteté, après qu'ils auront peut-être cessé de croire à la Trinité et aux autres mystères. Eh bien! la philosophie, telle qu'elle s'enseigne dans nos colléges a précisément pour but cette instruction religieuse et morale, toute fondée en raison, et qui ne doit pas plus périr que la raison elle-même. A cet enseignement rationnel se joint celui d'autorité.

Qui donc, de vous ou de nous, mériterait mieux

le reproche d'impiété ? qui pourvoirait le plus sûrement aux besoins futurs ? qui connaîtrait le mieux l'esprit du temps, ses nécessités, et de quel côté se montre le plus de sagesse et de prudence ? Vous ne voulez pas que vos enfants soient sans religion, et vous ne prenez qu'une seule précaution pour qu'ils conservent toute leur vie ces sortes de sentiments! Et vous nous accusez d'impiété, parce que nous sommes une fois plus exigeants que vous à cet égard !

J'entends; vous voulez parler de la religion positive, et nous parlons de toutes deux, de la positive et de la naturelle. Eh bien, soit encore. Pourquoi les évêques ne choisissent-ils pas pour aumôniers de nos colléges leurs sujets les plus capables ? Est-ce la faute de l'Université? S'ils sont ainsi choisis au contraire, d'où vient qu'ils ont aussi peu d'influence que vous le dites ? En auraient-ils davantage si leur nombre était multiplié, si chaque professeur était converti en aumônier ? Mais que deviendraient alors les études, et avec elles les lumières et la civilisation? Vous dites que si les aumôniers n'ont pas plus de succès, c'est que leur œuvre est entravée par le reste du personnel enseignant. Mais d'où viendrait que les enfants ajouteraient plus de foi à la parole du professeur laïque qu'à celle du prêtre, si celui-ci était tout ce qu'il doit être ? Question oiseuse du reste, car en fait, il est faux que les professeurs enseignent autre chose que les matières de leur ressort, et qu'ils s'écartent de l'esprit de juste réserve qui leur est imposé par leur conscience et l'autorité dont ils relèvent. S'ils ne font mentir ni l'histoire ni la philosophie; s'ils enseignent l'une et l'autre avec conscience et pour elles-mêmes; s'ils ne les faussent point pour en faire des instruments à l'appui de certaines propositions: doit-on, peut-on leur en faire un crime? n'est-ce pas à la vérité à se mettre d'accord avec elle-même?

Vous tenez infiniment, dites-vous, à ce que vos enfants partagent vos croyances religieuses.—C'est naturel, et je le conçois; mais vous devez tenir davantage encore à ce qu'ils aient des croyances religieuses quelconques. Or, prenez-y garde, il pourrait bien arriver qu'en voulant à toute force leur inculquer vos croyances positives, et rien que celles-là, vous en fissiez des hypocrites et des incrédules. Il serait temps qu'on sût que ce n'est pas telle ou telle croyance de bouche et d'extérieur qui sauve, s'il en est quelqu'une qui ait cette efficacité, mais la bonne foi dans une croyance quelconque. C'est un point que nous avons suffisamment établi dans la première partie de ces réflexions. Ce n'est donc pas la vérité objective ou la vérité réelle des croyances qui est salutaire; mais bien leur vérité subjective, c'est-à-dire ce qui est regardé comme tel et qu'on peut croire. Si les pères de famille étaient un peu plus convaincus de ce grand principe, ils s'en remettraient davantage aux soins de la Providence sur la foi future de leurs enfants.

Ils croiront, quoi que vous fassiez, ce qu'ils pourront, et non ce que vous vous voudriez et qu'ils voudraient peut-être eux-mêmes. Laissez-les examiner et se décider; c'est leur droit, c'est votre devoir, c'est même le leur, c'est celui de chacun de nous.

Une autre considération du même genre et du plus haut intérêt est celle précisément de savoir jusqu'à quel point les pères et mères ont droit, en général, de transmettre leurs croyances religieuses à leurs enfants. Il ne suffit pas qu'ils soient convaincus pour qu'ils soient réputés être dans le vrai absolu; car tous ceux qui sont convaincus n'y sont pas. Nous dirons la même chose, à plus forte raison, de ceux qui croient ou ne croient pas sans trop savoir pourquoi; et c'est, comme on sait, l'immense majorité. Grâce au principe que tout père de famille a le droit moral d'enseigner à ses enfants sa propre religion, toutes les fausses croyances se propagent d'autorité, et ne laissent pas entrevoir le jour qui les verra finir. Supposons au contraire que la liberté fût pleine et entière, que chaque enfant, devenu capable de choisir entre une religion et une autre, fût instruit de toutes celles qui partagent le monde civilisé, et appelé à se décider entre elles: n'est-il pas vraisemblable que celle qui est la plus vraie, la plus appropriée à notre nature, à nos besoins, à notre destinée, finirait par triompher? C'est donc se méfier de la Providence, mettre en suspicion le bon sens de l'humanité, pécher, si je puis dire ainsi, contre l'Esprit-Saint, et ce qui est plus grave encore, disons-le, porter atteinte aux droits les plus sacrés de nos enfants, que de leur inculquer des préjugés religieux qu'ils sont incapables d'apprécier, plutôt que d'attendre un âge où ils pourraient juger entre une formule de foi et une autre, entre des cultes divers. Moi qui suis aussi père de famille, et qui ai cédé à cette coupable habitude, j'en demande ici sincèrement pardon à Dieu, et à mes enfants eux-mêmes.

Je veux bien encore qu'il y ait une religion ou une autre qui soit entièrement vraie (il n'y en a pas d'entièrement fausse); puisqu'on ne sait absolument pas quelle est cette religion (je l'ai prouvé); puisqu'il est certain qu'elle sera répudiée par un esprit qui ne sera pas fait pour l'adopter, qu'elle sera sur lui sans influence ou qu'elle n'en aura qu'une pernicieuse; puisqu'on ne peut douter que la bonté des religions, leur acceptabilité et leur influence salutaire ne dépende de la tournure des esprits et ne soit une affaire toute relative; puisqu'enfin une religion moins bonne peut paraître plus vraie, plus acceptable, et devenir beaucoup plus utile à certaines intelligences que d'autres religions qui seraient absolument meilleures : pourquoi ne pas laisser chacun parfaitement libre ici de prendre et de laisser, de prendre ici ou là, ceci ou cela? Pourquoi ne pas se borner purement et simplement à faciliter un choix avec pleine connaissance de cause? Il doit venir un temps où le père de famille ne s'inquiètera pas plus, et beaucoup moins peut-être, de la religion positive qu'embrassera son fils que du système de philosophie qu'il adoptera. Mais nous sommes encore loin de cette époque de haute intelligence des droits de la conscience humaine, de la véritable religion (qui n'est pour chacun que celle qu'il peut croire). Il faut, en attendant, composer avec l'erreur et la passion.

Quoi qu'il en soit, je crois avoir démontré, tout en prenant le monde comme il est, que l'enseignement de l'Université est ce qu'il doit être par rapport à la religion, et qu'en demander un autre, c'est vouloir porter tôt ou tard atteinte à la liberté de conscience, liberté qui est sacrée, et qui devrait s'étendre encore dans nos mœurs et nos lois, bien loin de souffrir une déplorable restriction. On se récrie cependant, et l'on nous demande pour la centième fois : « A quoi sert cette liberté, si l'on ne peut avoir celle d'élever ses enfants à son gré? On nous taxe de contradiction, sous prétexte que nous interdisons la liberté au nom même de la liberté; que nous ne la voulons que dans notre sens et sans contrepoids, etc. »

Nous avons déjà fait voir que, sous le point de vue du droit, cette objection n'est qu'un sophisme : on donne à la licence le nom de la liberté, on réclame la faculté abusive de forger des chaînes pour en charger un jour la conscience religieuse des citoyens. Mais il faut montrer encore une fois combien peu sont fondées les plaintes qu'on élève; combien les pères de famille catholiques ont réellement de moyens d'élever leurs enfants dans la religion qui leur convient; combien il est déraisonnable d'en demander davantage, et par conséquent tout ce qu'il y a de menaçant dans cet esprit d'exagération et de mécontentement.

Rien d'abord n'empêche des pères et mères dévots d'inspirer à leurs enfants les bons sentiments dont ils sont animés.

Ils ont ensuite l'instruction du catéchisme pour la première communion qu'ils ont toute liberté de faire suivre aussi longtemps qu'ils le jugent nécessaire.

Ils ont en outre la confession, les instructions régulières de la paroisse, les prédications extraordinaires qui sont à la mode depuis quelques années, et qui sont si fortes pour les faibles.

Ils possèdent sans doute aussi des bibliothèques catholiques, la société des *bons livres* en a produit assez de médiocres pour que toutes les familles pieuses en aient en grand nombre.

Si les enfants sont dans les colléges, ils y trouvent journellement des instructions religieuses proportionnées à la force de chaque classe, indépendamment des instructions du dimanche et des exercices religieux habituels.

Sont-ils dans de grandes villes pour y faire des

études spéciales : les cours de la Faculté de théologie, sans parler de mille autres moyens d'instruction religieuse, leur sont ouverts. Là ils peuvent non-seulement se fortifier dans leurs croyances, mais encore puiser des armes dans cet immense arsenal, pour terrasser un jour les adversaires de la sainte cause.

Et l'on prend tout cela pour rien !

Disons-le, parce que c'est la vérité, en voulant davantage pour l'éducation religieuse, on se rend justement suspect, ou de vouloir trop, ou de vouloir autre chose. Ne voudrait-on pas par hasard une autre éducation politique ? Mais si les ennemis de nos libertés ont le droit de faire de leurs enfants, au sein de la famille, des ennemis de la constitution, des hypocrites ou des fanatiques peut-être, ils n'ont pas celui d'exiger que l'état les seconde en établissant des écoles d'absolutisme et de théocratie. Tout ce qu'ils peuvent raisonnablement demander peut-être, c'est que les maîtres que l'état donne à leurs enfants n'enseignent rien de contraire à la religion positive dans laquelle ils ont été élevés, et qu'ils ne fassent point de leurs chaires une tribune politique. Mais il doit être permis à ces maîtres de recommander l'amour de la patrie, de faire ressortir la gloire nationale, le mérite des grands hommes, et de flétrir la mémoire des grands coupables.

Au surplus, on ne doit pas empêcher des laïques

très-attachés à une croyance religieuse particulière, et quelles que soient encore leurs opinions politiques, d'avoir des maisons d'éducation, pourvu qu'ils présentent aux parents et à l'état les garanties d'instruction et de moralité jugées nécessaires. Les parents, quelle que soit leur manière de voir, n'auront donc rien de plus à désirer.

On nous demandera sans doute pourquoi nous permettons à des laïques ce que nous ne permettons pas à des ecclésiastiques, et s'il n'y a pas tel laïque beaucoup plus intolérant, plus passionné et plus dangereux que beaucoup d'ecclésiastiques? — Nous accordons le fait; mais nous pensons aussi que ce n'est qu'une exception, et les lois ne sont pas faites pour les exceptions, mais pour les principes. A cette raison de fait, il faut en ajouter une de droit, tirée de l'incompatibilité, précédemment établie en principe, entre le sacerdoce et l'instruction profane. Une autre raison de droit encore, c'est l'injustice du cumul.

Nous croyons avoir établi d'une manière péremptoire : 1° l'injustice des plaintes de certaines gens contre l'insuffisance de l'enseignement religieux dans l'Université, à plus forte raison contre ce qu'ils appellent des doctrines de pestilence; 2° l'injustice de leurs prétentions, lorsqu'ils veulent que l'éducation de la jeunesse soit confiée aux mains du clergé ou à des corporations religieuses. Il nous reste à tirer plus explicitement que nous ne l'avons fait encore les conséquences pratiques de ces deux propositions, sous le point de vue législatif.

IX.

Du droit et du devoir du gouvernement politique relativement à la liberté de l'enseignement public, et de la nécessité qu'il est peut-être destiné à subir encore.

Nous croyons avoir établi le danger certain qu'il y aurait pour la plus juste et la plus féconde des libertés, la liberté de conscience, à confier l'enseignement de la jeunesse, en concurrence même avec l'Université, à des ecclésiastiques.

D'où nous avons conclu le droit strict, de la part du pouvoir, d'interdire absolument au clergé et à toute corporation religieuse le droit d'avoir d'autres établissements d'instruction publique que ceux qui sont destinés aux besoins du sacerdoce et de celles de ces corporations qui sont autorisées.

C'est là plus qu'un droit, c'est un devoir. Le pouvoir est le gardien des libertés publiques, et il les trahirait s'il en préparait la ruine, quand il doit les protéger.

Point donc de difficulté, selon nous, sur le droit, et même sur le devoir du gouvernement et des chambres à cet égard. On abuserait de la liberté d'enseignement en voulant l'étendre jusqu'à la remettre aux mains des ennemis déclarés de cette liberté et de toutes les autres ; ce serait donner le droit de port d'armes à des assassins. — La Charte n'a donc bien certainement jamais entendu parler d'une liberté semblable.

Mais c'est là ce que certaines gens ne comprennent pas encore, ou ce qu'ils ne veulent pas comprendre. Et comme le nombre de ces gens-là est peut-être assez considérable pour qu'il ne fût pas prudent de leur ravir au nom de la liberté même ce qu'ils s'imaginent faussement être leur droit, ou ce qu'ils réclament méchamment comme tel; le gouvernement sera peut-être dans la fâcheuse nécessité d'ajourner l'accomplissement de son devoir, et de présenter, au lieu d'une loi appelée à garantir la liberté religieuse, une loi dont les conséquences doivent aboutir aux divisions et peut-être aux catastrophes. Il y a des hommes qui sauraient alors ce qu'ils ont à faire; mais il y en a d'autres qui ne croient pas pouvoir résister à un orage momentané dans l'intérêt de l'avenir. Nous ne jugeons personne, nous faisons des hypothèses. Nous ajouterons même que nous croyons le ministre actuel de l'instruction publique, M. Villemain, sincèrement attaché à la liberté et très-disposé à faire tout ce qu'il croira raisonnablement possible en faveur de la juste prépondérance universitaire.

Supposons cependant que, dans sa position, qu'il connaît mieux que personne, il croie devoir composer avec les circonstances : que pourra-t-il faire de moins regrettable? Telle est, pour beaucoup d'esprits, le véritable état de la question, son état pratique.

Quand on est dans la triste nécessité de faire une mauvaise loi, il faut au moins la faire aussi peu mauvaise que possible. Il est un certain degré de mal, auquel on ne doit jamais consentir.

Cela étant, voici, ce nous semble, les principaux points qu'il s'agirait de mettre absolument à couvert.

1° Pas de corporations religieuses enseignantes ; surtout pas de Jésuites. — Exiger même, s'il est possible, que ces brouillons cessent de vivre en communauté sur le sol de la France.

2° Tout ecclésiastique qui voudra ouvrir une maison d'éducation, sera tenu à la loi commune, sans la moindre exception, en ce qui touche les garanties matérielles, morales, intellectuelles.

3° Pas de commissions d'examen prises parmi des hommes étrangers aux études habituelles des littératures classiques.

4° Pas de commissions mixtes. L'Université est l'État enseignant ; c'est son représentant naturel, de même que la magistrature est l'État jugeant, etc. — Tout ce qui enseigne les sciences profanes, en dehors de son sein, n'est qu'une exception et une affaire de tolérance. C'est le principe.

5° Les évêques auront leurs petits séminaires, dont ils choisiront le personnel enseignant. Ils dirigeront même les études comme ils l'entendront ; mais le choix des livres, l'enseignement donné, sera soumis au contrôle ou à l'inspection de l'autorité civile ; ce droit de police est incontestable : s'il s'étend jusqu'à l'intérieur des temples, il est évident qu'il doit pouvoir s'exercer dans les petits et les grands séminaires.

6° Le nombre des élèves des séminaires sera déterminé d'après les besoins probables, et largement calculés, du sacerdoce. Les évêques, par l'organe des curés, sauront toujours bien arrêter leurs listes de manière à donner la préférence aux vocations réelles.

7° Une liste des élèves des séminaires, distribuée par classes, sera délivrée par l'évêque au commencement de chaque année scolaire, au recteur de l'Académie, qui la transmettra au ministre de l'instruction publique.

8° Tout individu qui aura fait ses études dans un petit séminaire, et qui ne se destinera pas au sacerdoce, sera tenu à payer tous les droits universitaires, s'il se présente au grade de bachelier.

9° Déclaration sera par lui faite au bureau de l'Académie, après son admission, qu'il a ou n'a pas fait ses études dans un établissement ecclésiastique.

10° Si la déclaration est fausse, il ne pourra retirer son diplôme, à moins qu'il ne paye double droit (1).

11° Pour mettre l'Université à l'abri de tout reproche de partialité dans les examens aux grades de bachelier et autres, elle n'exigera plus désormais aucun certificat de rhétorique ni de philosophie. Le

---

(1) Les articles 8 et 10 ne seraient pas nécessaires, si les droits universitaires étaient complétement supprimés, comme cela pourrait

candidat, bien ou mal préparé, et par qui que ce soit, se présentera à ses risques et périls.

Telles sont, à notre avis, les principales dispositions d'une loi à faire sur la liberté de l'enseignement secondaire (sauf la précision et les mesures à prendre pour l'exécution), en ce qui touche les rapports du clergé et de l'Université.

CONCLUSION.

La question qui s'agite maintenant entre l'Université et le clergé, n'est évidemment, à part la mauvaise foi de certains champions, que la question de la liberté religieuse.

1° Nous avons établi, non-seulement le droit, mais encore le devoir pour chaque homme de faire usage de cette liberté dans la mesure de ses forces;

Nous avons fait voir que la conscience peut être en parfaite sécurité dans l'exercice sincère de cette liberté, quelle que soit la conclusion à laquelle on aboutisse.

On a prouvé aussi que c'est là l'unique moyen de rendre au sentiment religieux tout son ressort, toute son efficacité; de procurer à la société tous les avantages qu'elle a droit d'attendre de la religion; enfin de dégager la vérité de l'erreur en matière religieuse, et de hâter l'avénement de la religion

---

être. Je ne m'occupe pas ici de la partie financière d'une loi sur l'instruction publique, non plus que de beaucoup d'autres.

universelle par excellence, quelle que puisse être la diversité des cultes.

On peut conclure de là que les parents ont beaucoup moins à craindre qu'ils ne pensent du libre mouvement de la pensée philosophique, tout en supposant, ce qui n'est point, que l'enseignement de la philosophie dans nos colléges soit positivement contraire au dogme d'une religion positive quelconque.

Nous pourrions ajouter que loin de déplorer que les jeunes gens soient mis, par l'enseignement philosophique, en état de juger par eux-mêmes de la supériorité d'une croyance religieuse sur une autre, les pères de famille éclairés devraient, au contraire, s'en applaudir.

Il est nécessaire même d'aller plus loin, et de reconnaître que le libre examen étant un droit et un devoir pour tous les hommes, c'est une obligation morale de la part des parents de mettre leurs enfants, autant qu'ils le peuvent, en état de le faire convenablement. C'est donc un abus de pouvoir, une sorte de crime moral dont ils se rendent coupables, d'empêcher leurs enfants de se former l'esprit au libre examen par un enseignement philosophique fortement prononcé.

Si le pouvoir était convaincu de cette vérité, et qu'il fût soutenu par la partie éclairée de la nation, il empêcherait les parents de soustraire leurs enfants à un enseignement philosophique de cette nature, comme il les empêche maintenant de les vouer forcément au sacerdoce ou à la vie religieuse. La position est la même au fond : il s'agit dans un cas de ne pas paralyser le libre exercice de la pensée religieuse; dans un autre, de ne pas porter une atteinte positive à la liberté de conscience. C'est toujours, comme on voit, protéger la liberté de conscience, la défendre contre l'oppression, négative ou positive.

2° Après avoir établi le droit moral ou quant au for intérieur de soumettre un enseignement religieux quelconque à l'examen, le droit de l'accepter définitivement ou de le rejeter au nom de la raison, il n'était pas difficile de faire voir que ce qu'on appelle l'autorité religieuse n'a pas le plus léger droit de s'opposer à cet examen; que cette opposition de sa part serait un défaut de foi en la vérité de ses doctrines, une injuste défiance contre la rectitude naturelle de l'esprit humain, ou l'amour inné du vrai dans l'homme. Ce serait un vrai sacrilége, puisqu'il y aurait là violation de ce qu'il y a de plus saint dans l'homme, le sanctuaire de la conscience.

3° Si le pouvoir religieux n'a pas le droit de s'opposer à la liberté de penser en matière religieuse, à plus forte raison le pouvoir civil, qui n'a nulle mission pour juger de la vérité ou de la fausseté intrinsèques des doctrines religieuses ou philosophiques, ne peut élever de semblables prétentions. L'ordre public basé sur une liberté déterminée d'après la nature humaine, tel doit être le but essentiel des conducteurs temporels des peuples.

4° Une fois ces principes bien établis, s'il est prouvé d'un autre côté que l'esprit clérical est essentiellement et de fait en opposition constante avec la vérité, la justice et le principe vital de la civilisation, la liberté de philosopher; si le clergé, comme tel, a une mission propre et très-distincte, il n'est pas possible de ne pas conclure avec nous que :

a. Le clergé, comme corps sacerdotal, n'a nul droit à faire valoir pour enseigner les lettres et les sciences profanes;

b. Comme citoyens, les prêtres revendiquent sans raison ce prétendu droit; qu'il y a là confusion de choses très-distinctes, abus, injustice, danger très-grand pour la tranquillité publique à l'avenir, et pour les progrès futurs de la civilisation;

c. Les parents n'ont pas plus le droit de faire de leurs enfants des brandons de discorde, que le clergé celui de les agiter;

d. Enfin, le gouvernement a droit et devoir d'aviser, de conjurer l'orage qui se prépare, et de faire le moins de concessions possible aux ennemis de nos libertés; car, c'est être ennemi de toutes que de vouloir anéantir celle de la pensée, principe et garantie de toutes les autres.

FIN.

TABLE DES MATIERES.

Avertissement du traducteur	I-VIII
Au lecteur	1
Lettre d'envoi de l'auteur	5
Pensées sur la liberté de philosopher en matière de foi.	8
Réflexions du traducteur sur la liberté de conscience et sur celle de l'enseignement	97
I. On peut et on doit en conscience soumettre à l'examen l'enseignement religieux	99
II. Du droit d'examen en matière religieuse, considéré par rapport au pouvoir ecclésiastique	154
III. Droit civil de philosopher en matière religieuse.	169
IV. Si l'Enseignement total ou partiel des lettres et des sciences, doit être confié au clergé	225

V. Esprit du clergé et des corporations religieuses qui réclament la liberté absolue de l'enseignement... 229

VI. Droit du Clergé comme corps sacerdotal, sous le rapport de l'enseignement.................. 256

VII. Du prétendu droit du prêtre, ou du religieux de profession, comme citoyen, d'enseigner les lettres et les sciences humaines................. 270

VIII. Du droit des parents sous le rapport de la liberté d'enseignement........................ 275

IX. Du droit et du devoir du gouvernement politique relativement à la liberté de l'enseignement public, et de la nécessité qu'il est peut-être destiné à subir encore............................ 291

CONCLUSION.................... 295

FIN DE LA TABLE DES MATIÈRES.

CORBEIL. — IMPRIMERIE DE CRÈTE.

www.ingramcontent.com/pod-product-compliance
Lightning Source LLC
Chambersburg PA
CBHW071503160426

43196CB00010B/1396